旗帜

中国航天系统科学与工程研究院　编著

U0832996

中国财经出版传媒集团
中国财政经济出版社

图书在版编目（CIP）数据

旗帜/中国航天系统科学与工程研究院编著．—北京：中国财政经济出版社，2018.1

ISBN 978－7－5095－8034－9

Ⅰ.①旗…　Ⅱ.①中…　Ⅲ.①　钱学森（1911－2009）－生平事迹　Ⅳ.①K826.16

中国版本图书馆 CIP 数据核字（2018）第013964号

责任编辑：翁晓红　　　　　责任校对：杨瑞琦

封面设计：中通申奥

中国财政经济出版社 出版

URL：http：//www.cfeph.cn

E－mail：cfeph＠cfeph.cn

社址：北京市海淀区阜成路甲28号　邮政编码：100142

营销中心电话：88190406　北京财经书店电话：64033436　84041336

北京时捷印刷有限公司印刷　各地新华书店经销

787×1092毫米　16开　24印张　252 000字

2018年1月第1版　2018年1月北京第1次印刷

定价：108.00元

ISBN 978－7－5095－8034－9

（图书出现印装问题，本社负责调换）

本社质量投诉电话：010－88190744

打击盗版举报热线：010－88190414　QQ：447268889

编委会

前　言

钱学森是科技界的一面旗帜，也是知识分子的一面旗帜；是中国共产党人的一面旗帜，也是中华民族的一面旗帜。伟人百年不遇，毛泽东是中国人民的伟大旗帜，钱学森是文化、科学、航天界的一面旗帜。

在全党全国都在为实现习近平总书记所提出的中华民族伟大复兴的“中国梦”，进而实现“两个一百年”奋斗目标的今天，我们学习战略科学家、人民科学家、伟大思想家、世界级大师钱学森意义重大、历史深远。他是世界级的科技大师、思想大家，是爱国知识分子的光辉典范，是迄今为止我国“国家杰出贡献科学家”称号的唯一获得者。他具有坚定的理想信念，对党高度忠诚，始终把爱祖国、爱人民作为人生的最高境界，自觉把个人志向与民族振兴联系在一起；他对科学执着追求，毕生致力于推动我国科学技术发展，特别是国防科技发展，为中国科技事业、国防和军队现代化建设建立了卓越功勋。

为了纪念钱学森同志诞辰 106 周年，我们组织编写了这本书，是为了展现钱学森归国后在关键时刻对中国航天事业发展起到的无可替代的重要作用以及后人难以逾越的至高高度。本书包括四大部分：

第一部分：科技的泰斗。主要讲述钱学森由原来的铁道救国转向航空救国。他毅然到国外学习飞机制造业，掌握先进的科学技术。学成后，钱学森又放弃了美国优厚的待遇和很高的地位，依然不改初心，历经千辛万苦，想尽各种办法，在中国共产党的帮助下，终于回到祖国，实现报效祖国和人民的人生伟大理想。

第二部分：育人的导师。钱学森是文、理、工复合、科学与文艺结合型科学家，是一位永远的老师。无论是早期在美国还是后来归国后，他都要求学生“严谨、严肃、严格、严密”。他十分重视科技创新人才培养，为我国高等教育事业和学科专业建设倾注了大量心血，培养了大批科技人才。他一生心系教育，一直与国内外的教育界保持着非常密切的联系。他提出了著名的“钱学森之问——为什么中国冒不出拔尖人才？”并形成了“钱学森大成智慧教育”思想。

第三部分：做人的楷模。钱学森是近代中国知识分子的杰出代表，是中国共产党党员的优秀代表。他具有坚定的理想信念，对党高度忠诚，始终把爱祖国、爱人民作为人生的最高境界，自觉把个人志向与民族振兴紧紧联系在一起。他胸怀坦荡，光明磊落，淡泊名利，无私奉献，坚持真理，科学求实，是我国爱国知识分子的杰出代表，被誉为“人民科学家”。

第四部分：思想的先驱。着重介绍钱学森所奠基的系统工程、系统科学、创建现代科学技术体系、“钱学森之问”、智慧城市（山水城市）、大成智慧教育、沙草产业以及未曾实现的总体设计部思想，进一步阐述了钱学森在思想上达到了后人难以逾越的至高高度，为新中国乃至全人类的发展做出了不可磨灭的伟大贡献。

中国航天系统科学与工程研究院（军工代号：中国航天科技集团公司第十二研究院）是钱学森工作过并倾注了大量心血的地方，是钱学森思想的重要传承者。所以，我们举起钱学森这面旗帜，可以指引我们的科学事业和航天事业。钱学森对于我国科学事业和航天事业是精神、主义、信仰的象征，即人们愿意信奉并以之作为思想理论、行为指南和具有感召力的能够为人们指引前进方向的精神力量。

编著者

2017 年 12 月

目　录

第一部分　科技的泰斗

第二部分　育人的导师

第三部分　做人的楷模

第四部分　思想的先驱

第一部分

科技的泰斗

第一章　美国深造　崭露头角

公元前一个世纪100年中，在科学发现、技术发明方面，中国遥遥领先，让西方望尘莫及。钱学森感到作为一个炎黄子孙是值得自豪和骄傲的。早年，钱学森抱着铁道救国的理想，在国立交通大学学的是蒸汽机车工程。至中日战争爆发，钱学森看到由于中国航空工业落后，中国军队在战场上被动挨打，决定改换专业，航空救国。于是他毅然而然到国外学习飞机制造业，掌握先进的科学技术，回国发展民族航空事业，报效祖国，从而开启了美国之行，在国际舞台崭露头角，让世界瞩目。

一、远赴重洋　麻省深造

1935年8月20日那个盛夏的傍晚，浑浊的黄浦江水一浪接着一浪地涌过岸堤，把正在降落的夕阳扯成一片又一片的碎絮。码头像往日一样熙熙攘攘，肩扛手提的旅客川流不息。钱学森在父亲的陪同下来到码头，又独自登上美国“杰克逊总统号”邮轮，从这里奔向大洋彼岸的异国他乡。

经过14个日日夜夜，“杰克逊总统号”邮轮终于在1935

年9月3日正午靠岸美国西雅图。钱学森考取的是清华大学第七届庚款留美学生，同行的还包括20位同学。同为华夏血脉，同是天涯游子，这些旅美优秀青年个个都西装革履，有8个人戴着20世纪30年代那种圆圆的眼镜，看上去满腹经纶、意气风发。从照片上看，钱学森属于年龄偏小的那一个（见图1）。

图1　1935年9月3日，“杰克逊总统号”邮轮抵达美国西雅图后，钱学森（由上数第二排右一）与其他20名国立清华大学留美公费生在船上合影

经过几番周折，钱学森终于进入了麻省理工学院，到航空系攻读硕士学位。麻省理工学院位于查尔斯河靠剑桥市一侧，占地68公顷，校园蔓延约1英里，与河对岸波士顿市的哈佛大学比邻而立。麻省理工学院的吉祥物是海狸，校训是“手脑并用，创新世界”。师生比例1∶7，这样高的比例在中国的大学里是少见的。由于学生人数不多，教授们有足够的精力关心学

生的学习与发展。

进入麻省理工学院后，钱学森在航空工程系，学习的专业是飞机设计。初到美国的钱学森，人生地不熟，语言也不流畅，因此很少与人交往，绝大多数的时间都交给了学习。美国作家张纯如这样写道："他几乎总是一个人独处，唯有向他毕生贴心的好友——古典音乐找寻慰藉。"波士顿交响乐团在1935年至1936年共举行过20场演奏，钱学森一场都没有错过。他后来回忆道："那是我仅有的娱乐。"

钱学森的成绩保持着自小一贯的优秀。他在国立交通大学读书时，当时的国立交通大学完全是按麻省理工的教学模式办的，连教学大纲、实验课的内容都一样，因此他对麻省理工的学习环境一点也不感到生疏，学习起来驾轻就熟、游刃有余。他曾形象地说："交大是把此校搬到中国来了！"有一门课程考试，由于老师出的题目难度极大，班上大多数同学都不及格，于是一些学生决定找老师表示抗议。校友罗伯斯回忆道："大家到了教授办公室，只见钱学森的考卷贴在门口，是用钢笔写的，全部做完了，而且全对，连一个涂改的痕迹都没有！"结果，学生们连门都没敢进，更不敢再向老师提什么抗议了。钱学森只用了一年时间，就拿到了有"世界魔鬼式教学"之称的麻省理工学院航空工程系硕士学位。

这是怎样的奇迹啊！全世界优秀的学子云集于麻省理工，就如一位教授所说的"就是再优秀都还不够优秀"。在这里紧张的学习被誉为"高压锅"，新生们第一学期上的课都不给成绩单，只给"通过"或"不通过"，无疑是校方尽力想为学生们缓解些压力。在3S——study（学习）、sleep（睡觉）、social activities（社会活动）中，一般的麻省理工学生只能做到两个“S”，如果有谁三个“S”都能做到，那就是“超人”了。麻省理工的学生必须拿满 360 个学分才能顺利毕业。在繁重的学习中，学生们个个感到如同在“夹缝里求生存”。在校园里经常见到有人在跑步机上边跑边看书，有人昼夜在自习室里苦读和小憩。麻省理工的学生读起书来不管时间，睡起觉来不管空间，他们学习的刻苦程度实属罕见。但即便如此，麻省理工学生的毕业率仅有 92%（全美排第三名）。在美国东北部漫长的冬天里，在枯燥的校园中，在繁重的学业压力下，一些学生情绪低落，对学校爱恨交加。“我恨这个该死的地方”，据说这是麻省理工学生们最常说的一句话。

麻省理工的教授欧柏建议钱学森先进入航空工业就业，有了一些实务经验后，再回来攻读博士学位。但是，1935 年美国通过了中立法案，对出售武器给交战中的国家设限，这直接影响了飞机的生产。钱学森的白人同学曾集体写信向飞机公司求职，同时不断从各种杂志上搜罗新公司的地址，但他们得到的回应几乎千篇一律——没有空缺。更何况当时的美国飞机工厂弥漫着一股仇视亚洲人的偏见，它们“不欢迎中国人”在那里找工作。是否留在麻省理工继续攻读博士呢？钱学森有些犹豫，他感觉自己在某些方面与麻省理工有些不太合拍。钱学森自幼在中国的书斋里长大，喜欢徜徉于思维的海洋里，喜欢动脑动笔，求索严谨而完美的结果；而他的美国同学却从小就不安分，习惯于在家敲敲打打，在谷仓、地下室、车库里，用汽车、脚踏车、收音机零件做实验。钱学森有一次跟朋友说，美国人“生下来就拿着扳手”。他有时暗地里发牢骚：本来指望在麻省理工跟随一位伟大的数学家求学，但碰到的教授都是“冒险家”。

也许，麻省理工的科学家和钱学森心中的科学家本来就不是一个涵义，麻省理工认定的科学家是整天动手实验、每天都有新发明的爱迪生；而在钱学森心目中定格的科学家却是沉浸在虚幻世界里发现神奇理论的爱因斯坦。麻省理工是工程师的摇篮，麻省理工的航空工程系更以培养一毕业就能加入生产行列的工程师而自豪；而钱学森并不满足对“是什么”知识的学习，更向往对“为什么”元知识的求索和完美理论的推理，他根本不想也不擅长当工程师。

种种原因导致钱学森又一次决定“转业”，离开麻省理工。他决定从航空工程的飞机设计专业转为航空工程理论研究，而航空工程理论研究的圣地在加利福尼亚州洛杉矶的加州理工学院。航空工程理论研究需要大量的数学计算和推导，这是钱学森的长项，但在麻省理工似乎发挥不出来，麻省理工需要的是动手，而这正是钱学森的“软肋”。另外钱学森硕士论文中关于风洞实验的挫折，也引发了钱学森转而攻读航空理论的决心。

二、二次选择　成名世界

1936 年 8 月，拿到硕士学位的钱学森离开麻省理工学院，前往加州理工学院求学。虽然加州理工学院不及麻省理工学院有名，且远在美国的西海岸，但那里有一位航空系主任兼古根海姆航空实验室负责人冯·卡门。

冯·卡门与钱学森多少有点关联，他曾经在负责管理庚子奖学金的清华大学当过顾问。他以德国式严格的经院理论教育闻名，而且特别强调纸和笔，不逼学生亲手做实验，这让钱学森十分向往。于是，钱学森决定到加州理工学院拜冯·卡门教授为师，希望跟随他继续攻读航空博士学位。

按照常理，拜师前应事先与导师联系，但是钱学森并没有这么做，他很冒失地闯了过去。1936 年 10 月，钱学森拎着行李只身西行，从美国东北部的波士顿来到美国西南部的洛杉矶，直奔加州理工学院，寻找他仰慕已久、大名鼎鼎的冯·卡门。

冯·卡门是生于匈牙利的犹太人，1906 年进入德国哥廷根大学机械研究所，跟随应用力学的创始人普朗特教授攻读博士学位。1904 年，普朗特在边界层和机翼理论上取得决定性的进展，解决了困惑航空界多年的飞行阻力来源以及机翼设计问题。1911 年，冯·卡门在普朗特教授的指导下，通过各种风洞实验，经由数学计算和分析，发现机翼穿过气流时会产生两股平行的气旋，造成一种阻力，从而完成了著名的“卡门涡街”等多项空气动力学的研究。1922 年，普朗特让贤，推荐冯·卡门接替他在哥廷根大学应用机械研究中心主任的职务。1930 年，德国反犹太人的风声日紧，冯·卡门预感不祥，便应加州理工学院克拉克·米立肯教授的聘请移居美国，同时也把哥廷根民主自由的学风以及德国先进的航空理论和技术成就带到了美国。

冯·卡门是天才和精英，他努力使加州理工成为美国航空活动的神经中枢。冯·卡门对航空学还有几项重大的新贡献：

他为深受好评的道格拉斯 CD－3 飞机设计了一种简单有效的风阻整流片；他计算出如何在表面安置加强条，使金属不致在压力下扭曲，帮助飞机制造业把飞机材质从“木材”与“布匹”改进为“铁皮”；他完成了紊流与表面摩擦力基本定律，在这一方面，他的成就超过了钻研同一问题多年的他的老师普朗特。

虽然他的英文讲得很蹩脚，但他却是学院里最受欢迎的教授。讲课时，他很有鼓动力，声情并茂，神采飞扬，他新奇的思想和天才的演说，令学生如痴如醉。有时，他以极为巧妙的手法在课堂上解出一道复杂的方程式，全体学生会像观赏精彩的运动比赛一般爆出如雷掌声。所有学生都崇拜他，冯·卡门的个人魅力大到很多研究生都竭尽所能争取他的认可，一听说他要来巡视，散漫成性的学生立刻在教室里各就各位。

1936 年 10 月的一天，25 岁的钱学森敲开了冯·卡门办公室的门。冯·卡门在他的回忆录中写道：“1936 年的一天，他来看我，征询关于进一步进行学术研究的意见。这是我们第一次见面。我抬头看到一位个子不高、仪表严肃的年轻人。他异常准确地回答了我的问题。他思维的敏捷和富于智慧，顿时给我以深刻的印象。我建议他转到加州理工学院来继续深造。”

钱学森立刻接受了冯·卡门的建议，很快便在加州理工学院“定居”。他写信给父亲：“我从 10 月份起，留学加州理工学院，投师于非常杰出的空气动力学权威冯·卡门。冯·卡门教授于加州理工学院主持航空学系，全世界的科学界对这位大师都极为向往。大师的治学态度极为认真，只有基础扎实、最守纪律的学生，如德国人、日本人、我们中国人，才有资格在他的手下从事研究工作。总之，冯·卡门的谦虚和热情，对事业一丝不苟的态度以及严谨的治学精神，皆给儿很大影响。儿将追随这位大师攻读空气动力学，也将在这位大师的身边度过儿一生事业具有关键意义的时光……”钱学森的高兴劲儿溢于纸上。不得不承认，非常年轻的钱学森有着非常老到的眼光，他对自己人生第二个重大选择的未来预期有着异常准确的判断，确如他自己所说：“选择冯·卡门作为导师，对一生事业具有关键意义。”

从此，钱学森师从冯·卡门。因为冯·卡门为他提供了学术发展的机遇和人生表演的初级舞台，冯·卡门的欣赏，为他日后的成功进行了最初的铺垫。钱学森在冯·卡门那里度过了作为学生、助手、同事长达10年最美好的时光。

冯·卡门这样评价过钱学森：“他在许多数学问题上和我一起工作。我发现他非常富有想象力，并且具有天赋的数学才智，能成功地把它与准确洞察自然现象中物理现象的非凡能力结合在一起。作为一个青年学生，他已经在不少艰深的命题上协助我廓清一些概念，使一些很艰难的命题变得豁然开朗。这种天资是我所少见的，因而他成了我亲密的同事。”

钱学森做博士生的第一年，经常从早晨8时工作到深夜11时。尽管灯红酒绿的好莱坞娱乐胜地、商厦云集的洛杉矶繁华之地都近在咫尺，但是钱学森从未光顾。同学史密斯还记得，钱学森和他的老师秉性大相径庭，冯·卡门是“人来疯”，需要有一大群学者同僚包围，才能发挥出全部才能；而钱学森“话不多”、“很低调”，除了工作，什么都不放在心上，喜欢独处沉思，不受打扰。

在加州理工学院清静的环境里，钱学森过起了刻苦攻读“苦行僧”般的生活。他搬进帕萨迪纳小镇南卡塔林娜大道344号的一套小屋，吃饭则和另3名中国学生在南密西根街一处宿舍搭伙。每天早晨，他穿西装、打领带，吃罢早饭就到校上课，一直到晚上10时以后才回来。第一年，他几乎不跟其他学生来往，独来独往于教室与图书馆之间，他攻读各种专业功课，尽自己所能搜集不同国家的各种航空学材料并系统阅读，每天用于学习的时间大约在10小时以上。

选择什么课程作为钱学森攻读和研究的方向是至关重要的。冯·卡门深知，在当时，世界各国飞机的飞行速度和高度是空军实力对比强弱和空战胜负的关键。然而那时，世界航空工业正处在从老式的螺旋桨飞机向超音速的喷气式飞机发展的时期，在理论和工程技术上，面临着两大难题：一是当飞机的飞行速度提高到亚音速时，气体的可压缩性对飞行器的性能到底有什么影响？它们之间的定量关系是怎样的？二是如果想把飞机的飞行速度进一步提高到超音速，应该采取什么样的最富有成效的理论指导和技术设计才能实现？

这是两个全新的课题，特别是对急于快速发展航空工业的美国显得尤为重要。为发展空军的优势，赢得战争的胜利，尽快解决这两大难题迫在眉睫。冯·卡门抓住这两个对他自己来说也是全新的重大课题，满怀期待地选中天资聪慧的钱学森，勉励他在这两个尖端科学技术方面同时进行创造性的研究和探索，写出毕业论文。

在冯·卡门的精心栽培下，钱学森潜心研究了与之相关的现代数学、偏微分方程、原子物理、量子力学、相对论、统计力学等多种学科的基本理论，并从冯·卡门那里学到了如何从工程实践提取理论研究对象的原则，以及如何把理论应用到工程实践中去的方法。特别是冯·卡门每月都主持一次由诸多专家、学者参加的研讨会，他的这种民主教学和平等讨论的科研方法，给钱学森提供了锻炼创造性思维的极好机会。钱学森曾说："我的恩师冯·卡门，不但教给我知识，而且教我掌握现代科学技术的观点与方法，使我终身受用不尽。"

循着这种理念，钱学森放飞思绪，在教室里，他经常在关键处提出很艰深的问题，使老师非常满意而同学非常困惑。钱学森渊博的学识不仅备受同学推崇，连老师们都耳闻其名。冯·卡门很得意自己的弟子，他曾炫耀地告诉朋友："记得有一次，物理系教授保罗·爱波斯坦跟我说：'你的学生钱学森修我一门课。他才气横溢。'我答：'是啊，他很好。''告诉我'，爱波斯坦眨眨眼睛神秘兮兮地问道，'他是不是有犹太血统？'"在西方，犹太人被认为是特别聪明的人，而冯·卡门自己也正是一个犹太人。

冯·卡门和钱学森，这师生两人简直可以说是绝配。物理洞察力敏于常人的冯·卡门善于发掘空气动力学问题的症结，解题细节则由具有数学演算特长、又具有坚强毅力的钱学森完成。两人分工非常明确。冯·卡门常常灵光一现，构思出理论的大架构，钱学森就不厌其烦地用一条又一条的数学方程式证实理论逻辑的正确性，建构理论的数学表现形式和它的实际应用价值。原创力强、爱好社交的冯·卡门把数学当作一种工具或达到目标的手段，而沉迷于数学优雅形式的钱学森却认为，它本身就是值得追求的目标。

理论学习和数学计算从来就是件苦差事，钱学森以苦为乐，不知有多少个不眠之夜，他依靠纸、笔、计算尺等简陋的计算工具（当时还没有电脑），演算着冯·卡门交给的难题；有时忽然从半梦半醒中捕捉到一些灵感，便反复大胆地设想、计算与实验，在知识的宝库里苦苦寻觅答案。在电脑问世前，经由演算分析把一般理论转换成实用的方程式，需要投入大量的时间与精力。很多有地位、有名望的科学家都把这种工作视为畏途，或不屑为之。加州理工学院教授李普曼记得，有的学生因为不愿做烦琐的计算求证工作，宁可延后取得学位，有的学生甚至提出休学。钱学森曾经回忆说："我在做空气动力学博士论文的时候，把关于空气动力学方面的英文的、法文的、德文的、意大利文的200多篇文献全部看过，而且还进行了仔细的分析，以求理清空气动力学的来龙去脉。"历经两载，钱学森逐步攻破一个个难关，形成了自己独到的见解，在高压声速流畅的精确计算以及超声速空气动力学以至火箭推进方面，都做出了原创性的贡献。

转眼间，庚子奖学金规定的3年期限到了，1938年钱学森接到了来自清华的催促回国信函。钱学森于6月2日给清华写了回信，请求延长学习一年。冯·卡门也迫不及待地于6月8日致清华校长梅贻琦，盛赞钱学森的才华和他合作中所取得的成果，要求允许钱学森留在他身边继续进行研究。梅校长破例同意了钱学森的请求。清华成就了一位伟大的天才战略科学家！

1939年的初夏，加州理工学院校园里艳阳高照，繁花似锦。教学楼前面如茵的草坪刚刚被修剪过，散发出一股股清新的田园青草味。几只喜鹊叽叽喳喳地欢叫着，尽情地在花坛和树丛中蹦蹦跳跳。钱学森的心情像这初夏的天气一样，愉悦而舒畅。经过3年的苦读，他获得了航空数学博士学位，成为该校当年32个博士学位得主之一。6月9日，风和日丽，加州理工学院的毕业典礼在蓝天下的草坪举行。踏着学校乐队演奏的进行曲节拍，身披黑袍的钱学森与同为新科博士的同学们一起，戴上了博士帽（见图2）。

图2　1939年6月9日，钱学森在加州理工学院参加毕业典礼

钱学森具有学术奠基意义的博士论文，是他于1939年完成

的《可压缩流体运动和反作用推进问题》，论文包括四个部分。

第一部分：《可压缩流体边界层》（Boundary Layer in Compressible Fluids），1938 年 1 月 26 日在第六届国际航空协会年会上发表，1938 年 2 月发表于《航空科学学报》卷 5；

第二部分：《倾斜旋转体的超声速绕流》（Supersonic Flow Over an Inclined Body of Revolution），1938 年 10 月刊登于《航空科学学报》卷 6；

第三部分：《可压缩流体的二维亚音速流动》（Two – Dimensional Subsonic Flow of Compressible Fluids），1939 年发表于《航空科学学报》卷 6；

第四部分：《以逐次脉冲推进的探空火箭飞行分析》（Flight Analysis of a Sounding Rocket with Special Reference to propulsion by Successive Impuises），1939 年发表于《航空科学学报》卷 6。

这些论文充分显示了钱学森在科学研究方面杰出的天赋和才华，其中他与导师共同完成的《可压缩流体的二维亚声速流动》建立了世界闻名的“卡门 – 钱近似公式”，以其独到的见解和原创性的贡献，使他在 28 岁时就成为世界著名的空气动力学家，也使现代世界科技史上留下了为数不多的中国人的名字。

直到今天，人们在重读这些论文时，仍然能够透过尘封的历史，看到大师的思想精华与智慧之光。

钱学森博士论文的第一部分《可压缩流体边界层》，是关于飞机在高空高速飞行时所受到的阻力和表面的热效应问题，也就是后来人们通常所说的“热障”问题，这是一项重大的理论突破。

当时，飞机的设计者普遍认为，飞机在超音速飞行时，空气的阻力主要来自激波阻力，而表面摩擦力并不重要，可以忽略不计，而且因飞机处在高空，它的表面只会被周围的空气冷却而不会发热。钱学森从物理的角度重新对飞机结构进行了整体思考，在冯·卡门的指导下，运用了极其复杂的数学计算和逐次迭代的近似解法，求证了飞行器在高速飞行时摩擦阻力与气动加热，以及在不同马赫数时与飞行器壁面温度的相互关系，得到了精确的数据。据此，他揭示了两条重要结论：第一，在高速飞行中，可压缩性流体对飞行体表面摩擦具有重要影响，高速飞行体因摩擦引起的阻力将超过激波引起的阻力；第二，当飞行速度达到并超过音速时，飞行体表面的空气薄层中所产生的热不仅不能被忽略，而且将对飞行体起加热作用。

在世界航空工业还比较落后的20世纪三四十年代，钱学森研究的这一全新理论，以数学的严谨和逻辑的严密，科学地预见了实现高速飞行必将面临的一大障碍，即“热障”。因此，人类在设计高速飞行的飞机时，必须对飞机表面采取有效的防热或冷却的措施。这已经成为现代气动力学的经典理论。

这篇论文虽只有薄薄的6页，但是在动笔写作前，钱学森系统地收集并阅读了海量的参考文献，仅阅读笔记就写了450多页，从中发现和改正了前人的缺点和不足，然后才开始写论文。他从基本方程出发，做了不计其数的演算来寻求答案，仅保存下来的演算手稿就有250页之多。

钱学森博士论文的第二部分《倾斜旋转体的超声速绕流》，内容是研究火箭或导弹这类细长飞行物体在以超音速飞行时所受到的空气动力，如飞行器的升力、阻力和表面上的压力分布等。旋转体也称轴对称物体，如圆柱、圆锥、钝头锥或它们的轴向组合体，倾斜的绕流意思是气流方向与飞行物体对称轴的方向不是平行的，而是有一定的夹角，这个夹角在空气动力学上称为“攻角”。当时人们都关注像飞机这样的非旋转体，而在火箭、导弹实际应用初现端倪的年代，对旋转体的绕流研究是很超前的，因此受到国际同行的高度关注。

钱学森博士论文的第三部分《可压缩流体的二维亚音速流动》，是寻求一种新的计算高速飞行的飞机机翼表面压力分布情况的科学方法，冯·卡门亲自指导了钱学森的研究，钱学森的研究成果以及冯·卡门在1941年发表的关于空气动力学中压缩效应的研究结果，被称为著名的“卡门－钱近似公式”。

20世纪30年代末，飞机的发展出现了一个危险的瓶颈，就是当飞机以接近音速飞行时，气体会在机翼表面挤成一团，压力逐渐增加，从而导致飞机失速，而失速问题已经连续几次带来了机毁人亡的严重事故。在提高飞机飞行速度的努力中，计算机翼的空气压力分布遇到了前所未有的困难。航空界已有的一些计算方法，只能适用于飞机机翼较薄、飞行速度较慢（例如小于0.5倍音速）的情况。为了实现大型超音速飞机精准合理的设计与制造，冯·卡门凭着对物理问题敏锐的洞察力，建议改变传统的计算方法，采用来流状态点处的切线近似计算法。钱学森在导师的启发下，专心致志地反复对比、思考，加之一系列细心的数学推导、计算与实验。那时还没有电子计算机，他通宵达旦地进行手工计算，常常伏案十几个小时。这一研究成果成为钱学森在加州理工学院的代表作，他终于证明，虽然和前人一样都是作切线近似计算，但采用他和老师发明的来流处的切线近似，可以计算高亚音速的流动，而且得到了比过去更为精确的计算结果。

“卡门－钱近似公式”是空气动力学的一项重大科研成果，也是世界航空业界的传世经典。在第二次世界大战期间以及第二次世界大战之后很长一段时间内，这一计算方法被世界各国广泛应用于超音速飞机设计与制造，对航空工业的发展提供了莫大的帮助，直到现代电子计算机的应用。钱学森的同事史密斯曾这样评价这一神奇的公式：“每个飞机设计师都必须应用它，它在工程界的服务卓然有成。”

钱学森博士论文的第四部分《以逐次脉冲推进的探空火箭飞行分析》，是探讨采用什么样的发动机和燃烧方案使火箭经济而高效地达到更高的高度。当时他参加了同学、好友马林纳组织的火箭研究小组，在小组里担当理论计算的任务。当时，火箭还是个新事物，整体技术水平不高，有关权威根据传统的静态燃烧试验得出的结论是：火箭至多只可以达到 3 000 多米的高度。可是这个高度距离“探空”的目标相差甚远。钱学森和马林纳另辟蹊径探讨和论证了逐次推进的方案，即采用以硝化棉一类的固体火药作为推进剂，进行多次快速燃烧排气而获得脉冲式推力的方案，这样火箭完全可以达到 30 000 米的高度。在这个高度上，就能够顺利地开展对大气层的结构以及大气层以外的物理现象的观测和研究。

三年寒窗苦读，钱学森以其造诣很高的博士论文顺利地获得了博士学位，并被聘任为学院的助理研究员，从导师的学生，成为导师的同事。

1939 年的冬天大雪纷飞，一朵一朵蓬松的雪花弹性十足地漂浮在清冷的寒风中，为加州理工学院披上了一身银装。钱学森和冯·卡门一起站在古根海姆办公大楼前。冯·卡门皱着两撇浓眉，望着满眼的雪花，对他的爱徒说："钱，前线的飞机在给我们提问了。"

原来第二次世界大战开战后，空军的重要作用日益明显，交战各国已经淘汰速度很慢的活塞式蒙皮双翼飞机，都在想方设法采用薄而轻的金属制造飞机的壳体。但是，如果高速飞行的薄壳结构其载荷超过一定数值时，壳体就有可能发生皱瘪而失效，即产生"屈曲"现象。这样，飞机就会失稳以致完全破损、折戟沉沙。设计师急切地需要知道发生"屈曲"的临界载荷的数据。然而，当时只有前人依靠经典线性理论计算出来的数值，与实验值几乎差了 3 倍至 4 倍，无法应用。人们只好凭借经验"拍脑袋"去设计薄壳金属飞机，因此成功率很低。

冯·卡门深知解决这个难题在第二次世界大战中的重大意义，于是鼓励钱学森尽快研究解决"薄壳失稳"的问题。钱学森接受了老师交给的又一项难题。

从 1940 年到 1942 年，钱学森经常把自己关在古根海姆大楼三层的研究室里工作到深夜，有个当年的研究生回忆道：

"有天一大早，好像是感恩节或圣诞节，我在学校赶功课，以为全幢建筑物里只有我一个人，所以把留声机开得特别响，还记得我听的是个特别激昂的'时辰之舞'。乐曲高潮到一半时，有人猛力敲我的墙壁。原来我打扰到隔壁的钱学森了。我这才知道，中国学生比犹太学生更用功，后来他送我几份他写的关于可压缩流体压力校正公式的最新论文，算是对于曾经向我大吼大叫表示歉意。"

1940 年 9 月到加州理工学院进修的中国空气动力学者张捷迁恰好与钱学森合用一间研究室，有整整一年时间，几乎天天跟钱学森见面。他说："钱学森跟我是好朋友。我们天天一块儿吃午饭和晚饭，有时工作紧凑，吃罢晚饭就得回研究室继续工作，我很少呆过午夜。但他不肯停止，即使过了午夜，他房间的灯还亮着。"

两年之内，钱学森潜心研究，完成了多篇探讨球体外壳、薄圆柱体外壳、实心柱等各种屈曲现象的论文，其中有《壳体屈曲的文献总结》，这是他对前人工作所做的总结和评述，共 18 页。通过文献总结，他剖析了前人理论的优缺点，搜集了能够得到的点点滴滴的实验数据，认为应当从有限挠度的弹性屈曲理论入手，采用能量法求取屈曲临界载荷。在这篇总结里，他大致勾勒了能量跃变准则的初步轮廓，但他认为这只是初步的研究结果，没有发表。

1940 年，在冯·卡门的具体指导下，钱学森的研究工作有了进一步的深入，他发表了《球壳外压屈曲》论文。在 26 页的手稿上，工整秀气的字体是钱学森的，而飞逸花哨的字体则是他老师的，师徒二人的智慧浑然一体。

为了回答究竟多大载荷能使受压的球壳失效这个问题，钱学森提出了一个新思路——经典理论之所以不适用，在于它没有考虑到金属壳体在加载过程中除了保持球形位形外，还可能存在多个位能更低的其他位形。一旦壳体受到外界干扰，它就有可能被激发而发生位能的高低跃变，因此，设计师不仅要知道经典线性理论所给出的"上"屈曲载荷的准确数值，还要特别注意找出使壳体发生有限变形时"下"屈曲载荷的准确数值。由于钱学森的计算结果确实与实验值十分接近，这一新的发现和理论很快被学术界和工程界接受，成为飞机设计的主要依据。

1941 年，钱学森把计算屈曲临界载荷的能量跃变准则，又推广到应用更为广泛的柱壳领域。

柱壳体与球壳体产生屈曲现象的原理相同，但是求取屈曲临界载荷的计算却大不相同。钱学森建立理论模型，列出特征方程，寻找应力关系，制作演算图表，一步步推导，一行行计算，然后与实验结果反复对照。一次不满意，就推倒重来，他前前后后写了 5 份文稿。他的同事席尔斯回忆说：

"有一次我到冯·卡门家中，只见冯·卡门跟钱学森正在讨论，他们似乎有些数学细节未能厘清，两人分头演算，得出的误差竟然还不小。我当然有兴趣知道大教授跟他的得意门生究竟谁对谁错，所以竖起耳朵听。他们从头开始核对，一行一行比较，结果两个人都对！只不过在计算到某个阶段时，他们选择了不同的方法。然后他们又从头开始讨论哪一种计算方法合适……"

有时，冯·卡门突发奇想，会迅速在黑板上写出一道难得不得了的方程式，然后扬长而去。一星期后，钱学森会一声不响地把整套棘手的方程算完，然后跑进来对同事们说："冯·卡门的想法是对的！我算的结果真的就是这样！"在加州理工古根海姆实验室做航空工程学研究员的李普曼教授回忆道："钱学森提高了冯·卡门的创造力，他杰出的数学技巧在最短时间内把冯·卡门的观念付诸实施。"

历时 100 多个日落日出，钱学森终于拿出了一份分量十足的论文《柱壳轴压屈曲》，1941 年美国《航空科学学报》第 8 卷刊登了这篇论文。论文发表时只有短短的 10 页，可是钱学森为了凝练这 10 页，写下的演算草稿竟达 800 多页。现在即使使用计算机抄录 800 页的文字，也要花费很长的时间，而钱学森当年是进行艰苦的创造性手工写作。

在完成了老师交给的难题后，钱学森终于长长地舒了一口气。他把 800 多页手稿装进一个纸袋里，并在纸袋外面写下了“Final”（最后的定稿）字样。但他立刻想到，认识是无止境的，真理是相对的，于是，紧接着又在“Final”前面补写了“Nothing is”（没有什么认识是终极的）。

钱学森关于薄壳体稳定性的研究，获得了了不起的研究成果，不仅对于高速飞机，而且对于火箭壳体的工程设计都具有非常重要的理论意义和现实意义。钱学森很快成为冯·卡门的亲密合作者和得力助手，成为当时加州理工学院和航空界最令人瞩目的人物。他具有开拓性而又有实用价值的研究成果，奠定了他在航空技术工程理论界的地位，并进入了国际知名学者的行列。

此后 10 多年，钱学森与郭永怀合作，最早在跨音速流动问题中引入上下临界马赫数的概念，他们发现，对高速飞行真正有实际意义的是上临界马赫数，而不是以前大家所注意的下临界马赫数。这是一个重大发现。

钱学森首先提出了高超音速流动相似率，为高超音速飞行器的设计奠定了基础。

钱学森将稀薄气体的物理、化学和力学特性结合起来，对稀薄气体动力学进行了开创性的研究。

20 世纪三四十年代，钱学森潜心钻研空气动力学和固体力学，为飞机的高速飞行突破“声障”和“热障”不断探索，做出了全方位的重大贡献。

师从冯·卡门和共事于冯·卡门的那段时间，是钱学森生命中少有的轻快欢愉时光。一向以严厉著称的冯·卡门对钱学森这个中国学生和同事既赞许又推崇，在几十年后出版的他的自传《风云际会》中，唯一用整章篇幅描述的学生就是钱学森。他讲述和钱学森的交往经历，并表示，有这个很有想象力、数学资质极高的学生做自己的助手，简直是可遇而不可求的天赐恩物。对钱学森而言，师从冯·卡门是他毕生最重要的学术生涯的升点，共事冯·卡门是他光辉事业的起点和高峰。

三、火箭小组　孕育导弹

美国洛杉矶的帕萨迪纳郊外有一条干涸、布满沙石的河谷，人称阿洛约塞科，这里距学校很远，即使发生再大的爆炸声也不会引起学校的恐慌。清冷的晨风中，有 5 个人影在摩挲的雾霭里晃动。中午时分，河谷西岸搭起了一座粗糙的火箭测试台。一切静悄悄的，只有河谷里废弃的水坝以毫无表情的白色闸门为他们把风。

这 5 个人是被他们的导师冯·卡门“撵”到这片荒石滩上来的，前几天的一场大爆炸险些要了他们的命，也把一向清静的加州理工学院搅得天翻地覆。他们是学院里的一个“草根”组织——火箭研究小组的成员，有马林纳、史密斯、帕森、福尔曼和钱学森。马林纳和史密斯是航空工程系的研究生，负责火箭总体设计；帕森学化学，负责研制火箭燃料；福尔曼擅长机械设计，负责火箭结构。这4个人是小组最早的“铁杆”，但4人中恰恰缺少研究理论和计算的，于是和钱学森一个研究室的史密斯毫不犹豫地举荐了有此专长的钱学森。1937年的春天，钱学森成为火箭研究小组的第五个“铁杆”。

这个草根组织在校园里极不受“待见”。在20世纪30年代，很少有人把火箭当作值得努力开拓的科学领域，大多数人都认为这是科幻小说和好莱坞片商才感兴趣的玩闹把戏。马林纳曾打算以探测火箭的飞行特征为题，撰写博士论文，他的老师不但一口回绝了他的计划，甚至还建议他早点休学，或干脆到飞机公司找工作。幸好冯·卡门很欣赏马林纳的观念，同意指导他的论文。他们在冯·卡门的支持下勇敢地开展活动。最初，由于没有经费支持，他们有的人到学校打零工，有的人去垃圾场捡废料，甚至还有人窝在厨房里写科幻小说，希望能卖给好莱坞制片厂换钱。就在他们因筹不到购买两件仪器所需的120美元，几乎要放弃火箭研制计划时，他们得到了气象系一位好心同学阿诺德1 000美元的捐助，才得以渡过难关做出了试验用品，好不容易置下了一点瓶瓶罐罐的家当。

不料，在动手做火箭试验时，他们闯了大祸。

先是马林纳和史密斯不慎在化学馆外绿茵如毯的草坪上打翻了一瓶作燃料用的四氧化氮，留下一大片焦褐色，惹火了园丁。接着，他们在古根海姆实验楼做火箭发动机试验又发生了故障，四氧化氮和酒精的混合物点不着，喷出很多红色的泡沫和又腥又臭的气体，搞得大楼里一片乌烟瘴气，楼里的学生惊叫着从教室里逃出来。马林纳说：“恐怕大楼里连老鼠都跑光了。”带有腐蚀性的气体把实验室里所有暴露在外的金属表面都氧化了，航空系所有贵重的仪器设备都蒙上了一层红锈。研究小组的成员们手忙脚乱地想用抹布把锈磨掉，但无济于事，大多数设备还是被毁了。更严重的是又一次，火箭发动机点火后 3 秒突然爆炸，“轰隆”一声巨响，整个大楼晃动起来，震碎的窗户玻璃噼里啪啦地四处飞溅，火光、浓烟、气浪，夹杂着晕头转向踉踉跄跄夺路而逃的人群，火箭小组的成员也灰头土脸、跌跌撞撞地夹在人群中，吓得校园里的人以为遭到轰炸或发生了地震。爆炸将一个仪器的零件炸飞，从马林纳常在的位置上飞过去，深深地嵌进了墙壁，幸亏他给冯·卡门送打字机去了，逃过了一场劫难。

冯·卡门因此受到了校方的斥责，他气得粗眉倒立，对着火箭小组成员大声吼道：“出去!”并勒令他们立即搬家。从此，“草根”被学校“拔除”，校方禁止他们再踏入校园实验室一步。存放在实验大楼地下室里的简陋仪器和可怜的其他家当，也被扔了出来，摊在大楼东侧的混凝土运货平台上，任凭风吹雨打。先前他们曾利用楼梯间的空隙，在天花板上吊了 4 根钢丝，中间拴上一个方形的铁丝网片，在网片上水平安置了一枚 8 英寸长的小火箭，如此构成一个长达 50 英尺的摆锤，当火箭发射时引起摆锤摆动的幅度，可供计算火箭的推力。闯祸后，这个小火箭摆锤只好挂在室外一根突出的房梁上，偶有一阵风吹来，摆锤把墙壁碰得叮咚作响。5 个人并不死心，他们拖着沉重的油槽和其他装备，迁往距离学校几英里远的阿洛约塞科河谷，继续他们的危险实验。

校园里到处传诵着火箭研究小组的“英雄事迹”，他们被戏称为“敢死队”和“自杀俱乐部”。冯·卡门曾感慨地说：“火箭小组在那里连续干了一年，大部分时间用于研究各种火箭推进剂的性能。那里根本没有什么技术规范的文献资料，所以火箭小组一切都得用分析法和试错法从头做起。”

钱学森在“敢死队”里理所当然地充当着“专职”数学家和理论家的角色。1937 年 5 月 29 日，他完成了一份题目很长的报告《火箭发动机喷管扩散角对推力影响的计算》。这份报告描述了一个燃烧室和废气喷嘴大小都固定的理想火箭的理论模型，结论指出：火箭尾端喷出的火焰周径要小，才能在太空中集中推力；火焰面积过大则易导致火箭失控。钱学森的报告收在被火箭小组奉为“圣经”的一本实验报告汇集里，成为他们研究工作的基础。

钱学森在马林纳帮助下，完成了博士论文中一篇火箭飞行的研究报告，指导火箭小组的工作。钱学森详尽地推算出，采用固体推进剂进行多次快速燃烧排气而获得脉冲式推力，可使火箭达到 30 000 米的高度，而他的前辈根据静态燃烧试验所做的估计，火箭只能飞到 3 000 米，根本无法进行探空实验。

1938 年 5 月，“敢死队”的努力有了回报，他们的火箭发动机运转了整整一分钟，响亮的轰鸣声吸引了全校师生围观。美国军方也注意到火箭研究小组卓有成效的工作，当时，欧洲上空云谲波诡，军人敏锐的嗅觉使他们立即意识到火箭对未来战争将具有重要的作用。年底，陆军航空兵司令阿诺德将军邀请冯·卡门和学校领导米立肯前往华盛顿，参加国家科学院下属空军研究委员会会议，加州理工学院从五个研究计划中选择了一项，即“重型轰炸机火箭助推起飞装置”科研项目，代号

“GALOIT”。这个项目的目的是使一些重型轰炸机能够在小型机场起飞，太平洋上许多岛屿都有这种小型机场。项目理所当然地交给了校内唯一从事火箭研究的“敢死队”。

1939 年 1 月，火箭研究小组得到了国家科学院拨给的 1 000 美元经费，用以开发固体和液体火箭发动机推进剂，以及研制耐高温的火箭发动机。半年后，他们又得到了第二笔 10 000 美元的资助，任务是在一年内建成一个发动机试验站，并采购材料，继续研究发动机推进剂。冯·卡门认为，能得到官方交给的科研项目，证明了国家对火箭研究小组的首肯，因此应该给这个草根组织正正名了。鉴于“火箭”与“敢死”、“自杀”联系太密切，而且在公众中名声不好，所以，他决定把火箭研究小组改名为喷气推进实验室，自己担任主任（从 1939 年至 1944 年，冯·卡门一直担任主任）。实验室最初设立弹道、材料、推进、结构四个研究组，钱学森负责推进组，并与同事史都华共同管理弹道组。

推进剂分液体与固体两种。就提供长时间推力而言，使用液体推进剂的火箭发动机设计比较容易，但发动机体积庞大携带麻烦；使用固体推进剂的发动机体积小，火箭的机动性很强，适合作战需求。然而，当时已有的固体发动机，燃烧时间都不超过 3 秒，产生不了预期的推力，且距离小组制定的燃烧时间 30 秒的目标相差太远。小组做了无数次试验，研制了各种配方，但结果不是点不着火，就是立即爆炸，以至于大多数专家认为，长时间工作的固体推进剂发动机根本无法制造。1939 年底，阿诺德将军的副官齐德劳少校访问加州理工学院时，也问冯·卡门：“你真的认为火箭这玩意儿值得空军花

10 000 美元吗?”

火箭研究小组不屈不挠继续钻研固体推进剂问题。钱学森白天干学校的助理研究员工作，晚上经常带着笔记本、笔和计算尺，跑到马林纳家里协同攻关。马林纳家的房子很小，他只好把前廊改装成办公室，钱学森、马林纳和其他同事一起围着桌子靠在藤椅上大声讨论，有时争论得面红耳赤。吵完没多久，桌上就会高高地堆起填满方程式的计算纸。马林纳的妻子回忆道：

“我听见他们工作和交谈声。他们会比较各人的笔记，争辩说‘你一定错了！’‘你一定不对！’过一会儿，马林纳会大叫‘不会的！不会的！’然后大家哈哈大笑。听起来他们玩得挺愉快。”

他们的攻关获得了冯·卡门的绝对支持。1940 年夏天，冯·卡门列出了四组方程式，以推理的形式，阐述了在理想状态下使用固体推进剂发动机的工作原理。冯·卡门对马林纳说：“把这些方程解出来。如果方程的解表明，在火箭发动机点火时限制燃烧过程是不稳定的，我们就只好撒手不干；如果是稳定的，我们就该继续试下去。”马林纳解出了这些方程式，运算结果证明，他们要搞的这种发动机在理论上是行得通的。

火箭研究小组克服重重困难，终于研制出一种用次氯酸钾和煤焦油组成的新型推进剂。1941 年度，火箭研究小组又获得了 2.2 万美元的资助。随后的几次试验证明，他们在解决固体推进剂燃烧稳定性方面确实取得了实质性的成果，冯·卡门多年以后还记得 1941 年 8 月 12 日的一次惊人的试验，那是将 12 枚固体助推火箭固定在一架轻型单翼小飞机上。他回忆道：

“火箭点燃时，飞机像子弹一般飞跃而起，我们从未见过飞机以这么陡峭的角度飞上天空。”

第二次世界大战的战场很快从地面升级到了天空，美国以每年生产 50 000 架战斗机的速度仍然跟不上战场的需要，国防开支犹如洪水决堤。由于火箭对于提高飞机的速度和性能具有极大的潜力，美国海军也找上门来要求与加州理工学院签约，开发更优良的助推火箭，以至于国家科学院毫不犹豫地把 1942 年度的资助金额提高为 12.5 万美元。

投桃报李，火箭研究小组也没让政府失望，在用固体火箭做飞机起飞助推装置的任务完成后，他们把精力转向能量更大的液体火箭。很快，他们又研制成功了使用硝酸/苯胺液体推进剂的发动机。1942 年 4 月 15 日，美国第一架装有火箭助推装置的重型轰炸机试飞大获成功！这天，一架重达 9 吨、配有 2 个液体发动机助推火箭的道格拉斯 A－20 轰炸机停在跑道边。飞行员保尔·戴恩少校轻轻按动起飞装置的一瞬间，飞机腾空而起，仿佛被高射炮飞速推出炮膛的炮弹直扑碧空。有了这种火箭助推起飞装置，飞机起飞的速度大大提高，起飞距离也大大缩短。冯·卡门和敢死队员们拥抱在一起欢呼：“这下可以让德国法西斯吃不了兜着走了！”高兴之余，冯·卡门还没忘记给他的爱徒们一句评语：“这是美国实际应用火箭的开始。”很快，美国的战机就推广使用这项先进技术。

遗憾的是，在理论和计算方面为“GALOIT”项目做出显著贡献的钱学森却没在试验现场，冯·卡门对此有些愤愤不平。

原来，从 1940 年起美国科学院就把火箭计划列为高度机密，钱学森因没有美国公民身份，无法再参与小组的研究工作。

1940 年至 1942 年，钱学森主要从事空气动力学方面的研究，除了研究球体外壳、薄圆柱体外壳、实心柱等各种屈曲现象外，还参与了冯·卡门领导的另一个小组。小组一共 3 人，负责设计加州理工学院一个能产生超音速强风的小型风洞。

钱学森负责数学部分，另外两人负责机械设计和理论部分。1942 年，他们完成了美国第一座持续运转的超音速风洞，速度超过 4 马赫，成为日后建造的美国第一座大型超音速风洞的模型。钱学森总结这次工作经验，写了一篇题为《风洞之收缩圆锥的设计》（On the Design of a Contraction Cone for a Wind Tunnel）的论文，发表于《航空科学学报》上。所谓收缩圆锥就像一个漏斗，风穿过圆锥时，因圆锥渐形缩小，空气体积亦被迫缩小，导致风速增加。钱学森发现，当圆锥某些部位的曲度过大时，空气的边界流层就会从壁面脱离；而当圆锥狭窄处的风速过大时，风洞就有出现气流因压缩效应产生振波的危险。他特别在文中提出了使近亚音速风洞中气流速度低于音速的公式。

钱学森的聪颖和造诣，使冯·卡门确信他对美国政府极具价值。冯·卡门亲自出面斡旋政府部门批准钱学森参与加州理工学院的秘密军事计划。美国政府也动心了，像钱学森这样拔尖的年轻人，打着灯笼去找也找不到几个！经过一番审核，1942 年 12 月 1 日，宪兵总司令部人事安全主管巴陀上校，“啪嗒”一声在钱学森的安全许可证上盖上了大印。从此，钱学森再度加入火箭研究小组，并获准可以参与海陆空三军、国防部、科学研发局的一切秘密合约。

钱学森归来，火箭研究小组如虎添翼。他们满怀喜悦地收获着接踵而至的空军、海军、陆军、兵工厂以及政府部门的订单，钱学森的工作也愈发忙碌。

1943 年 4 月，他完成了一项发动机外壳在高速运行时所受压力分布的研究；7 月，他交出一份报告，讨论以喷气为动力驱动液态燃料泵的可能性；10 月，他研究固体推进剂添加金属固体的效果。

1944 年 5 月，他写出报告，讨论压缩机或涡轮机叶片变形的影响；8 月，他为喷气推进实验室做的关于从平坦金属片到高速行进气流间热传导的报告完成。

20 世纪 40 年代前期，无疑是钱学森人生最快乐、收获最多的一个阶段，他正值而立之期创造力的巅峰。经过 4 年的助理研究员生涯，1943 年秋天，加州理工学院聘请他留校担任航空系助理教授。

四、火箭雏形　伟大天才

从第二次世界大战战场上频频传来噩耗。

1944 年 6 月 13 日凌晨，英国伦敦上空突然响起可怕的爆炸声。随后，“嗡嗡”的呼啸声不断，一个个火球从天而降，城中时时燃起大火，人们惊恐万状，不知德国人发明了什么新式炮弹。9 月 8 日傍晚，伦敦盟军司令部正在开舞会，突然，一道闪光划破天空，紧接着一声巨响，“从荷兰方向射来一枚奇怪的炮弹，不消 5 分钟就从 200 多公里外飞过英吉利海峡，击中了泰晤士河畔的发电站，详情尚未查明……”值班参谋报告说。“什么炮弹能从荷兰打到这里？”司令部里无人相信。过了一会儿，参谋又报告说：“几分钟前发现一个快速运动的物体，高度约 100 米，速度约每秒 1 英里，无法进行拦截。从爆炸声估计，弹头至少有 1 吨 TNT。”后来英国人才明白，这不是炮弹，而是可怕的导弹，前者叫 V－1 火箭，后者叫 V－2 火箭。希特勒丧心病狂地使用令人毛骨悚然、威力很大的导弹，而盟军的飞机速度慢、大炮射程短，对它束手无策，毫无招架还手之力。

美国情报人员还获悉，德国一个庞大而神秘的导弹研制生产基地，就藏匿在德国东北部乌瑟多姆岛上一个毫不起眼的佩内明德小镇里，那里在 1942 年 10 月就成功试射了 V－1 火箭。冯·卡门还被告之，德国工程技术人员早在 1936 年就集中在那里封闭式研制导弹，人数最多时达到 17 000 人。

冯·卡门不禁倒抽一口凉气：天哪！1936 年加州理工学院的几个“草根”还在蘸着唾沫清点热心同学阿诺德送来的一包全是 1 元、2 元、5 元皱皱巴巴的零钱，而这来之不易的 1 000 美元，刚刚点燃他们研究火箭的梦想——两国的差距何其大也！

情报人员的分析同样令美国军方瞠目结舌：德国正在大规模地生产导弹，早在 1943 年 9 月 1 日，德国党卫军少将卡姆勒奉希特勒的命令就在“督战”威力巨大的 V－2 火箭。

美陆军航空兵驻加州理工学院联络官乔英讷上校立即请钱学森和马林纳拟就一份长程导弹潜在能力的研究报告。他们两人以当时技术水平为基础，经过缜密思考，写出了一份题为

《长程导弹的评论和初步分析》的研究报告。这份报告确认一枚起飞重量为4.5吨的液体导弹的射程能达到120公里。这份报告在附上冯·卡门的意见后，首次以“喷气推进实验室”（JPL）的名义，于1943年11月下旬正式上交给美国陆军军械署。

军械署对这份报告高度重视。1944年1月15日，冯·卡门接到军械署崔齐尔上校的信，大意是：急盼尽快开发长程导弹，愿意提供此类计划所需经费，每年暂以300万美元为限。

冯·卡门靠马林纳和钱学森提供的技术资料，扩建了喷气推进实验室。实验室的规模扩大，研究的内容更加细化，承担的任务也更加繁重。很快，实验室由4个小组扩张为研究分析、水底推进、液态燃料、固态燃料、材料、推进剂、工程设计、研究设计、遥控9个小组。钱学森就任研究分析组组长。

实验室在阿洛约塞科干河谷又扩租了40多亩土地，并开始大兴土木。河谷西岸修筑了新的试验厂房，试验人员可以透过坚实安全的玻璃观察火箭发动机的点火。其他房舍也在短时间内一幢幢落成，从新墨西哥州还运来了大批军用物资。不到一年，实验室的人员就超过了200人。从干河谷经常传出刺耳的隆隆咆哮和突发的爆炸声，附近居民屡屡抱怨河谷里传出的不明声响。直到战争结束，他们才知道那里发生的秘密。当初火箭研究小组为拼装火箭拍手欢呼的干河谷，已变为“闲人免进”的军事研究重地。丑小鸭长成了白天鹅，它不再荒无人烟、默默无闻，而是成为闻名遐迩的美国火箭的摇篮！而毫无疑问，钱学森也是它的奠基人。

1944年7月1日，喷气推进实验室与陆军军械署签订的规模巨大的导弹研究计划（“ORDCIT”计划）正式开工。这是一项大手笔的计划，冯·卡门和他的爱徒们积蓄已久的智慧和经验，像炽烈的火山一样喷发了！

实验室有四项研究计划：JPL－1是继续研究供空军飞机使用的火箭助推发动机；JPL－2是研制使用固体燃料、在水下发射的火箭；JPL－3是研究空军的冲压喷气发动机；JPL－4则是与陆军炮兵部签订的规模巨大的“ORDCIT”计划——研制可以用于实战的导弹。

已经有过理论和实践经验的钱学森和马林纳清醒地知道，研制这样大型的导弹必须循序渐进，他们首先要从简单型做起。年轻人为他们孕育中的导弹授予了从初级到高级的系列“军衔”：最简单、最先动手研制的导弹命名为“列兵”；其次取名为“下士”；再往后，随产品逐步改进，官阶递增一级，直到“上校”为止（实际只研制到中士导弹）。

“ORDCIT”计划包含四个型号：列兵A，固体推进剂发动机推进；列兵F，列兵A的有翼型；下士E，液体推进剂发动机；下士F，涡轮泵驱动输送推进剂的液体发动机。

列兵A长2.5米，总重227公斤，其中包括27公斤载荷。它的尾部装有4个稳定翼面，固体发动机推力为4.54公斤，工作时间超过30秒。起飞时，它由4个小火箭捆绑在尾部助推，总推力为756公斤。1944年12月1日至16日，列兵A共进行了24次发射试验，平均射程为16.5公里，最大射程为18.3公里。

列兵F主体和列兵A相同，只是外形类似飞机。1945年4月1日至13日，列兵F共发射了17次，也取得了相当大的成功。这两种导弹均无控制系统，列兵 F 的试验表明有翼飞行器的控制问题更为突出。

接下来，他们动手研制体积更大、射程更远的“下士”导弹。由于该项目技术上跨越太大，需花很长时间才能完成，因此，马林纳建议先研制一个小一点的探空火箭作为过渡。此时他刚从英国回来，了解德国 V－1 火箭和 V－2 导弹的一些发展情况，认为搞探空火箭的技术储备比较充分。他的建议得到了炮兵部火箭研究与发展部的批准。由于这种过渡型探空火箭比“下士”小得多，像个矮小苗条的小妹妹，因此取名“女兵下士”。

“女兵下士”探空火箭长 4.9 米，直径 20.5 厘米，总重 302 公斤。它的尾部装有 3 片稳定翼，动力装置是一台以红发烟硝酸/苯胺为推进剂的液体火箭发动机，推力为 680 公斤，工作时间 45 秒。助推火箭是海军研制的固体火箭小吉姆的改进型。“女兵下士”可携带至少 13.6 公斤气象探测仪器飞至 31 公里高。它没有制导机构，点火起飞时依靠发射架稳定，高速飞行时靠稳定翼稳定。1945 年 9 月 26 日至 10 月 25 日，“女兵下士”进行了发射试验。在 10 月 11 日的试飞中，一枚“女兵下士”达到 72.8 公里的飞行高度，超过了原来的设计指标。这是美国第一枚取得全部成功的探空火箭。1949 年 2 月“女兵下士”与改装的 V－2 导弹组成了一个两级火箭，又进行了一次发射试验，最大飞行高度 393 公里，成为第一枚进入外层空间的火箭，为后来美国探空火箭以及运载火箭的发展奠定了直接的技术基础。

下士导弹于 1953 年最终研制成功，成为美国用于实战的远距离战术导弹武器。喷气推进实验室研制的最后一种导弹是“中士”。至此，整个“ORDCIT”计划宣告结束。

“ORDCIT”计划研制方案为美国研制地地导弹和探空火箭奠定了基础。冯·卡门写道：“相信我们这份方案是美国火箭计划的第一份正式文献。”

1944年，无论是在第二次世界大战战场上，还是在火箭的试验场上，都是战火纷飞硝烟四起的一年。作为研究分析组组长，这年由夏入冬，钱学森全面指挥了“列兵”的研制。钱学森手下约有十多位科学家，其中一半是精通应用数学的理论家，另一半则为电子专家。此前先后来到加州理工学院的中国留学生林家翘、郭永怀、钱伟长、周培源等受钱学森邀请，也参加了喷气推进实验室的数学分析、空气动力、弹道分析、燃烧理论等研究工作。

钱学森还参与了其他多种火箭的设计，直到他离开加州理工后，这些火箭还在测试。

在研制火箭的繁忙日子里，冯·卡门与钱学森、马林纳等人还对喷气推进系统进行了系统的比较研究。他们的结论是，发射火箭或者导弹，最好采用涡喷式和冲压式发动机作为第一级的动力，为了增加推力，还可捆绑助推火箭。这样做的好处：一是火箭的第一级可以回收，重复使用；二是飞行初期，火箭发动机可以从大气层得到氧气，无须携带大量氧化剂，火箭自身的重量可减轻；三是这种火箭可以从移动目标上发射，增加敌人击落它的困难。

与此同时，具有战略眼光的美国军方预见到高科技将在战场和美国国力上发挥举足轻重的作用，便委托加州理工学院举办喷气技术培训班。他们在战场硝烟的间隙精挑细选了一批空军和海军军官，送入加州理工参加培训，这批人将成为未来美国军事部门和国防工业部门的掌门人。钱学森负责教授工程数学和喷气推进理论，这是学员们的必修课。钱学森经常带领他们驱车前往干河谷，一边讲理论一边指导实习。后来当上美国空军部长的查里克说：“钱学森用冯·卡门指导他的方式对待我们。讨论问题时，冯·卡门常说，‘好吧，这个问题很复杂，可是我们不强调这，也不强调那，先试着把事情简化。’钱学森教我们时，也会试图把极其复杂的东西简化到最基本的元素。”

有了火箭技术小组和喷气推进实验室打下的技术基础，美国射程更远、威力更大的火箭和导弹迅速发展起来，开创了美国航天事业的新时代。钱学森也在实践中不断成长、成熟，他对火箭技术研究的扎实性和前瞻性，以及他在美国火箭早期探索中做出的杰出贡献，被他的导师冯·卡门赞誉为“美国火箭技术领域最伟大的天才。”

五、科技装备　迈向新高

一阵大风扫过，卷起一地落叶。风停了，漂浮的叶子又落回地面，晚霞的残晖为天边涂抹着最后一点胭脂红。立秋刚过，却有些晚秋的凋零。

纽约郊区的机场上，一辆黑色的轿车“哗哗”地碾过落叶，戛然停在跑道的尽头。车门打开，美国陆军航空兵司令阿诺德将军走下车，这是个从西点军校毕业的敦实汉子，他抬腕看了看手表，用眼光四下搜索着。

这是1944年9月初，他等待约见的神秘人物是冯·卡门。

冯·卡门来了，两人钻进阿诺德的轿车，阿诺德把司机打发走了。在这个狭小的私密空间里，阿诺德和冯·卡门单独秘密会晤。他告诉冯·卡门，军方需要一份关于未来空中战术、空中武力和导弹的特别研究报告，还需要冯·卡门集合一群科学家到五角大楼工作，协助空军规划设计未来20年到50年的发展蓝图。第二次世界大战还没有结束，但阿诺德已经把眼光投到了战后，他需要同样具有远见的科学家和他一起设计美国空军未来的远景规划，树立不可撼动的领先地位。阿诺德说："空中力量将决定战争的成败，我绝不能容忍美国重蹈二战之初在珍珠港毫无准备地陷入灭顶之灾的覆辙。"

冯·卡门向加州理工学院请了长假，1944年12月，他正式担任美国国防部科学咨询团团长，并向钱学森发出了热情的邀请，理由是："钱学森是加州理工学院火箭小组的元老，曾在二次大战期间对美国的火箭研究做出过重大贡献。"冯·卡门还直接提名德莱敦、瓦登道夫和钱学森担任他的助手。1945年初，钱学森辞去加州理工学院喷气推进实验室研究分析小组组长的职务，收拾行囊，直奔华盛顿五角大楼。作为咨询团里唯一的外国人，钱学森佩戴可以参与最高军事机密的金色证章，自由出入美国陆、海、空三军最高指挥中心五角大楼。冯·卡门挑选了36名科学家和工程师，组成了他的精英团队，其中有在最前沿工作的著名空气动力学家，如美国标准局的德莱敦博士、加州理工学院的瓦登道夫博士和钱学森博士、空军少校泰迪、波音公司夏伊勒；有一流的电子工程师，如麻省理工学院的瓦雷博士、空军顾问盖廷博士、雷达专家伯塞尔博士以及电视显像管的发明人兹伏瑞金；还有核科学专家兰塞博士等。

咨询团接受的任务是“忘掉过去和现在，要以未来20年为基点，以超音速飞行、无人驾驶、空中侦察、核动力、远程导弹、原子弹……为着眼点。尽管大胆预测，寻求能使美国空军领军全球的新发明，开销多少钱都没关系”。这是阿诺德将军的原话，他还说：“过去的20年，空军的建军重心一直是飞行员、飞行员、飞行员。未来20年，我们的建军重心要改变为科技强军。”

按照阿诺德的指令，钱学森和其他团员频频走访美国各大研究实验机构，探寻美国航空技术和工业的发展方向。有时，大家在讨论中突然觉得有必要到某地实地考察，一小时后，他们便带着牙刷登上了空军的专机，当天赶到目的地，可见工作效率非常之高。紧张的调研使他们对美国航空工业的发展现状与潜力有了全面的了解。

1945年4月底，第二次世界大战结束在即。美国总统罗斯福得到密报，继佩内明德导弹基地之后，在德国中部图林根州的诺德豪森市又发现希特勒秘密建设的导弹基地，他立即下令空军火速派遣专家前往欧洲探底，实地考察德国的导弹设施，并务必赶在苏联人到达之前抓住德国导弹专家送回美国。被临时授衔的冯·卡门少将、钱学森上校，还有夏伊勒、瓦登道夫和莱德敦等咨询团成员一行5人，穿上军装，在弗吉尼亚州的碎石滩登上一架C－54运输机，飞往欧洲。尽管他们的行动代号为“健壮行动”，但是他们的行囊却并不怎么“健壮”，每个人除带上个人盥洗用品之外，还被要求带上小型急救包、手电筒、太阳眼镜、小刀，还包括送给金发女郎的礼物，如丝袜、胭脂、指甲油和美军徽章等。无疑，军方要求科学家们带上这些东西的目的，一来为自我救生，二来也可稍许“行贿”，对有用之人施以小恩小惠。

钱学森是这个团体里唯一的外国人，仍然持有中华民国的护照，使用1936年发的学生签证。离开美国不构成问题，但钱学森担心欧洲任务结束时，会受到移民局刁难，无法再入境美国。1944年4月17日，五角大楼办事员葛伦兹堡写信给移民局，为钱学森申请出入境特许证。由于战时情况特殊，军方的要求基本能得到满足。4月23日，移民局发给钱学森一张特许证，保证他回美国后仍保有出境前的身份。

咨询团的飞机从美国飞抵巴黎，然后乘车进入德国。

他们考察的第一站，是德国下萨克森州东部小城布伦瑞克市郊的弗肯罗德村。纳粹头子、德国空军司令戈林直接管辖的空气动力学研究所就隐藏在村里的一片密林之中。“真是难以相信，有1 000多人在那儿工作，但盟军却没有听到一丝丝关于这个研究所的风声。”冯·卡门在以后的回忆录中曾叹服地说。钱学森看到，这片禁地有56幢二层楼，有的房子像农舍，有的房子半埋在地下，有的房子屋顶上种着绿色植物，与周围的松林浑然一体，机场被巧妙地撒上了一层灰，侦察机根本分辨不出其真实面目。他还得知，纳粹逃跑前把许多机密的设计文件和图纸埋藏在树林里，美军用金属探测器找到了数千件装在金属盒内、埋在地下的机密文件，还在一口枯井里发现了德国人藏匿的300万份有关火箭和空气动力学的机密文件。这批重达1 500吨、有点潮湿的文件被送到城里，拍成了长达600

多米的微缩影片运回美国，交由美国科学家们（钱学森“敢死队”时代的老友史密斯也在其中）不分昼夜加以研读。钱学森看到这些文件大喜过望，在详细考察了这里一座 8 米直径的风洞、一座高速风洞、两座超声速风洞、一个军备实验室和一个工厂后，他尽可能多地阅读了一些文件，对他所关心的德国导弹和炸药的研制情况有了更深入的了解，更重要的是拓展了眼界和思路。他知道德国的 V－2 导弹虽然只有 300 多公里的射程，但他们已经在着手研制一种可以打到美国纽约、射程为 4 800 多公里的导弹，他确认德国的火箭导弹技术已经走在了美国的前面。

在戈林空气动力学研究所，冯·卡门还意外地发现，早在 1935 年罗马高速航空研讨会上发表了“后掠式机翼”精彩见解的年轻博士阿道夫·布斯曼，在“消失”多年后，竟然隐藏在这里继续从事后掠翼式飞机的研制。怪不得 1941 年德国的后掠翼式 ME－262 喷气式战斗机的速度就达到了 998 公里/小时，比美军的飞机快得多。考察团“提审”了布斯曼，实际是获取了他的试验数据，他们迅速决定停止美国正在研制的直翼式新型高速轰炸机，对它的机翼做“手术”，改为后掠翼式。考察团回到美国后不久，美国的第一架后掠翼轰炸机 B－47 下线。

考察的第二站是德国中部图林根州的诺德豪森，5 月中上旬，咨询团南下来到这里。让咨询团没有想到的是，美军的行动要比他们“健壮”得多。4 月 11 日，美军先头部队不顾事先与苏军的约定，已抢先进入了本该属于苏军占领区的诺德豪森市。不由分说，他们把抓获的 492 名德国导弹专家和 644 名家属一股脑儿地装进开往美国的军车，然后以迅雷不及掩耳之势拆卸了秘密工厂的导弹生产设备，连同德国已经造好的 100 多枚 V－2 导弹和大批设计图纸、资料，足足装满了 300 节火车车皮！3 个星期后，苏军赶到了诺德豪森市，有价值的东西早已被美军拉走了。望着满地狼藉的废铜烂铁和车辙痕迹，气得苏军元帅朱可夫跺脚骂娘。苏军只好收拾一些美军未及拆走的、太过笨重的残余设备和从其他地方收集到的导弹产品和零部件，运回了苏联。这些宝贝，日后成为苏联火箭和导弹起步的教具，也是他们在第二次世界大战结束十年后，援助中国的第一批和唯一一批导弹实物。这里原是一片林地，地下有很多废弃的矿井，德军利用地势，动用 10 000 多名劳工挖山不止，建成了一座精心设计的地下工厂。整个地下厂区有一条四通八达的铁路，衔接长达数英里的生产线。导弹总装厂就在一条隧道里。在苏军到达前有限的时间里，咨询团详察了地下工厂的整体布局和生产线，得到了纳粹德国研制导弹的第一手资料。

第三站，咨询团西行来到德国西部的亚琛，这里有他们感兴趣的德国空军基地和工业基地。然后他们驱车到达哥廷根，曾为纳粹效力的哥廷根大学各研究小组的领导人排队接受考察团的讯问。哥廷根号称“大学之城”，在十几万名居民中，就有近 3 万名大学生。第二次世界大战时，德国的城市大多被战火夷平，但哥廷根竟然幸免，有人猜测是因为普朗特住在这儿的缘故。普朗特是世界公认的近代流体力学奠基人，被誉为“空气动力学之父”。钱学森跟着冯·卡门在这里见到了冯·卡门年轻时代敬畏有加的老师普朗特，冯·卡门正是受到老师的教诲和提携，才有了今天的学识和地位。离别多年，见到熟悉的学校和老师，冯·卡门却怎么也高兴不起来，他万万没有想到，十年后他和老师竟然会以这样一种方式重逢。他们分别站在正义和非正义的两岸，各事其主，陌生得很。普朗特满头的褐发已完全灰白，原先板直的腰杆也有些弯曲。师生三代人面面相觑、默默无语地坐着，很长时间询问室里没有一点声响（见图3）。军方特地派来配合冯·卡门的戴恩上校打破了僵局，主持了这次讯问。

图3　师生三代在德国，以特殊方式相聚

师生三代人的这次特殊见面，给冯·卡门留下了很深的印象。在钱学森回国后，冯·卡门曾多次对身边的人提及此事："这是一次多么不可思议的会见啊，把自己的命运和红色中国联结在一起的，是我的杰出的学生；而为纳粹德国工作的是我曾经敬爱的老师，事情怎么会是这样?!"

第四站，咨询团直奔拜恩州（原巴伐利亚州）慕尼黑附近的柯其尔村。1945年5月5日，钱学森一行见到了3天前刚刚向美军投降的德国V－1导弹、V－2导弹的总设计师冯·布劳恩。望着这位比自己还小一岁的"火箭之王"，钱学森不由得生出些许仰慕之情。一来是布劳恩的良知未泯，他为自己研制的导弹被法西斯用来轰炸英国而感到羞愧，尽管英国是战胜国、飞机工业发达、对自己来说大有用武之地，但他放弃了留居英国的打算，投奔了远离故乡的美国；二来是考察团一路所见所闻，确确实实地感到德国的飞机和火箭导弹技术已经远远走在了美国的前面。钱学森要求布劳恩写一份报告，详细说明他曾经从事的火箭研究以及他对火箭技术未来发展的预测。这份名为《德国液态燃料火箭发展及其未来展望》的报告，刻画出布劳恩对火箭飞行的远见，他预见有朝一日，横跨欧美大陆只需 40 分钟；卫星环绕地球一周只需 1.5 小时；人类能够身穿潜水衣漂浮在真空中；实验室建造在太空中。他最不可思议的构想是在太空悬挂一面巨镜，折射阳光，烧毁敌人的城市，蒸干敌国的湖泊与江河。这份写自 1945 年的报告，引起了美国军方和政府的注意，成为美国发展人造卫星的诱因。布劳恩的天才预见在 12 年后变成了现实，那一年是 1957 年，苏联发射了世界上第一颗人造地球卫星，绕行地球一圈，用时 90 分钟。与布劳恩的会面，给钱学森留下了深刻的印象："科学家一定要有前瞻性的科学远见"，这种潜意识像一颗种子，深深种进了他的心田。

钱学森还讯问了德国知名的空气动力学家赫尔曼，他是德国 V－1 导弹和 V－2 导弹的研制、发射的负责人，曾领导一个设计超音速风洞小组。钱学森惊奇地发现，赫尔曼设计火箭采用的关键理论竟出自自己的一篇论文，赫尔曼对有幸见到钱学森也感到十分高兴。赫尔曼在多年以后完成的回忆录中提及此事时，只提到了一位考察团成员的名字，那就是钱学森：

"我记得其中一位钱博士，他是冯·卡门的亲密工作伙伴，我对他印象深刻是因为他的论文《超音速气流中锥形体的压力分布》，他是唯一就这个题目提出完整理论的科学家。我们知道他的理论，因为这篇论文在战争结束前两年就已出版。我们曾经拿他的理论在我们的风洞里做精确的实验。我后来得知，直到那时，钱博士的理论在他自己的国家还没有人实验过。我们能做是因为我们有设备，我们有超音速风洞，还有合格的科学家和工程师。”

钱学森在中学时期选修过德语，这对他在德国的考察有所帮助。考察中，他反应敏捷，一直笔不离本，本不离身，看到哪儿就记到哪儿，并且逻辑思路清晰，有对比，有分析。5 月 17 日至 21 日，钱学森熬了几个通宵，把几天的所见所闻进行了详细的归纳和整理，写出了对德国火箭导弹和空气动力学发展状况的系列调研报告。在现存的钱学森手稿中可以看到 7 篇报告的底稿。

其中，《后掠式机翼》写于 5 月 17 日，共 6 页；《火箭》写于 5 月 18 日，共 15 页；5 月 20 日是他的多产日，《超声速气体动力学》5 页，《冲压发动机》3 页，《脉冲式空气喷气发动机》7 页，《液体炸药炸弹》1 页，总共 16 页都诞生在这天；《飞机上的喷气涡轮发动机的安装问题》写于 5 月 21 日，共 4 页。

钱学森的这次实地考察，无疑为他日后担纲中国导弹奠基人和总设计师做了最好的铺垫。

咨询团本来还想去佩内明德，但那里已被苏军占领，预计的行程只好作罢。

6 月，钱学森和咨询团一行参观了德国与欧洲各地的风洞设施，就德国在喷气推进方面的进度写了几份报告。同团中的几位成员继续前往日本察看空气动力学方面的发展。钱学森没有一同前往，6 月 20 日他回到了华盛顿。

回到美国后，钱学森忙得不可开交，他一边继续在加州理工学院做研究和教学工作，一边为美国军方编写教材，还协助冯·卡门完成咨询团为美国国防部撰写的关于美国战后飞机、火箭和导弹未来发展的展望报告。1945 年 11 月，钱学森在航空系由助理教授升任副教授；12 月，他主编的空军技术教材《喷气推进》和他参与写作的长达 13 卷的咨询团咨询报告《迈向新高度》终告完成。

《喷气推进》一书长达 800 多页，由喷气推进实验室和古根海姆航空实验室的工作人员为空军技术指挥所撰写。钱学森主编的章节，包括使用液体和固体推进剂的火箭、热喷气、发动机、喷气辅助起飞、热动力学、燃烧、气体动力学等，书中还搜集了钱学森及加州理工学院其他教授在 1943 年至 1944 年学年度，每周分发给军职学生的油印讲义。这是世界上第一部全面系统地论述火箭与喷气推进技术的专著，它被视作机密文件，分送给军方工程师，这本书高居“美国喷气推进研究最权威选集”的宝座多年。《喷气推进》在军方与学术界留下了深远的影响，使 34 岁的钱学森在航空学领域获得了仅次于冯·卡门的权威地位。

《迈向新高度》为军方机要文件，报告共 13 卷。钱学森是该报告的主要作者和编辑者，他完成了其中第 3 卷的第 1 部分，第 4 卷的第 1 部分，第 6 卷的第 2 部分、第 3 部分、第 4 部分，第 7 卷的第 5 部分，第 8 卷的第 3 部分共 7 个部分内容的编写。此报告历史意义重大，冯·卡门、钱学森等为美军尖端技术的发展起到了关键作用。

《迈向新高度》咨询报告目录及相应作者：

第1卷 科学制空权的关键——Theodore von Karman
第2卷 我们现在的水平——Theodore von Karman
第3卷 技术方面的情报材料
第1部分 德国瑞士航空技术几个方面的情况——钱学森
第2部分 德国导弹发展历史综述——Hugh L. Dryden
第3部分 德国瑞士空气动力学几个方面的情况——Frank L. Wattendorf
第4部分 日本航空研究计划和成就——W. williams， Lt. Colonel， A.C.
第5部分 日本战争科技成就综述——Dr. F. Zwicky
第6部分 德国电子技术发展简述——W. H. Pickering
第4卷 空气动力学和飞机设计
第1部分 高速空气动力学——钱学森
第2部分 飞机设计和问题——William R. Sears and Irving L. Ashkenas
第3部分 飞机材料和结构——N.M.Newmark，Consultant
第5卷 未来的机载武器——N. M. New mark， Consultant， T. F. Walkowicz Major， Air Corps
提要
引论
机载运用
机载部件的组成、限制和发展
军用运输机的发展
飞机运输能力与机运设备的协调
总结
建议
第6卷 飞机发动机
第1部分 燃气涡轮推进——Frank L.Wattendorf
第2部分 脉动式空气喷气发动机的实验性能和理论性能——钱学森
第3部分 冲压式喷气发动机的性能及其设计问题——钱学森
第4部分 固、液体燃料火箭发展和设计趋势——钱学森
第5部分 飞机推进系统的高温材料——Pol Duwez
第7卷 飞机燃料和推进剂
第1部分 飞机推进用烃燃料研究——W. J. Sweeney
第2部分 石油在动力方面的应用——W. J.Sweeney
第3部分 火箭的固体推进剂及其他喷气推进装置——Louis P.Hammett
第4部分 火箭型发动机的液体推进剂——A.J.Stosick
第5部分 原子能燃料作为飞机动力的可行性——钱学森
第8卷 导弹和无人机
第1部分 制导导弹技艺现状
第2部分 飞行的自动控制——H. L. Dryden
第3部分 超声速有翼导弹的发射——钱学森
第4部分 远程火箭真空段弹道特性——G. B. Schubauer
第9卷 制导、寻的导弹和无人机
第1部分 现在研发选择的制导导弹——Hugh L.Dryden
第2部分 热制导和电视制导导弹——(G.A.Morton)
第3部分 雷达辅助制导导弹——I.A.Getting
第4部分 雷达寻的导弹——Hugh L.Dryden
第10卷 炸药和终端弹道
第1部分 炸药和爆炸的总体考虑——G.Gamow(最高密级而单独成册)
第2部分 高性能炸药特性——D.P.MacDougall
第3部分 终端弹道和毁伤效应——N、M.Newmark
第11卷 雷达和通信
第1部分 雷达在空军作战中的应用——L. A. DuBridge， E. M. Purcell， G. E. Valley
第2部分 美国陆军航空兵关注的雷达未来发展趋势的讨论——L. A. DuBridge， G. E. Valley， E. M. Purcell
第3部分 飞机无线电通信设备——G.A.Morton
第12卷 战争与气象——I.P.Krick
提要和总结
建议
第1部分 军事气象服务的历史发展
第2部分 第二次世界大战中GAF和AAF气象服务比较
第3部分 军事气象服务的发展趋势
第13卷 航空医学和心理学
第1部分 航空医学研究发展趋势——(Col) Dr. W. R. Lovelace， A. P. Gagge， Colonel， A. C.
第2部分 美军陆军航空兵的心理学研究——C. W. Bray

纵观这份咨询报告，钱学森是所有参与写作的人中承担写作任务最多的。他总结了欧洲各国特别是德国的研究成果与经验，以可观的篇幅描述了各地不同的风洞设施、飞机后掠翼的设计思路以及各种推进剂的性能，并且结合美国的现状，对喷气推进实验室在战时所做的各种理论分析进行了详细的比较和说明。他翔实地论述和预见了高速气体动力学、脉冲式喷气发动机、冲压喷气发动机、固体与液体推进剂火箭以及超声速有翼导弹等技术的研究成果、存在问题和发展前景。

这份报告是以冯·卡门为首，包括钱学森在内的世界著名科学家给美国政府提出的战略性发展规划和切实可行的技术途径，因成为美国航空航天事业的第一份发展蓝图而载入史册。报告预言，不久的将来，军事科技就会有振奋人心的发展：超声速飞机将成为事实，洲际弹道导弹将在大气层外高速飞行，核动力飞行也有可能实现。报告力促国家筹措更多经费，成立更多研究中心，推动这些目标的实现。

《迈向新高度》为第二次世界大战后美国航空航天事业在20世纪下半叶的飞速发展、成为世界第一军事强国，奠定了坚实的理论基础。军方很欣赏钱学森的表现，1945年底，阿诺德将军为钱学森写了一封正式推荐函，表扬他在冲压喷气发动机与火箭方面“优秀而完整”的研究，以及在推进及核能等领域上“无价”的贡献。第二年，美国陆军军械署也大力表扬钱学森1939年9月到1945年9月间在喷气推进实验室的“杰出表现”。

参与《迈向新高度》的编写研究工作，使钱学森受益匪浅。他和冯·卡门这样杰出的世界级大师一起，站在航空航天科学技术的最前沿，学会了从整个国家的高度，全面、系统地思考全局性、战略性规划的思路和方法。

由此，钱学森也迈向了他人生的新高度。他的导师冯·卡门教授专门向麻省理工学院写了一封推荐信，他认为钱学森应该回到麻省理工学院把他的知识传授给更多的年轻人。麻省理工学院绝对知道冯·卡门推荐信的含金量，亨赛克主任前几天已经到图书馆查抄了一份材料，单单这几年，钱学森与冯·卡门亲密无间的关系和联名发表的学术论文，就足以令人高山仰止：

1. 1938 年，《可压缩流体边界层》，发表于《航空科学学报》第 5 卷；

2. 1939 年，《外压引起的球壳的屈曲》，发表于《航空科学学报》第 7 卷；

3. 1940 年，《曲泵对结构屈曲特性的影响》，发表于《航空科学学报》第 7 卷；

4. 1941 年，《薄柱壳在轴压下的屈曲》，发表于《航空科学学报》第 8 卷；

5. 1943 年，《关于远程火箭抛射体可能性的综述》，发表于《喷气推进实验室报告》；

6. 1943 年，《利用喷气的引射作用作为驱动推进剂泵的动力源可能性的研究》，发表于《喷气推进实验室报告》；

7. 1944 年，《关于喷气推进系统应用于导弹和跨声速飞机的比较研究的综述》，发表于《喷气推进实验室报告》；

8. 1945 年，《非均匀流动机翼的升力线理论》，发表于《应用力学季刊》第 3 卷。

亨赛克主任还从冯·卡门那里了解到，钱学森1946年在协助冯·卡门整理发表有关跨声速流动相似律的论文时，看到冯·卡门用了一个仿射变换，建立了跨声速流动的相似律，就联想到，这种方法同样可以用来分析高超声速流动的控制方法，这对于求解高速飞行的火箭周围的空气流场很有意义。他对这一想法进行了数学推导，推导公式和方程计算足足写了12页，终于得到了一个简化的近似方程，求出了有关高声速流动的升力和阻力系数的相似值。有了这个相似率，可以大大减少风洞试验和数值计算的工作量。在冯·卡门的赞许下，钱学森发表了这篇足以令整个航空界振奋的论文《高声速流动的相似律》。

麻省理工学院的教授同样清楚地记得，就在几个月前，也就是1946年12月，《航空科学学报》上又刊登了钱学森一篇名为《超级空气动力学——稀薄气体力学》的论文。这篇论文迫使空气动力学家重新审视机翼上的气流在大气层最高处的表现。钱学森设计出一套全新的公式，把空气分子结构与分子间平均距离都考虑在内，这整个革新了空气动力学家对高空高速飞行的观念。这篇论文提出的关于自由分子流区、过渡区、滑流区和气体动力学区的划分，被人们认为是研究稀薄气体力学的开创性工作。后来飞行器进入同温层，航天器进入外太空，很多研究成果都是以他这篇经典文献为启蒙的。

这位风头正劲的中国学者给加州理工学院带来的还不只是空气动力学方面的令人刮目相看的研究硕果，他对核物理也有浓厚的兴趣和独到的见解。他在1946年的一期《航空科学学报》发表了一篇具有说明性质的论文《原子能》，就爱因斯坦的质能关系、原子结构、核分裂等理论问题，提出了清晰而详尽的解释。他还撰写了一系列讨论核动力火箭的讲稿，后来陆续在麻省理工学院和马里兰州的约翰·霍普金斯实验室等地演讲。他在演讲中谈到，经过计算，原子反应释放出的能量约为传统燃料的100万倍，据此推测，靠核动力推进的飞机、火箭航程几乎是无限远的，核能的优越性值得军方进一步研究。他还指出，制造使用核能燃料的火箭，最大困难在于燃烧室会产生极高温，顿时把发动机烧得灰飞烟灭；他也设想了多种可能解决这些难题的方法。这几次扣人心弦的演讲，数十年后还有人牢记在心，并佩服他的许多先见之明。当他根据讲稿整理发表的论文《关于火箭核能发动机》问世后，他的名声更加大振，论文首次提出利用核能作为火箭动力的大胆创意，震惊了美国的科技泰斗们。美国媒体据此编辑了新闻：“人类骑着核能火箭遨游太空、周游宇宙不再是天方夜谭”，引发街头巷尾的老百姓津津乐道地议论了很长时间。

加州理工学院当然也值得为钱学森骄傲。钱学森送交给航空工程系领导的《关于建造中等规模高超声速风洞的建议和研究报告》得到了军方的重视和资助。作为风洞建设的核心骨干，钱学森得到了安全许可，参与了超声速风洞的建设和另一项代号为“流星”的海军机密计划——研究生产带有固体推进剂发动机的导弹。他同时还申请了最高安全许可证，参与空军的研究计划和涉及发展原子弹的“曼哈顿”计划。加州理工学院在政府和军方心目中的地位进一步得到了提升，这是多少美国一流大学梦寐以求的事情呀！

1947年3月7日，连续阴霾的天气终于放晴。校园里垂柳摇曳，小草萌动，春风带来了喜讯。这一天，加州理工学院校刊头版刊登了一条消息：35 岁的钱学森晋升为加州理工学院正教授（见图 4），同期晋升的共有 12 人，还有雷达技术的核心人物希尔、计算机的先驱考德威尔等。以美国的情况而言，大多数教授必须干 20 年以上教学、指导、行政的“苦差事”，才能取得终身职务。但钱学森到美国连学习带工作总共才 12 年，他是加州理工学院有史以来获得终身职务最年轻的教授。几个月后，钱学森得到了在美国永久居住的“绿卡”。

图 4　1947 年 3 月，经冯·卡门推荐，35 岁的钱学森成为美国加州理工学院最年轻的终身教授

六、工程控制　闪闪发光

由于美国联邦调查局的无端揣测，怀疑钱学森是美国共产

党，钱学森失去了安全许可证，无法从事原先与军事相关的喷气推进研究工作，于是他改变了自己的研究方向，把目光投向了一片崭新的领域——工程控制论。

工程控制论与美国国防机密毫无关系。钱学森似乎在向美国联邦调查局表明，他完全改行了。

回忆工程控制论的研究工作时，钱学森曾经这样说："研究工程控制论只是为了转移美国特务们的注意力，争取获准回归祖国。当时并没有想到要建立一门新学科。"

对于钱学森来说，时间就是生命，他不愿把时间荒废在不知道终点的漫长等待之中，而是抓紧时间从事新学科的研究。

钱学森的学生、《工程控制论》中译本译者之一戴汝为院士这样谈起控制论的历史："控制论是法国物理学家和数学家A. M. 安培在1834年提出的，最初的定义是'管理国家的科学'。1948年，美国数学家N. 维纳把控制论运用于动物体内自动调节和控制过程的研究，从而建立了一门新的学科。"

1931年维纳当选美国数学学会会长。1935年8月至1936年6月，维纳曾经来到中国，在清华大学作访问教授。维纳作为美国的著名教授，怎么会来到中国清华大学的呢？那是因为维纳有一个博士生，叫作李郁荣，在维纳教授指导下完成了博士论文《用拉盖尔函数之傅里叶变换的网络合成法》。后来李郁荣应清华大学工学院院长顾毓琇之邀，到清华大学工作。李郁荣通过顾毓琇以及清华大学校长梅贻琦向维纳教授发出邀请，于是维纳来清华讲学，并与李郁荣合作，研究并设计出很好的电子滤波器。维纳教授还为清华大学数学系讲授了调和分析，指导华罗庚与徐贤修完成了《关于傅里叶变换》的论文。

后来华罗庚与徐贤修都成为著名数学家，华罗庚成为中国科学院学部委员（院士），徐贤修成为台湾“‘中央’研究院”院士、台湾新竹清华大学校长。

第二次世界大战期间，维纳接受了一项与防空火力控制有关的研究工作，促使他深入探索了用机器来模拟人脑的计算功能，由此深入研究控制论问题。1948 年，维纳出版《控制论》，成为控制论这门新兴学科的奠基之作。

思想敏锐的钱学森把维纳新创立的控制论运用到工程系统之中，创立了新的学科——工程控制论。钱学森把控制论概括为“一个系统的不同部分之间相互作用的定性性质，以及由此决定的整个系统总体的运动状态”，把工程控制论定义为“研究控制论这门学科中能够直接用在控制系统工程设计的那些部分”。

花费了三年时间，钱学森把他的见解用英文写成 30 多万字的《工程控制论》。1954 年，署名“Tsien，H. S”的《Engineering Cybernetics》（即《工程控制论》），由美国 McGraw Hill 出版。

钱学森在《工程控制论》的序言中，以扼要的文字论述了工程控制论的意义，原序如下：

“著名的法国物理学家和数学家安培（A. M. Ampere）曾经给关于国务管理的科学取了一个名字——控制论（Cybernetique）［安培著：《论科学的哲学》（Essaisur la philosophie des science）第二部，1845 年，巴黎出版］。安培企图建立这样一门政治科学的庞大计划并没有得到结果，而且，恐怕永远也不会有结果。可是，在这些年代，各国之间的战争却大大地促进了另一个科学部门的发展，这就是关于机械系统与电气系统控制与操纵的科学。维纳（N. Wiener）就借用安培所创造的名称'控制论'来称呼这门新的科学。这门科学对于现代化战争非常重要。这真是有些讽刺意味。维纳的控制论（Cybernetics）[控制论——关于动物体和机器的控制与联系的科学（Cybernetics, or Control and Communication in the Animal and the Machine, John Wiley & Sons, Inc., New York, 1948）]是关于怎样把机械元件与电气元件组合成稳定并且具有特定性能的系统的科学。这门新科学的一个非常突出的特点就是完全不考虑能量、热量和效率等因素，但这些因素在其他各门自然科学中十分重要。控制论所讨论的问题就是一个系统的各个不同部分之间相互作用的定性性质，以及整个系统的总的运动状态。

《工程控制论》的研究目标是控制论这门科学中能够直接用在工程设计中被控制系统或被操纵系统部分。因此，在关于伺服系统的书里所讨论的那些问题通常都包括在工程控制论的范围之内。但是，工程控制论比伺服系统工程内容更为广泛，这只是二者之间的一个表面的区别。一个更深刻、也是更重要的区别在于：工程控制论是一门技术科学，而伺服系统工程却是一种工程实践。技术科学的目的是把工程实际中所用到的许多设计原则加以整理与总结，使之成为理论，也就是把工程实际中各个不同领域的共同性显示出来，而且也有力地说明一些基本概念的重大作用。简单地说，理论分析是技术科学的主要内容，常常用到比较高深的数学工具。只要把书本稍微浏览一下就对这个事实更加清楚了。关于系统部件的详细构造和设计问题（也就是把理论付诸实践的具体问题）在本书里几乎不予讨论。关于元件的具体问题更是根本不谈。

能不能把理论从工程实践中分离出来研究呢？其实，只要看到目前已经存在的各门技术科学以及它们的飞速发展，就会发现这个怀疑是完全不必要的。举一个特别的例子来说：流体力学是一门技术科学，它与空气动力学工程师、水力学工程师、气象学家以及其他在工作中经常利用流体力学的研究结果的人的实践是‘分割’开来的。可是，如果没有流体力学家的话，对于超音速流动的了解和利用也要大大推迟。因此，把工程控制论建成一门技术科学的好处就是：工程控制论使我们可能有更广阔的眼界、用更系统的方法来观察有关问题，因而往往可以得到解决旧问题的更有成效的新方法，而且工程控制论还可能揭示出新的前景。最近若干年以来，控制与导航技术已经有了多方面的发展，所以，确实也很有必要设法用这样一种统观全局的方法来充分了解与发挥这种新技术的潜在力量。

因此，关于工程控制论的讨论，应该合理地囊括科学中对于工程实践有用的所有方面。而不应该仅仅由于数学困难而逃避任何一个问题。其实，深入地考虑一下就会发觉，任何一个问题在数学上的困难常常带有很大的人为性质。只要把问题的提法稍微加以改变，往往就可以使数学方面的困难减轻到进行研究工作的工程师所能处理的程度。因此，本书的数学水平也就是读过数学分析课程的大学生的水平。关于复变数积分，变分法和常微分方程的基本知识是研读这本书所预先需要的。此外，只要比较直观的讲法能够达到目的，我们就不用严密、精巧的数学方法来讨论。所以，以一个电子工程师的眼光来看，这种做法一定是太‘学究气’了；可是，从一个对这门科学有兴趣的数学家的眼光来看，这种做法可能太‘不郑重’了。如果真的只有这两种批评的话，作者一方面愿意承担这种责任，另一方面也会感到一些满足，因为他将认为他在原来要做的事业里没有完全失败。

在编写本书期间，作者在与他的两位同事的多次交谈中得益很多，这些谈话常常使一些含混之处突然明确起来。这两位同事分别是美国加利福尼亚省理工学院（California Institute of Technology）的马勃尔（Frank E. Marble）博士和德普利马（Charles R. Deprima）博士。塞尔登杰克梯（Sedat Serdengecti）和温克耳（Ruth L. Winkel）给予的有效帮助，大大地减轻了书稿的准备工作。作者谨表示衷心的感谢。”

《工程控制论》是一部前瞻性的学术著作，以至在出版之后三四年内美国的科学界没有人能读懂！因为当时美国自然科学的论著要么论述物质，要么论述能量，而《工程控制论》里一没有物质，二没有能量。

《工程控制论》的重要学术价值是随着时间的推移，才逐渐被人们理解、认识的。

孙家栋院士曾经回忆道，他1958年毕业于苏联茹科夫斯基军事学院航空系。当时苏联老师把钱学森所著《工程控制论》（俄文版）列为四本必读的著作之一，使得钱学森著俄文版《工程控制论》迅速被学生购买一空。于是，孙家栋在暑假回国时，到北京外文书店购买《工程控制论》成为他的一大“任务”。他带着好多本《工程控制论》回到茹科夫斯基军事学院，受到同学们的一致夸奖。

在研究工程控制论的同时，钱学森还从事物理力学这一新兴学科的开创性研究工作，用英文完成《物理力学讲义》，并为加州理工学院开设了这门课程。

《工程控制论》和《物理力学讲义》是钱学森在被监控之下完成的学术专著。《工程控制论》被译为德、俄、中等多种文字，引起世界各国科学技术界以至哲学界的广泛关注，形成一股“控制论热”。《工程控制论》不仅是自动控制理论的重要奠基石，也为自动化科学技术的发展指明了方向。

第二章　曲折归国　报效人民

经过多方努力营救，钱学森经历了各种艰难曲折，放弃了美国优厚的待遇和很高的地位，依然不改初心，经过千辛万苦，想尽各种办法，终于回国，实现报效祖国和人民的人生伟大理想。

一、北京刮起　学森旋风

钱学森经过各种艰难曲折，于 1955 年 10 月终于回到了祖国。经过短暂的休整，他就投入了紧张的工作中。

在陈赓大将的大力推动下，钱学森与军方的关系日益密切，北京军队高层出现了“导弹热”。陈赓大将前往中国科学院，正式代表国防部邀请钱学森授课。

1955 年 12 月 27 日，万毅中将根据彭德怀元帅和军委秘书长黄克诚的指示，拿出军事工程学院任新民、周曼殊和金家骏三位教员关于研制我国火箭武器和发展火箭技术的建议书，当面听取了钱学森关于如何发展我国火箭技术的意见。

就在这个时候，1956 年的元旦到来了。对于新中国来说，1956 年是第一个“五年计划”（1953～1957 年）的关键之年，也是中共中央发出“向科技进军”的一年。

1956年1月14日至20日，中共中央在北京召开关于知识分子问题会议。这是新中国成立后中共中央第一次召开的以知识分子问题为主题的全国性大型会议。1月20日，毛泽东主席到会讲话，他指出，技术革命、文化革命没有知识分子是不行的，中国应当有大批的知识分子参与其中。他号召全党努力学习科学知识，同党外知识分子团结一致，为迅速赶超世界科学先进水平而奋斗。

在毛泽东号召“全党努力学习科学知识”的背景下，1956年1月，在陈赓大将的安排下，钱学森在北京积水潭总政文工团排演场给在京的军事干部作了题为《关于导弹武器知识的概述》的报告，连讲三场，引起部队高级将领对导弹的极大兴趣。

那时候，很多人都还不知道导弹为何物。身经百战的贺龙、陈毅、叶剑英、聂荣臻元帅，都兴致勃勃地赶来听讲，当起了钱学森的学生。

钱学森在讲课时，在黑板上写下“火箭军”三个字。他说，这“火箭军”，也就是导弹部队，是一支不同于现有的陆、海、空三军的新型部队，是一支能够远距离、高准确度命中目标的部队，是现代化战争中极其重要的后起之秀。

后来，钱学森这样谈起作报告的体会：

“我在美国那么长时间，知道他们那里没有这个本事不行。美国的科研人员要争取基金会的经费支持，就要参加董事会的会议，向董事们作10到15分钟的讲解，在限定的时间内把他要报告的事情讲清楚，要不他就得不到经费。这就是一个社会要求，也是一种压力。所以在美国，中学里就有辩论会，培养人的口才。我举个例子，我在美国加州理工学院研究超音速问题的时候，有一次系里来了一位官员，是美国国会议员，管这方面事的，他问超音速是怎么回事？我的老师冯·卡门是很会科普宣传的，他先不说什么，把国会议员带到他的澡盆边，放上水，用手在水面上划。划得很慢很慢，水波就散开了，于是告诉他这是因为手划得比水波慢，像亚声速；他又划得很快，水波就成尖形两边散开，这就像超音速。这位国会议员说他懂了，其实也没完全懂，只是这个意思他大致上明白了。这就是一个怎么让不懂的人懂的形象例子。

我回国后发现中国的科技人员这方面的能力比较差，往往是讲了十几分钟还没到正题，扯得老远，有些简直就让人听不懂，不会用形象、通俗易懂的语言表达好专业科学知识。从前我问一些听科学报告的党政干部，他们就常常说没听懂，他们欢迎我去讲，说听我讲能懂得差不多。我回到祖国接受搞导弹的任务后，在积水潭总政文工团的排演厅作报告讲高速飞行问题，当时陈赓大将和许多军队高级将领都在座。讲完以后有一个人对我说，他这次算听懂一点了。要求科技工作者对不在行、不懂行的人介绍自己的工作，我觉得是很需要的。

道理很简单：科学技术很重要，要大家都懂，都重视，就需要科普。”

朱兆祥在那里连听三场钱学森的报告，后来他是这么回忆的：

“陈赓大将亲自陪同钱先生和我一起到医院看望彭德怀同志。这次会见很特别，彭老总开门见山就提出问题说：我们是社会主义国家，不会去打人家。但我们一定要把部队用新式武器装备起来，落后了要挨打。我很想知道，我们中国人，能不能自己造出导弹来？需要多长时间？双方就这个问题讨论很久，谈得很投机。看得出来彭老心情很急，简直就像交代任务一样。钱先生对导弹原理和国际情况都了然于胸，陈赓就提出请钱先生为部队的校级以上干部作一个普及导弹知识的报告。这个计划不久就实现了。在总政排演场礼堂，钱先生连讲了三天。以上这些活动我都参加了，使我感到了紧锣密鼓的气氛。”

朱兆祥所说的“感到了紧锣密鼓的气氛”，真实地反映了中国军方借助于钱学森回国，刮起了“钱学森旋风”、“导弹旋风”。

其实，新中国在启动“两弹一星”的导弹这一研制工作的时候，已经启动了另一“弹”——原子弹的研制工作。

那是在1955年1月15日，同样在中南海，当毛泽东主持中共中央书记处扩大会议时，邀请了两位著名的科学家——钱三强和李四光作关于原子弹的讲座，列席会议的还有地质部副部长刘杰。

毛泽东在听了钱三强和李四光的讲座之后说：我们国家，现在已经知道有铀矿，进一步勘探一定会找出更多的铀矿来。解放以来，我们也训练了一些人，科学研究也就有了一定的基础，创造了一定的条件。过去几年其他事情很多，还来不及抓这件事情，这件事总是要抓的，现在到时候了，该抓了。只要排上日程，认真抓一下，一定可以搞起来。

从这一天起，中国正式启动原子弹的研制工作。当时为了保密，把研制原子弹称为“原子能事业”。

为了加强对“原子能事业”的领导，1955 年 7 月，中共中央指定陈云、聂荣臻、薄一波组成三人小组，负责指导“原子能事业”的工作，具体业务由以薄一波为主任的国务院第三办公室管理。

此后三个月，钱学森归来了，中国研制导弹的工作也随之启动。“两弹”研制工作提上了工作日程，“红色中国”朝着国防现代化的目标迅跑。

正如钱学森后来回忆的那样：

“有一次叶帅在家请我们吃饭，我爱人也去了，陈赓也在。吃完饭，大概是星期六晚上，他们说找总理去，总理就在三座门跳舞。我们跑到那儿，等一场舞下来，总理走过来，叶帅、陈赓他们与总理谈话。后来大概就谈定了。总理交给我一个任务，叫我写个意见——怎么组织一个研究机构？后来我写了一个意见，又在西花厅开了次会，决定搞导弹了。那天开完会，在总理那里吃了一顿午饭，桌上有蒸鸡蛋，碗放在总理那边，总理还特意盛了一勺给我。

我们体会到，中国在那样一个工业、技术基础都很薄弱的情况下搞‘两弹’，没有社会主义制度是不行的，那就是党中央、毛主席一声号令，没二话，我们就干，而直接领导者就是周恩来总理和聂帅。”

钱学森所说的“总理交给我一个任务，叫我写个意见”，就是 1956 年 2 月 17 日钱学森递交给国务院的《建立我国国防航空工业的意见书》——当时为保密起见，用“国防航空工业”这个词来代表火箭、导弹。钱学森就发展中国的导弹事业从领导、科研、设计、生产等方面提出了建议。钱学森指出，为了发展“国防航空工业”，需要设置专门的科研机构、试验场以及制造工厂，要培养大批年轻力量，要制订长远的规划。

钱学森在《建立我国国防航空工业的意见书》中建议：

（1）“领导机构应包括科学、工程、军事、政治方面的人员。这个机构设在国防部内”。

（2）作长远及基本研究的单位，“重点放在完全了解一个问题的机理”，“探索新方向”。这种单位“组织上可以在中国科学院系统之内，但同时也归上述机构领导”。如“现在科学院内的力学研究所”，其他研究所中的“高温材料研究、电子学研究、计算机研究等；将来很可能再设空气动力学研究所、自动控制研究所等”。“估计这个方面工作的研究人员，在整个系统完成时有 600 人，其中副博士水平以上的研究人员 120 人至 150 人”。

（3）作设计研究单位，其任务是“生产新型产品，包括试制及试飞阶段在内”。这是一个“很大的复杂的机构，在整个系统完成时应有技术人员 6 000 人，其中博士水平以上的人员 500 人至 600 人”。它应该包括“空气动力学研究所、结构研究所、火箭推进机研究所、冲压推进机研究所、透平式推进机研究所、控制系统研究所、材料研究所、燃料研究所、计算局……”，共 12 个研究单位。

（4）生产工厂“是航空生产的一系列工厂”，“包括金属及非金属原料工厂，各种零件制造厂，电器制造厂，燃料工厂，最后才是飞机及飞弹制造厂”。

钱学森在《建立我国国防航空工业的意见书》中分析了当

时国内航空工业十分落后的现状以后指出：问题是如何“以最迅速的方法，建立起我国国防航空工业的三部分：研究、设计和生产”。他建议立即在国防部成立航空局，实施全面的规划和领导；从全国调配力量，组建队伍。

《建立我国国防航空工业的意见书》开列了从 1956 年至 1967 年，逐年调来各有关专业毕业生人数，争取苏联及其他兄弟国家的援助；还开列了国内 21 位导弹高级专家名单，其中包括任新民、罗沛霖、梁守槃、庄逢甘、林津、胡海昌等。

钱学森的《建立我国国防航空工业的意见书》是中国导弹事业的奠基之作。

二、访苏代表　秘密使命

访苏代表团第三委员会秘密使命①

1956 年 9 月，国防部五院成立前的一个晚上。一筹莫展的聂荣臻，不声不响地独自在北海公园弯弯曲曲的小道上踱步。假山、曲径、垂柳、金菊，古朴而不失雅致，含蓄又不失富贵，湖水上流动着清新爽快的空气，带着一丝幽幽的花香。但是，公园的美景一点也提不起他的兴致，他有些心事重重，

研制导弹的事情并不像当初想象的那么顺利，不光调技术骨干让他费尽了心机，就连调设备、划拨工厂也让他伤透了脑筋。毕竟，新中国建设伊始，各行各业到处都是人、财、物的告急声。让他烦恼的并不是这些事，而是前些天他从李富春副

① 石磊等著：《钱学森的航天岁月》，中国宇航出版社 2011 年版。

总理那里得知，他托李富春访问莫斯科时提出苏联援助中国导弹新技术的请求，苏方有了答复，而答复实在令人失望。

9 月 13 日，苏共中央复函说：考虑到导弹技术的复杂性和中国目前缺乏干部的情况，我们认为对中国的援助只能限于培养干部，可以提供 2 枚供教学使用的导弹模型，派 5 名教授来中国讲学。再就是，可以接受 50 名留学生到苏联学习。

聂荣臻把这个情况告诉了钱学森，问他：“学森，你估计一下，没有国外的支持，光靠自己的力量，需要多长时间才能拿出咱们中国的导弹？”

钱学森思考了好一阵，回答道：“至少要七八年，甚至更长的时间，而且还只能达到初级的水平。”

两人一起陷入了沉默。谁敢保证敌对势力能给新中国七八年的和平时间？

面对严酷的现实，中国发展导弹技术究竟怎么办？10 月 12 日，聂荣臻邀请黄克诚、赵尔陆、李强、王诤、安东、钟夫翔等人，就苏共中央的复函作进一步研究。会上，聂荣臻说：“我们导弹的研究，苏联帮助要搞，不帮助也要搞。因此，不要等，一方面准备谈判，一方面积极进行我们自己的筹建工作。”“我们应该把立足点放在依靠自己力量的基础上，在坚持自力更生的同时，尽可能争取必要的、可能的国际援助。”

1956 年底，苏联援助中国的情况突然出现了转机。上台不久的苏共最高领导人赫鲁晓夫因全面否定斯大林，又悍然出兵波兰和匈牙利，在国际上陷入了孤立。在同马林科夫、卡冈诺维奇、莫洛托夫进行的党内斗争中，赫鲁晓夫也胜算未卜。在此情势下，迫切需要中国共产党和政府的支持，赫鲁晓夫十分希望毛泽东能亲自出席在莫斯科举行的世界共产党和工人党会议。毛泽东提出，只有苏联答应在尖端技术方面援助中国，他才同意前往莫斯科。

于是，苏联对于援助中国导弹武器方面出现了松动迹象。聂荣臻立即抓住机遇，通过苏联驻中国经济技术总顾问阿尔希波夫，再次提出国防新技术援助一事。很快，苏联正式邀请中国派出一个高级代表团去莫斯科谈判。

周恩来将这个高级代表团的名称定为“中国政府工业代表团”，团长为聂荣臻，副团长为宋任穷（三机部部长）、陈赓（副总参谋长兼哈尔滨军事工程学院院长），团员由李强（对外贸易部副部长）、万毅（总参谋部装备计划部部长）、钱学森（国防部五院院长）、刘杰（三机部副部长）、王诤（通信兵部主任）、张连奎（二机部副部长）和刘寅（二机部副部长）组成，工作人员8名，还聘请了13名火箭、原子能、飞机、电子等方面的专家为顾问。1957年9月7日，由31人组成的代表团乘坐伊尔—#18专机飞向莫斯科。

专机上，聂荣臻一扫阴霾的情绪，和并排而坐的钱学森聊起了苏联于1956年底援助我国的2枚供教学使用的P－1导弹。钱学森说：“这种导弹基本上就是第二次世界大战时期德国的V－2火箭的改进型号，我们这次去的目标应该去要比P－1更先进的导弹，比如P－2导弹。”

“造这种导弹，你有把握吗？”聂荣臻问。

“就看这次去苏联的结果了，只要他们能提供有关的设备和导弹样品，我保证能行。”

聂荣臻沉思着说：“你觉得还有哪些困难呢？”

钱学森轻松地笑道："你不是常说，困难像老鼠，听见脚步响，就跑个精光了吗？"

"哈哈……"聂荣臻大笑了起来，"对，去年在中央开会，你说过，如果没有外援，依靠我们现有的技术力量，可以在七八年内，研制出像美国'诚实约翰'一类无控制导弹。我把你的意见报告给总理，中央就叫我们7年内搞出自己的导弹，当然不会是'诚实约翰'。我当时比较乐观，心想大概只用5年，最多7年也行。这次若能争取到苏联的帮助，就能够提前制造出性能更先进的武器了。"

"那就不用5年了，在元帅领导下五院同志干劲足得很，就想让咱们弄个样品回去研究研究呀！"钱学森风趣地说。

"好，好得很嘛，那你就领着他们制造出一个世界奇迹来！"

钱学森略有所思地说："凡事成功，都会有一个先兆，我也同样有这个预感。因为我们的社会主义制度能使科研力量高度集中，意见高度统一，这比自由的美国更适合搞导弹工程。"

聂荣臻赞同这句话，同时深感钱学森心地坦荡，不由想起在钱学森刚回国时总理的嘱咐："你要好好地对他，他也不容易！能回来得冒多大的风险呀！科学家是我们国家的精华，他就是科学家杰出的代表。"

下午两点，飞机降落在莫斯科国际机场，苏联部长会议第一副主席别尔乌辛、国防部副部长科涅夫元帅和中国驻苏联大使刘晓已在机场等候，欢迎中国代表团的到来。聂荣臻刚走下飞机舷梯，别尔乌辛就迎上前，热情地告诉他，自己受苏共中央最高领导的委托，随时准备提供中国朋友需要的各种援助。

谈判从9月9日开始，历时35天。其间，中苏双方分别组成了军事、原子弹、导弹、飞机和无线电5个委员会（小组）对口谈判。中方的5位谈判组长为陈赓、宋任穷、钱学森、张连奎和王诤；苏方的5位谈判组长为国防部副部长科涅夫、中型机械工业部部长斯拉夫斯基、国防工业部副部长道玛尔切夫、航空工业部副部长别良斯基和无线电工业部第一副部长晓金。除了双方代表团的一次总谈外，基本上各个委员会都分别进行了谈判和参观。谈判的规格之高，苏联的态度之慷慨，前所未有。聂荣臻吩咐大家，要充分利用千载难得的机遇，多向苏方提出一些援助项目。

为加快中国导弹研制的步伐，钱学森在访苏期间做了大量细致的工作。他以一个内行专家的犀利眼光，仔细地搜寻着一切可以争取到的援助细节，防止遗漏；同时，他也鞭策自己，尽量多向苏联的科研生产体制学习。毕竟，他在美国20年，比较熟悉和擅长的是理论研究和科学探索，对于如何组织大规模的科研生产和建设大型航天工程，他也缺少实践经验。

在尘封的历史档案卷宗里，有几份钱学森访苏期间的信件底稿和笔记，充分反映了他对国家利益一丝一毫不马虎的敬业精神、急切想让中国导弹及早腾飞的忧国之心和他虚心学习充实自己的态度。

钱学森以中方第三委员会名义致苏方的信件（之一）

请允许我再一次向您提出以下的一些请求：

一、代表团对协议书草案研究之后，对其中14条从文字涵义上理解是苏联对中国导弹的研究工作、在建立第二院方面的帮助，限于在制定该院方案给予援助。这样理解和双方会谈时所交换的意见不相符合。希望您能对14条的涵义给我们解释一下，是否我们的理解不对。

二、为了全面安排我国的社会主义建设计划，请您在以下几个问题给予协助：

1. 目前中国冶金方面及化工方面的专家已到苏联，希望了解C－75，P－2，每一套（包括地面设备）所用的燃料及原材料的品名，（金属的，非金属的）规格和数量。

2. 靶场的规模、设备和投资。

3. 装备一个C－75防空连的投资。

4. 两院所需大学毕业的专家，各种专业的各需多少？中技各种专业各多少人？

三、为了迅速地掌握导弹方面的技术，以及安排第二个"五年计划"的工作，希望了解：

1. 关于接受P－2及C－75，需要什么样的组织设备和注意哪些问题？

2. 为了准备生产P－2及C－75，需要注意做什么准备工作（估计到更先进的型号）。主要的要有哪些工厂，现在中国第二机械工业部为了完成这一任务要增加什么厂，用现有的工厂中哪个厂，作为C－75及P－2的装配厂较为合适？

以上第一个问题，希望您能安排一次时间面谈。第二、第三个问题请您指定专家和中国方面专家会谈，时间希望在可能的情况下尽量早一些。

上次的信提的问题什么时候会谈，请您顺便通知。

请接受我代表第三委员会和个人向苏联政府和您给予我国

的无私援助再一次的感谢。

中国方面第三委员会钱学森

1957年9月22日

钱学森以中方第三委员会名义致苏方的信件（之二）

DOMPAЧЕВ（多姆拉契夫）同志：

为了便于中国安排无线电工艺的生产，请您答复我们下列几个问题：

（一）P－2的地面控制设备中，属于无线电工业部门生产的有哪些品种（所谓品种是指整架机器，例如雷达，导航机，电子计算机，遥测设备，接收机等）。

如果是属于无线电发射或接收设备，那么它们是超短波还是微波的。

每个品种在正常生产条件下，所需的工时大约是多少，它们应由无线电部的哪类工厂生产较为合宜。

不属于无线电工业部门生产的控制设备有哪些品种，它们应由哪些工业部门生产。

（二）P－2弹内的控制设备有哪些属于无线电工业部门生产的品种。

如果是属于发射或接收设备，那么它们是超短波还是微波的。

每个品种在正常生产条件下所需的工时大约多少，它们应由无线电工业部门的哪类工厂生产较为合宜。

不属于无线电工业部门生产的控制设备有哪些品种，应由哪些工业部门生产。

（三）C－75 的地面控制设备中，属于无线电工业部门生产的有哪些品种。如果是属于无线电发射或接收设备，那么它们是超短波还是微波的。

每个品种在正常生产条件下所需的工时大约是多少，它们应由无线电工业部门哪类工厂生产较为适宜。

不属于无线电工业部门生产的控制设备有哪些品种，应由哪些工业部门生产。

（四）C－75 弹内的控制设备中，属于无线电工业部门生产的有哪些品种。

如果是属于无线电发射或接收设备，那么它们是超短波还是微波的。

每个品种在正常生产条件下所需的工时大约是多少？它们应由无线电工业部门的哪类工厂生产较为适宜。

不属于无线电工业部门生产的控制设备有哪些品种，应由哪些工业部门生产。

（五）在所有上述的控制设备中有哪些特殊的无线电元件和电真空器件，需要中国方面及早做准备的。

钱学森

1957 年 9 月 26 日

苏联早期援助我国的 P－1 和 P－2 导弹，在大多数中国人的印象中是无偿援助的，因为没有资料透露过有关的情况。而在钱学森访苏期间留下的信件底稿中，却清清楚楚地讲明了付费问题。

钱学森在 1957 年 9 月 20 日写给苏方的信中有这样的内容：

在这次中苏两国谈判之后，必然引起中国方面第二个“五年计划”的重新调整问题，因此急于想知道，苏联移交给中国导弹的价格。希望您通过以下两个办法之一，将它的价格通知我们：

1. 直接由工业部门，将价格通知第三委员会。

2. 由工业部门将价格通知苏联经济联络总局，再由经济联络总局通知中国代表团。

钱学森还有一份长达 19 页的参观苏联各研究所、试制工厂以及谈判准备工作的详细笔记。

比如，他极为详细地记录了苏联导弹试制工厂里的车间设置：

（1）制模车间；（2）备料车间；（3）热处理车间；（4）试制中央实验室；（5）装备车间（加工），大型及中型；（6）装备车间（加工），小型如舵机；（7）机械车间，标准件及关键件；（8）表面处理；（9）装备焊接车间；（10）燃烧室车；（11）发动机装备；（12）火箭装备；（13）辅助；（14）试验台；（15）动力车间……

再如，他详细地观察并记录道：

“总火箭试验台的面积为 2 000～2 500 平方米，发动机试验台总面积有 1 000 平方米，有 150～200 吨的酒精仓库、200 吨的煤油仓库、250 吨的硝酸仓库和 15 吨过氧化氢仓库等。”他甚至在旁边标注：“还需要有 1 200 平方米的停车场。”

一边观察，他还一边思考着下一步谈判还需要向苏方提出索要具体的清单和数量，他在笔记中写道：“（1）金属切削机床 500 台；（2）压机 50 台；（3）炉 50 台；（4）焊接 100 台；（5）特种 50 台；（6）非标准 400 台；（7）仪表 2 000 个……”

在此之前，很少有人知道苏联援助中国导弹的资料、设备和设施是怎么确定的，而钱学森留下的笔记，恰从一个侧面真实地反映了“中国政府工业代表团”内中国专家所起的绝对重要的作用。有目标的“要”和“给什么要什么”的结果绝对是大相径庭的。钱学森的访苏，无疑在很大程度上放大了苏联对中国导弹援助的实际作用。

对于苏联老大哥的有限援助，聂荣臻也是有思想准备的，能得到些什么，不能得到什么，他也是心知肚明。总的来看，谈判的结果比预计的要乐观。比如，谈到有些导弹型号性能时，别尔乌辛甚至说：“你们要的型号性能已经落后，是否换一些新的型号?”

在涉及导弹、原子能、飞机及其基地建设等方面，其进展是一点一点取得的。所幸苏联方面还是做出了让步，中方得到的援助比预计的要多。如果这个新技术协定能完全认真执行，中国在突破导弹、原子能、现代作战飞机等尖端技术方面，就有把握得多、顺利得多、快得多。

协定草案一出台，聂荣臻立即派人将文本送回北京，请毛泽东和中央批准。毛泽东、周恩来对草案很满意，立即批准，派人送回，苏联方面也批准了这个草案。于是，1957 年 10 月 15 日，聂荣臻代表中国政府，苏联部长会议第一副主席别尔乌辛代表苏联政府，在正式协定书上签字。

苏联国防部大楼里俄式宫廷吊灯流光溢彩，乐队分别演奏中国与苏联的歌曲，气氛友好而热烈，中苏双方协定签字仪式在这里举行。协定全称是《关于生产新式武器和军事技术装备以及在中国建立综合性原子能工业的协定》，简称《国防新技术协定》。聂荣臻用带去的中国名酒茅台、五粮液作为庆典祝酒，满堂酒香飘逸，人人举杯在手一饮而尽。

协定共5章22条，苏联政府承诺在原子能工业、生产与研究原子武器、导弹武器、作战飞机、雷达无线电设备以及导弹和核试验基地建设等方面，对中国进行援助。

《国防新技术协定》中规定：在1957年至1961年底，苏联除供应我国四种原子弹的样品和技术资料外，还供应四种导弹（P－2，C－75，C－2，K－5M）的样品和技术资料等，并允诺在1960年至1961年间供给射程为500公里的P－2导弹的技术资料。协定中还明确，苏联将向中国派遣专家帮助中国仿制导弹，向中国提供导弹研制与发射基地的工程设计资料，并增加中国派赴苏联的火箭与导弹专业留学生名额等。

代表团超额完成了任务，于35天后的10月16日返程回国。随后，落实协定，做好受援的准备工作，成了钱学森的一项重要工作。

三、“两弹一星” 功勋卓著

不会走路的孩子迈步了①

1956年12月，苏联援助的供教学使用的2枚P－1导弹运到了中国。当年参加接收任务的任新民回忆：

“1956年12月，我接受一项紧急任务，命我带队乘专列前往满洲里接收苏联援助的两枚液体近程弹道导弹（P－1导弹）

① 石磊等著：《钱学森的航天岁月》，中国宇航出版社2011年版。

及其辅助设备。时值北国的隆冬季节，我们冒着 -30℃至-40℃的严寒，一次次到车站查看现场，为接苏援导弹做好各种准备。为了保密，调换卸装只能在晚上进行，我也加入到卸装导弹及其配件的行列中。在同志们的努力下，两枚 P-1 导弹及其配件、备件如期顺利运到北京。1956 年 12 月 29 日，中苏双方在北京举行 P-1 导弹交接及签字仪式，国防部五院有我、梁守槃和史成章，苏方代表是库兹涅佐夫和普列奥布拉任斯基等。我作为中方代表在交接协议上签了字。随弹而来的 13 名苏联专家，给中方人员讲了几天使用、维修课。

钱学森见到 P-1 导弹后，轻轻地摇了摇头。他一眼就看出，这不过是第二次世界大战中德国人研制的 V-2 火箭，这家伙的模样，他早在十几年前参加美国国防部科学咨询团到德国考察时就见到过。

P-1 导弹运来了，其中一枚是供教学使用的解剖弹，另一枚是完整的可供拆卸的导弹。导弹放在哪儿呢？如果就在露天放着，万一敌人从空中侦察到，这可不得了。德国的 V-1 火箭基地就曾经被英国轰炸机炸毁，研制人员不得不进行转移，研制工作只能另打锣鼓重开张。

有人出主意：在导弹四周搭个大席棚，把导弹遮起来，省钱省时，神不知鬼不觉。大家一致同意。说干就干！

席棚搭好。钱学森命令将一枚解剖弹用于教学，讲课、观摩就在席棚下进行；将另一枚导弹搬进简易仓库，用于开展‘反设计’。

何谓‘反设计’？几个年轻人摸着头，眼神迷茫。钱学森接着说：‘我们没有导弹的图纸和资料，但是现在我们毕竟有了实物，可以按专业组把弹体、发动机，直到每一个螺丝钉、垫圈，都小心地拆卸下来，仔细研究做好记号后再分别去测量，最后我们自己动手绘制图纸。这是我们锻炼队伍的最好时机。’年轻人明白了，原来‘反设计’的目的是摸清导弹的结构和材料、零件的尺寸及使用性能，做出一套既有理论根据又符合操作实际的方案，为下一步仿制做好准备。”

“反设计”也不是一件容易的事情。

第一步要拆卸，十分简陋的仓库里只有两个三叉架和一根横梁以及一副手动的起吊用具，凭借这些原始设备，大家小心翼翼地按照拟定的程序，把每个零组部件编号造册，然后一一拆卸，分门别类地摆放好。

第二步是对照实物测绘、测量，并通电检测、试验，还要化验、分析材料成分、规格和性能。

第三步是对导弹全貌、分系统及主要部件、组件有了清晰的认识后，“照葫芦画瓢”，按照自己画的图纸，再把大卸八块的导弹恢复原样。

这是一场智力的消耗战，在没有图纸甚至零部件名称都不知道的情况下，要记住它们原来的位置和之间的关系。

这又是一桩非常细致的工作，既不能搞错又不能搞乱，来不得一点差错，就连一颗螺丝钉也不能走样。

在导弹总设计师室主任任新民的精心组织下，拆卸工作用了10天，测绘工作用了半年，而后又用10天时间把导弹完完整整地装回原来的样子，整个工作进行得紧张有序。经过仔细检查，零部件一个不缺，螺钉、螺帽也一个不少，除了多出4个垫圈和一根2米多长的细空气导管因调整形状时断裂外，其他零部件“毫发未损”。

最后，大家将导弹内部打扫了一遍，又把弹体擦拭干净，于是，一枚完完整整、油光锃亮的 P－1 导弹重新出现在人们面前。国防部五院的技术人员还很快画出了一部分导弹的图纸资料，“反设计”练兵工作初见成效。

钱学森对这场练兵学习活动很满意，表扬了大家。正当国防部五院上上下下掀起“反设计”高潮的当口，钱学森叫停了“反设计”工作。为什么呢？原来，聂荣臻率领的访苏团与苏联签订《国防新技术协定》后，苏联援助的更先进的导弹武器到货了，仿制新产品的战斗就要打响！

1957 年 12 月 20 日，寒星满天、冷风如刀的中苏边境满洲里车站，气温降至－40℃。一列来自苏联的国际列车抵达中国满洲里车站，普列奥布拉任斯基上校带领苏军一个缩编导弹营 102 人，连同两枚 P－2 近程导弹和测试、发射、运输和加注等地面设备，在国防部五院科技人员的配合下，秘密地上了中国的火车（苏联铁轨和中国铁轨的宽度不一样，两国之间的铁路运输必须互相换乘）。火车在沉沉的夜幕中悄然驶进了北京长辛店车站，荷枪实弹的军人在列车两旁护卫，站台上警卫森严，偶尔传来几句用俄语发出的口令。谁也不会想到，就在这个平静的夜晚，两枚从苏联远道运来的 P－2 导弹，神不知鬼不觉地踏上了中国的土地。

24 日 18 时，沿着新铺设的一段铁轨，列车进入了长辛店附近云岗地区的一处秘密驻地。一群人忙忙碌碌地搬运着盖得严严实实的大木箱，在职务对等的两国军人的见证下，箱子的保密铅封被打开，双方按来货清单逐件交接。这次运来的装备有2枚P－2地地近程导弹训练弹，其中1枚可作初级点火；一个导弹营的主要技术装备，包括地面测试、发射、横偏校正、运输、加注等设备共47件，价值750万卢布。交接时，发现有些关键部件（如横偏校正振荡器晶体）没有配套，还有些设备零件不全，后经多次交涉，苏方陆续补齐。

1958年1月，钱学森和王诤将接装情况向国防科委写了汇报材料：

炮兵教导大队已将苏联运来之全部部件按时接装完毕，今将接装情况简要汇报如下：

一、为了将部件在夜晚安全地卸车和入库，建立了必要的组织，并进行了预习操作。由林爽同志任总指挥，下设接装运输、库门指挥、交通调整、站台搬运、警卫、消防、急救、物保、修改、招待等小组，于57年12月23日19点半预演开始，21时半结束并进行了讲评，使大家明确了任务职责、操作程序和位置，并提出了一些注意事项。

二、57年12月12日由耿锐同志率领50名接装人员赴满洲里。20日办完换车手续即开赴北京，至24日18时15分到达长辛店，该次列车共计51节，随行苏军人员102名（内有37名军官）。20时开始卸车入库，至25日8时大部分安全入库，13时全部安全入库。在一夜接装过程中，苏军士兵与我全体接装人员，均不顾疲劳，积极搬运，保证了部件按时安全入库。

后附47件部件的清单。

钱学森、王诤

1958年1月24日

经过钱学森、任新民的鉴定，此型导弹虽然比 P－1 导弹先进一些，但还是苏联淘汰的旧型地地导弹。1957 年 8 月 21 日，苏联在决定援助中国 P－2 导弹之前，已经成功地发射了世界上第一枚洲际弹道导弹——射程为 8 000 公里的 P－7 导弹。但是，正如聂荣臻所说："苏联的导弹虽然不是最好的，但却是我们没有的，值得大家好好研究学习的。"钱学森决定尽快组织大家研究学习"老大哥"的看家技术，开展仿制工作。

为了迎接苏联援助项目，尽快投入学习和仿制工作，钱学森等人向聂荣臻提出了《关于导弹研究院的体制意见的报告》，建议调整国防部五院的组织机构。

1957 年 11 月，国防部五院组建两个分院：以总设计师（即总体设计）、空气动力、弹体结构、发动机和推进剂 5 个研究室为基础，组成一分院，负责导弹总体设计和弹体、发动机研制，由钱学森兼任一分院院长，谷景生任一分院政治委员，刘秉彦兼一分院副院长。一分院建院初期，有 175 人、8 个研究室，聚集了如任新民、屠守锷、梁守槃、庄逢甘等一批科技专家，驻地在北京长辛店附近的云岗地区。以解放军电子科学研究院为基础，合并控制系统、控制组件、无线电、计算机、技术物理 5 个研究室组成二分院，负责导弹控制系统的设计工作，任命电子科学研究院院长王诤为五院副院长兼二分院院长。二分院成立后，调整组织了 12 个研究室和一个试制工厂，调集了全国知名的无线电专家蔡金涛以及包括吴朔平、黄纬禄、郝复俭、李蕴滋、沈家楠等在内的 30 多位电子技术专家，驻地在北京永定路地区。

1957 年 12 月 10 日，由军委炮兵和国防部五院联合组建炮兵教导大队，下设指挥连、技术连、发射连和运输连，驻地就在国防部五院一分院所在地——云岗。

机构调整到位后，学习和仿制工作兵分两路。

一路是从学习基本知识、学会操作使用和维护起步，由苏联官兵在炮兵教导大队开始为期 3 个月的教学、训练活动；另一路由设计部门和试制工厂唱主角，先翻译、消化导弹资料和图纸，准备各种原材料、工艺，开始解剖、仿制苏联 P－2 导弹。两枚 P－2 导弹也分别放到炮兵教导大队和国防部五院一分院，充当实物教具。

1958 年 1 月 13 日，炮兵教导大队第一期学员开课，学员来自国防部五院、总参作战部、炮兵、总后军械部、哈尔滨军事工程学院，总数为 683 人。他们分为指挥、测地、诸元准备、发射、技术和运输等 23 个专业组，分别对口由苏联官兵直接讲课、操作示范并手把手地教。

开班仪式上，国防部长彭德怀元帅亲手解开了系在 P－2 导弹上的红绸带，满含深情地对在场官兵说："这是苏联老大哥过继给我们的'儿子'，祖国把它托付给你们了，你们可要把它当作亲生儿子看待呀！"

"P－2 导弹是个庞然大物，它全长为 17.7 米，采用惯性加无线电横偏校正混合式的制导系统，导弹射程为 590 公里，导弹头装常规炸药。全弹由弹头、稳定裙、仪器舱、尾段和发动机等几大部分组成。它是苏联在第二次世界大战时期德国 V－2 火箭基础上进行改进设计的，射程比 V－2 提高了一倍。"钱学森一面介绍着，一面用手中的小棍轻轻地敲打着这枚导弹。

钱学森鼓励学员说：

“对导弹武器装备来说，我们还是个不会走路的孩子，现在是刚刚起步。P－1导弹是苏联第一代产品，谈不上先进，但对我们来说，毕竟有了教学实物，可使我们少走一些弯路，我在美国就没有看到这样的实物，要好好学。我深信，在党中央的正确领导下，在启蒙老师苏联专家的帮助下，通过我们自己的辛勤努力，我们一定能走、会跑，成长壮大！”

他号召学员与苏军官兵搞好团结，把先进技术学到手。

炮兵教导大队的学员从导弹的构造、工作原理、编制作战文书到实际操作，以及导弹营在军和集团军作战中的战斗行动，都进行了理论学习和实地演练，通过苏军官兵的直观教学，学员们很快就明白了基本原理，掌握了操作方法。在第一次进行初级点火模拟训练时，学员们还真有点紧张，苏联教官用铁链把导弹拴住，以防万一飞出去伤人。因为这是第一次在我国进行点火实际操作，所以教导大队组织得非常严密，每个人对自己的职责和动作要非常熟练、一丝不苟。导弹及地面设备展开后进入垂直测试，直到进行完射前检查，确认一切正常才开始初步点火。“点火”口令一下达，一束橘红色的火焰从导弹尾部喷出，煞是壮观。

1958年4月8日，炮兵教导大队在北京南口镇西南的坦克靶场进行了P－2导弹武器系统的实战操作演习。据当时参加演习的学员范士合记载：

“我记得那是一个漆黑的夜晚，全体演习设备要从长辛店拉到南口，当时我和一部分学员先行，一路上站岗放哨，深夜寒风凛冽，伸手不见五指。不一会儿，大队的车队浩浩荡荡地过来了，远远看去真是威武壮观，上百辆汽车依次列阵，照明灯划破夜空，宛如一条长龙缓缓行进。到达阵地稍事休息后，演习就开始了。准备工作用了很长时间，点火仅仅一瞬间，我们正看得出神，导弹发动机就关机了。我们这些操作手按程序迅速抱起消防水龙头冲到导弹前灭火，真像在战场上冲锋一样。”

炮兵教导大队为期 3 个月的学习训练圆满结束。4 月 15 日，苏军导弹营官兵全部返回苏联。

之后，教导大队选出一部分学习较好的学员充当教员，“现买现卖”，又带出了 2 期学员。从 1957 年 12 月成立到 1959 年 7 月结束，短短的 19 个月，教导大队完成了国防部五院交给的 6 次接装任务，其中，P－2 地地导弹 3 次，C－75 地空导弹 2 次，C－2 岸舰导弹 1 次。举办了 3 期训练班、5 期短训班，为部队培养了 2 500 名操作、指挥干部，其中不少人成为日后组建的第二炮兵的骨干。为国防部五院培养了 600 多名熟悉 P－2 导弹和 C－75 导弹的技术人员，其中一分院有 511 人参加了学习，为另一路人马开展的解剖仿制工作，打下了坚实的基础。

主导制订航天早期规划

钱学森在美国的经历，特别是在第二次世界大战中参与调查德国导弹技术的发展状况和战后参与美国空军未来发展战略规划的制订，使他能够站在很高的层面上考虑国防部五院长远发展的目标。

我国航天技术之所以一步一个台阶地快速发展、不断攀上高峰；型号研制之所以有条不紊地循序渐进、不断取得丰硕成果，这些与航天事业初创时期就在钱学森等人的主持下制订了一系列规划、计划直接相关。从五院成立之始，到20世纪60年代中后期，在钱学森的指导下，五院几度制订规划、计划，为我国导弹、火箭、卫星的发展绘制了一幅幅蓝图，既为近期研制明确了目标，又为远期发展指明了方向。

然而，这些规划、计划是在艰难探索中不断调整、修正逐步形成的。一则国防尖端武器的研制是为政治服务的，必须服从政治形势的需要，常常要根据各个时期党的路线、方针、政策的变化而调整方向和目标；二则由于缺乏研制导弹的经验，必须经过实践不断地修正规划、计划；三则20世纪50年代末至70年代末政治运动频繁，大多数运动是在“左”的指导思想下开展的，在这样的背景下，研制型号的品种、数量和战术技术指标往往会被动地层层加码。因此早期的规划、计划明显地打上了“双重色彩”的烙印：从积极意义上看，有了宏伟的规划远景，人们看到了未来的目标，激励了斗志，经过努力，甚至付出血汗的代价，取得了不少骄人的成绩；从消极意义上看，有的规划、计划不同程度地脱离实际，不得不在执行中进行较大幅度的调整，导致研制工作走了弯路。

值得庆幸的是，有周恩来、聂荣臻等中央领导具体了解、关心、指导五院工作，他们尊重钱学森的意见，尊重实践的检验，当发现规划、计划中的问题需要调整方向时，能够及时

“叫停”或“转弯”。因此，造成的损失并不大，而调整之后取得的成绩还是十分鼓舞人心的。

国防部五院的第一个规划是“三大任务”。五院建院之初，一切都是未开垦的处女地。经钟夫翔、钱学森与林爽、任新民、梁守槃、庄逢甘等研究后，1957 年 3 月，钱学森向全院部署了研制地地导弹、地空导弹和无人驾驶飞机“三大任务”。

一个月后，“三大任务”被具体细化为“五项工作”，即从 1957 年 4 月到 1961 年 6 月，4 年内研制 5 个型号：将苏联的 P－2 改装成为飞靶，将苏联的米格－15 战斗机改装成飞靶、地地弹道式中程导弹、射高 30 公里的地空导弹、架束制导的地空导弹。

1957 年 6 月 10 日至 12 日，根据全国科学规划会的有关条款，五院召开了喷气技术协调会议，研究第二个“五年计划”期间喷气技术的基本研究任务。会议由钱学森、常乾坤、段子俊、刘秉彦分别主持，确定了“二五”期间五院的主要任务：

（1）仿制苏制 P－1 导弹，并在此基础上设计和试制射程为 450 公里以上的单级导弹；

（2）设计和试制防御飞机的地空导弹；

（3）设计和试制可控制飞行的无人驾驶飞机（用作靶机）。

这几项规划的文字表述不尽相同，但它们的核心内容都是与“三大任务”一脉相承的，这可以说是我国最早的导弹研制规划。五院的十个研究室，按照专业分工，在办班学习的基础上，开始了最初的技术练兵，仿制苏联援助的 P－1 导弹的工作由此开始。

虽然当时“三大任务”还只是一些模糊的概念，虽然争取苏联在导弹方面的援助还只是“雾里看花”；但是，在“有外援我们要搞导弹，没有外援我们也一定能搞出导弹”的坚定信念支撑下，这个“三大任务”成为新生的导弹研究院鼓舞人心的战斗旗帜。因为钱学森懂得，一支没有目标、没有旗帜的队伍是无法前进的，更是不可能打胜仗的。

1958年初，全国各行各业开始总结“一五”工作，制定“二五”计划。五院也制定了“二五”计划和《喷气与火箭技术十年（1958～1967）发展规划纲要》（简称《十年规划》）。这一年的上半年，全国性的“冒进”尚未形成，在这种背景下，五院的规划还是比较切合实际的。

从1957年底到1958年初，五院在钱学森院长和王诤、刘秉彦副院长的主持下，制订了1958～1962年的“二五”计划。其主要内容是：

（1）1957年开始仿制苏制P－2地地导弹，1960年完成；1959年开始设计射程为1 200～1 500公里的522地地导弹，1962年完成；1961年开始设计射程为3 000公里的524地地导弹，“三五”期间完成。

（2）1958年开始仿制苏制543地空导弹，1960年完成；1958年开始设计远程地空导弹，1962年完成。

（3）1958年开始研究改进苏制C－2岸舰导弹，1960年完成；同时研究设计冲压式喷气发动机。

在“二五”计划的基础上，五院又把《十年规划》下发到一、二分院。

《十年规划》提出：

（1）地地导弹方面，试制战略中程地地导弹以及近程的各种野战用的战术导弹，研究洲际导弹和人造卫星技术，寻找可靠的防御洲际导弹的方法。

（2）地空导弹方面，仿制543地空导弹，设计射程更高更远的地空导弹，研究设计更大推力的固体火箭发动机。

（3）飞航式导弹方面，研制冲压式发动机，改进飞航式岸舰导弹“503”，研制超音速飞靶。

《十年规划》所提出的五院未来十年间研制导弹型号的类型、战术技术指标、时间进度和一些关键的单项技术、设备，并不是要把所有型号都定型装备部队，而是“研究”、“仿制”、“设计”、“寻找方法”。如果不是“文化大革命”的干扰，从1958年到1968年，经过十年的努力是可以取得一定成果的。这个规划尽管带有一定的“冒进”成分，但能够在1958年提出研究洲际导弹和人造卫星技术，研制固体发动机、冲压发动机，寻找防御洲际导弹的方法等，不能不说是钱学森等人站在未来发展的高度，极具世界眼光的远见卓识。

“三大任务”和《十年规划》的最可贵之处不仅仅在于具体项目的研制设想，重要的是，透过一个个具体任务，给人以深思的是它从基因上为中国航天的定位。中国航天从娘胎里出生，就不是外国产品的复制工厂，而是一个以自主设计为主体的创新体系。“三大任务”和《十年规划》中反复出现的“研究”、“设计”、“改进”等字眼，实际上是在为初生的导弹研究院奠基自主创新的文化。毫无疑问，中国航天之所以能够在国内高举自主设计大旗，在创新道路上一路高歌猛进，与钱学森早期的定位与引领是分不开的。

1958年5月29日，聂荣臻向五院部署了仿制P－2导弹的任务。恰在同时，中共八大二次会议通过了“鼓足干劲，力争上游，多快好省地建设社会主义”的总路线。总路线提出后，全国掀起了“大跃进”的热潮，追求高速度、高指标，很快在全国范围内形成了浮夸风。五院领导多次开会研究面对全国“大跃进”的形势，五院怎么办？针对有人提出“三年打到太平洋，五年放个小月亮”的跃进口号，五院准备改变年初制定的《十年规划》和1958年当年的研制计划。时任计划处处长的王道力回忆：

“那时候，在科技管理方面，更是无奈加无奈，计划不断被冲击、改变，当时有句话叫‘计划赶不上变化’。什么‘五一献礼’、‘七一献礼’、‘八一献礼’、‘十一献礼’等，用不断的献礼代替计划。钱学森院长提出学习管理科学、学会科学管理，立即被个别同志批评为‘不要用资本主义国家的管理办法代替社会主义的管理’。钱学森同志只好默不作声。”

1958年6月16日，钱学森、王诤向聂荣臻汇报，五院打算仿制并自行设计苏联的5种导弹，包括地地、地空、岸舰、舰舰、潜地型号。聂荣臻鼓励了五院敢想敢干的精神，但不同意这种调整。他说：

“五院拟安排5种导弹型号的生产试制，又安排自行设计5种导弹型号，这值得研究。鼓足干劲是对的，没有这种干劲和奋发图强的精神，就一事无成，也谈不上突破技术、掌握先进技术，但干劲必须与科学态度相结合。型号不宜一下子安排过多。步子一下子跨得太大易走弯路。还是少走弯路好。国家花那么多钱请来苏联专家，应该抓紧时机，尽量把他们的东西学到手。”

聂荣臻的一席话，在关键时刻为五院的建设和发展起到了把关定向的重要作用。正是因为有了这服“清醒剂”，才使五院没有受高指标、浮夸风的影响，相反，更加坚定地突出了工作重点。

从 1959 年初开始，苏联执行《国防新技术协定》显然呈现出拖延、推诿的迹象。4 月初，五院就落实苏联援助建设“四大工程”设备分交和原材料供应问题，由政委刘有光带队赴莫斯科进行近两个月的谈判，但几乎没有多大收获。6 月 20 日，苏共中央致函中共中央，苏联断绝援助中国的迹象越来越明朗化。在这种背景下，五院型号仿制、研制的指导思想发生了很大变化，既吸取了“大跃进”不切实际的高指标、浮夸风的教训，也激起了独立自主研制“争气弹”的豪情，体现在规划、计划中，就是战线有所收缩，重点更加突出。

1959 年 12 月 18 日，五院党委常委会讨论通过了《关于发展火箭研究设计的八年（1960 ~ 1967）规划草案》。这个规划的要点是：前三年完成设计和试制中程弹道式地地导弹、射高为 30 公里的地空导弹和空空导弹；后五年完成洲际导弹、舰地、舰空、空地、空舰导弹和人造卫星研制。

到 1961 年底，经过对几年中制订的规划、计划工作的经验总结，钱学森的认识跃升到新的高度。他运用毛泽东《矛盾论》、《实践论》中的辩证唯物主义哲学观点，指导五院的规划、计划工作，正确处理若干因素之间的关系，使以后的规划、计划工作更加切合实际。他在 1962 年 1 月底五院党委九次扩大会上，系统地总结了 1961 年科研管理工作的体会：

第一，必须遵循科学的研制程序，正确处理阶段性与连续性的关系。

第二，必须从全局出发，正确处理研制工作中全局与局部的关系。

第三，发扬技术民主，建立和健全责任制。

第四，改善计划工作，做好协调工作。

第五，坚持又红又专的方向，加速科学技术队伍的培养。

第六，结合特点，大兴“三八”作风。

第七，树立严肃、严格、严密的科学工作态度。

第八，加强团结，搞好协作。

其中，对规划、计划工作，他深有体会地说：

“计划与协调工作是技术管理工作的核心部分。实践证明，必须从以下方面改善计划工作，做好协调工作：

（1）研制计划必须正确地反映研制工作程序及总体与局部的关系，以达到互相协调，综合平衡，院的计划必须适应并纳入国家计划；型号研制计划包括院内部分及与之相适应的院外协作部分，为使计划落实，除了指标性的计划外，还应有具体反映研制工作内部关系的协调计划。计划执行过程中应有监督、有回响。发现原计划不妥当后，应当及时地加以调整，但必须经过一定的批准手续。

（2）研制计划应当正确地反映研制周期与试制数量的客观需要。研制周期太长会造成工作松懈，但是太短了也会欲速不达，破坏了正常程序，搞乱了步骤，降低了质量，反而延长时间。集成性较强，主要的分系统不做体制的改变的型号，三年周期是可能的。‘东风二号’属于这一类。反之，如果分系统要重新研制一种新的技术体制，则绝非三年所能解决。就目前我院的具体情况，地地型号一般可以发动机的研制周期为主要依据，地空型号一般可以控制系统的研制周期为主要依据。

试制数量太多会造成浪费，拖长周期。但如果没有最低数量的模型、初样和试验样机来满足反复试验的需求，待临时发生问题时再追加数量，器材、工时都无准备，反而更延长了研制周期。据报道，美国一种地地型号的定型一般要进行70～200次试射，而其发动机试车一般为70～80次，消耗发动机30～40台；一种地空型号大约试射150～300次。显然，其试制数量绝不止此数。苏联专家介绍，地地型号发动机的初样，一般要30～40台。可以由此发现关于试制数量的共同规律，作为确定试制数量的参考。”

在这个讲话中，钱学森强调了平衡协调的思想，重视研制程序，正确处理局部与总体的关系、院内与院外协作的关系、研制周期长短与试制数量多少的依据等。这些原则，都对以后的规划、计划工作起到了长期的指导作用。

到1962年初，国家面临经济困难，5月15日，五院召开党委常委会，讨论罗瑞卿关于五院任务调整和精简问题的指示。会议认为，研究设计不能离开全国工业水平太远，否则，设计出来也无法生产。常委会决定：为贯彻缩短战线、集中兵力打歼灭战的原则，同意钱学森提出的任务调整方案，今后几年主要搞“东风二号”，同时研制更先进的“东风三号”发动机和控制系统，更远程的地地导弹，探索全无线电控制系统，集中力量搞543地空导弹，下决心搞固体导弹。

1964年1月，五院编制出《1963～1980年导弹技术发展规划（草案）》。这是一个跨度为18年的规划，是五院时期时间跨度最长的远期设想。规划中把18年划分为三个阶段：第一是三年调整阶段（1963～1965年），第二是第三个五年计划期间（1966～1970年），第三是后十年（1971～1980年）。其中，把地地战略导弹发展规划得更加详细，也更加接近后来制定的“八年四弹”规划。到这时，“八年四弹”规划已经呼之欲出了。

早期发展规划的制订，为航天事业50余年的发展打下了坚实的基础，钱学森在这些规划、计划的制订过程中，起到了不可替代的作用。

仿制的终极目的是学会本领

1958年是一个特殊的年份。这一年留给历史最深刻的痕迹是“大跃进”。1958年1月底，毛泽东在最高国务会议上提出：15年赶上英国。

承载着国家重托的国防部五院，必须迈出跃进的步伐。1958年4月28日，国防部五院决定将我国仿制苏制P－2导弹的代号定为“1059”。5月29日，聂荣臻向五院具体部署了仿制工作，要求第一批导弹于1959年10月完成总装出厂，争取国庆10周年前试射成功。仿制导弹的代号为“1059”，其缘由就在于此。钱学森受苏联第一颗人造卫星发射成功和苏联同意援助我国的鼓舞，情绪也一度振奋和高涨。他一边在中国科学院力学所主持力学学科的发展和发射我国人造卫星的“581”任务，一边在国防部五院主持仿制苏联导弹的工作，身上的担子无疑是十分繁重的。

按照钱学森对苏联装备的了解，起初他并不认为仿制工作的难度有多大，1956 年 6 月他曾访问过苏联，回来发表观感时幽默地说："出国以前就听说苏联科学技术如何了不起，这次去了一看才知道，苏联的一流科学家确实比美国的二流科学家要强一些。"因此，他工作时间的安排是每周 5 天左右在力学所，1～2 天在五院。但是，事实很快告诉他，自己对苏联的援助和国内极为薄弱的设计力量、工业基础估计得过于乐观了。

1958 年 6 月，苏联提供的第一批 P－2 导弹武器的图纸资料抵达我国。国防部五院立即组织技术人员投入了紧张的翻译和复制工作，北京的 7 月正是盛夏季节，酷热难当，翻译人员在十分艰苦的条件下，夜以继日地赶进度。第一批 P－2 导弹的图纸资料很快翻译完成，并下发到承制工厂。8 月底，苏联导弹专家陆续来华，具体指导导弹仿制工作。

然而，仿制并不简单。刚刚迈步，设计单位和仿制工厂就遇到了四大"拦路虎"。

第一是苏联提供的图纸资料不全，尤其是地面设备和整机所属的二次协作件的资料短缺很多。比如，加注设备中涡轮泵的转子和流量计两个重要部件，根本没有图纸；遥测系统只有压力和过载两种传感器，其他传感器均没有资料；总装的工艺资料也不全，特别是火箭发动机试车及试车台的资料一点也没有。任新民去找苏联专家，得到的答复是："等你们把发动机生产出来了，到我们苏联去试车吧。"这些问题虽然是局部性的，但很关键。如果长时间得不到解决，仿制工作将遇到许多难以迈过去的难关。

第二是仿制用的很多原材料缺料，元器件品种规格不全。如冷轧薄钢板，2 米以上宽度的铝合金板材、无缝不锈钢管以及一些橡胶件等，尤其是发动机需要的几百种不同品种和规格的原材料，技术要求高，国内又没有可以代用的材料。

第三是缺少生产设备和试验设施。导弹总装厂211厂原是一个飞机修理试制厂，以铆接装配工艺为主，而“1059”仿制生产以焊接为主。工厂既缺少各种焊接设备，也缺少生产大型钣金零件、大型模具、装配夹具、型架所需的大吨位水压机、大型车床、精密机床等。如大型钣金件的成型，是仿制“1059”中一个非常突出的关键问题，需要有一台大台面、复动式的大吨位水压机。苏联专家曾先后到哈尔滨锅炉厂和武汉锅炉厂作实地调查，没有找到所需的加工大型钣金件成型的设备。最后，苏联专家表示：“中国没有条件制造箱底零件，赶快向苏联申请订货。”

第四是工厂技术、管理力量薄弱。弹体的8个大部段，除液氧箱外壳为铆接结构外，其他均为焊接结构，有手工焊和自动电弧焊、手工及自动氩弧焊、点焊、滚焊、对接焊等多种焊接工艺。而211厂不仅焊工数量少，而且工种也不全，不能满足“1059”导弹大部段焊接的需要。在制造大型、精密的工装设备和零组件方面，工厂技术力量薄弱，设备也不齐全。由于对导弹的特点及其制造工艺缺乏应有的认识，工厂缺乏正规的工艺规程，没有严格的操作纪律，因而在组织仿制生产中出现了不少问题，尤其是质量问题，影响了仿制任务按计划完成。

钱学森意识到了问题的严重性。

关键时刻，国防科委调动全国有关工业部门参加大会战，支持国防部五院的仿制任务，国防部五院还与第一机械工业部共同制订了仿制计划，协调分配了各自的攻关任务。全国直接、间接参加会战的单位多达 1 400 多个，主要承制工厂有 60 多个，涉及航空、电子、兵器、冶金、化工、建材和轻工等众多领域。亲身参加了大会战的火箭总装厂副厂长冬春回忆说：

“仿制‘1059’的时候，有 3 800 多项零部件材料需要落实、解决。别说是我们这些扛枪杆子出身的门外汉，就是读了大学的专家看了也全傻了眼，工人师傅连同技术员看到材料清单有一半都不认识是什么东西。好在来了一场全国大动员、大协作！所以导弹、火箭的生产，不是一个研究院、一个总装厂就能干得下来的，导弹的成功发射，首先是国家组织的力量，是千千万万群众的智慧、心血和汗水呀！”

实践中，钱学森进一步了解了中国的国情，他的思想从燥热和冲动回归到冷静和清醒。从 1959 年下半年开始，他在五院工作的时间明显增多，到了 1960 年，他的时间安排整个倒了个儿，减少了在中科院力学所坐班的天数，绝大多数时间都放在了国防部五院。

随着 1959 年地地导弹仿制的开始，地空导弹、岸舰导弹的仿制工作也陆续铺开，各研究基地、试验设施和生活设施的基建工作更是轰轰烈烈。钱学森作为一院之长，只恨分身无术。1960 年 3 月，钱学森提笔给聂荣臻写信，请求将自己“降”为副职，以便集中精力专司重大技术问题。聂荣臻也没有料到钱学森被繁重的行政事务缠身，“苦不堪言”。

他理解钱学森的苦恼，只好同意了他的请求，任命他为技术副院长，并很快调解放军空军司令员刘亚楼兼任国防部五院院长，空军副司令员兼参谋长王秉璋担任副院长，主管行政工作。聂荣臻在关于国防部五院工作安排的会议上说：“钱学森主持全院的研究设计工作，把行政工作免去，发挥你科学家的作用，可以选择几个助手协助你工作，要有参谋，把你的意图传达下去，党委和政治机关要保证。”

聂荣臻谆谆告诫大家，欲速则不达，美好的愿望只能是空中楼阁，不可能变为现实。要先学会走路，然后再学跑步。就像爬楼梯一样，爬完了第一层，才能再爬第二层。钱学森在带领大家仿制导弹中，坚决支持聂荣臻的“爬楼梯”说，顶住了“与其仿制，不如自行设计”、“三年打到太平洋，五年放个小月亮”等不切实际的议论和“高指标”、“浮夸风”的影响。钱学森在五院院务会议上明确地提出，现在的仿制就是为了日后的自行设计，但必须在仿制中把技术吃透，才能做到自行设计。他说：“我们应当灵活地学习，而不是死板地学习，这是从仿制转入自行设计的正确途径。”

大家统一了思想认识，仿制工作加快了步伐。钱学森一方面组织队伍自力更生、土法上马；另一方面亲自出马，协调各种紧缺材料，解决燃眉之急。

1959 年 3 月，梁守槃被任命为“1059”总设计师，由徐兰如和谢光选协助总设计师进行仿制工作。徐兰如和谢光选都是钱学森亲自点名调到国防部五院来的，安排在国防部五院一分院第一设计部。钱学森清楚地认识到仿制工作中必须处理好苏联样件、图纸、设计部与工厂生产车间的关系，这是仿制工作的关键所在。谢光选和徐兰如均毕业于重庆兵工学校大学部，同在沈阳国营 724 厂从事军工产品制造多年。徐兰如是 A－3 式火箭弹技术攻关组副组长；谢光选负责发射筒的设计和 506 式火箭排炮的设计，曾因在研制项目中作过重要贡献，被评为

“沈阳市劳动模范”。徐兰如擅长工厂工艺、超差代料以及和工厂设计员、工艺员、工人关系的处理，在整个仿制过程中，他带领分院设计部几个设计人员代表常驻工厂，处理仿制工作出现的问题；谢光选擅长工业产品设计，主持“P－2”仿制工作。他们两位的工作使总设计师如虎添翼，大大促进了仿制工作的顺利进展。1959年底，国防部五院一分院先后与哈尔滨东北轻合金厂、鞍钢、抚钢、大连钢厂、苏家屯有色金属加工厂、北京钢铁研究院等单位签订了试制153项金属材料的协议，还同石油、化工、建材、轻工部门20多个单位签订了试制87项非金属材料的协议。哈尔滨东北轻合金厂生产的各种铝合金棒材、型材、板材，鞍钢、抚钢生产的各种规格的钢材和特种钢材，吉林石棉板厂生产的石墨化橡胶石棉，洛阳轴承厂生产的专用轴承，以及化工部门生产的各种牌号的橡胶、橡胶制品、油漆、特种润滑剂，都是经过反复试验才取得成功的。为了落实材料的试制工作，国防部五院副院长王诤中将亲自上东北、下上海，到处求援。为了找到一种元器件，一分院副院长林爽找到了四机部一位副部长请求支援，结果对方答复“没有”。林爽向钱学森汇报后，钱学森作了调查，认为只要在有关工厂、库房认真查找，就会找到这种元器件，便亲自登门拜访。那位副部长很敬重钱学森，没想到钱学森会亲自上门求援——“怎么这点小事也惊动我们的大科学家了？”他感觉问题挺严重，于是，二话未说，答应支援。经过各级领导的反复协调和组织落实，终于建立起一个全国大协作网，解决了仿制“1059”导弹所需的各种特殊原材料和元器件。

在寻找加工大型钣金件成型设备时，211厂的工人、技术人员群策群力，提出在武汉锅炉厂的水压机上增加过渡模座的办法来加工。但苏联专家认为这种想法太幼稚，不可取。经过反复论证，才勉强同意试一试，并说“可能100个零件只能合格一个，也可能一个也没有”。而211厂的领导认为，只要有一两个合格，也是一大成功，要大胆试验，把准备工作尽量做细做好。采用这种方法需要对水压机进行改装，武汉锅炉厂的领导担心这样做会影响设备的性能，坚决不同意。设备是武汉锅炉厂的，改装吧，厂方不同意；不改装吧，仿制工作不能顺利进行。聂荣臻知道这个情况后，非常关心，很快派陈赓亲自到武汉，向湖北省委、武汉市委交了底，说明这项任务的重要意义。湖北省委、武汉市委十分重视，大力支持，帮助落实。经过精心准备，终于试制成功。就这样，211厂与武汉锅炉厂进行了长达数年的协作，直到211厂2 000吨水压机投入使用。

火箭发动机试车台是发动机地面试车的专用设施，是检验发动机设计方案正确性、可靠性必不可少的手段。为了建造自己的大型液体火箭发动机试车台，在任新民的率领下，第三设计部王桁等技术人员，从消化“1059”发动机资料入手，参阅了大量国外有关资料，结合本国的实际情况，经过两个多月的反复研究、计算，提交了试车台设计任务书，发动机试验站和第四设计院（航空建筑设计院）一起进行了设计。

1959年夏，试车台建设开始全面施工。当时国内还不能生产不锈钢材，国际上的封锁使进口钢材希望渺茫，大家决定用国产的普通碳钢来加工推进剂容器。为了使普通碳钢不生锈，科技人员和工人师傅采取了在推进剂容器内壁涂上一层锡（简称“挂锡”）的土办法。“挂锡”的工艺十分复杂、原始，工人先钻进容器里，用砂纸手工打磨除锈，然后用盐酸和酒精擦洗干净，最后点燃酒精喷灯，把锡块烤化涂在容器内壁上。由于容器里充满了浓度很高的可燃气体，酒精灯一打火，容器里的可燃气体立即发生强烈的气相爆炸，巨大的气浪把一名正在容器里工作的人如出膛的炮弹一般“发射”了出去，所幸没有受伤。1960 年 3 月 21 日，由我国导弹技术人员自行设计和施工安装的国内第一座导弹发动机试车台竣工验收。28 日，利用这座试车台，苏制 P－2 导弹发动机首次成功进行了初级点火试车。

液氧主活门的密封垫圈要求很高。按苏联图纸规定，选材时只能用 3 岁公牛臀部没有鞭伤的皮制作。徐如兰说：“苏联的图纸确实是这样规定的，但中国农村当时基本上是家庭养牛，就是问养牛的人，他也回答不出，哪头牛没有挨过鞭打。不过，其实我们也没有按图纸这样苛刻的要求做。”设计人员在吃透技术文件的基础上，结合中国的国情，在反复试验后，合理地制定了新的技术标准，既解决了材料的来源问题，又满足了发动机工作的要求。至于橡胶密封件问题，一分院第七研究室（航天材料工艺应用研究所前身）姚桐斌主任带领大家和有关工厂密切配合，一年用 30 多种胶料试制出能够满足各种要求的密封件 176 种，保证了“1059”导弹总装的需要。

导弹部段生产出来后必须进行结构静力试验，以检验弹体结构的强度。然而，试验所需的专用轻度试验室尚在建设中，时间不等人。导弹总体部主任、导弹技术与结构强度专家屠守锷决定利用旧飞机库因陋就简，用土方法上马试验。苏联专家组总顾问阿尔希波夫一行应邀前来考察。屠守锷兴奋地说：

“这个旧飞机库很难得，又高又宽……”谁知，阿尔希波夫带着其他苏联专家面无表情地在飞机库转了一圈，摇摇头，边走边说：“高度不够，做不了。”屠守锷望着苏联专家的背影，愣了半晌，坚定地说：“我们自己干！”于是，他带领技术人员用挖地坑的办法解决了飞机库高度不够的问题，又利用从飞机上拆下的 5 个液压传动筒等旧部件和自制的承力地轨，完成了对旧飞机库的改造。

待屠守锷再邀阿尔希波夫一行参观静力试验时，只见他惊讶地瞪大眼睛——原来的一座旧飞机库竟然在短短半年时间里奇迹般地变成了一座简易强度试验室。当他仔细察看了每一台土造的试验设备，确认它们完全符合试验大纲的要求后，不禁敬佩地连连点头，称赞说：“好，好，祝你们成功！”1960 年 2 月 5 日，导弹的第一个大部段——酒精贮箱仿制成功。接着，其余 7 个大部段也相继完成。3～4 月，屠守锷等人利用这座简易试验室，圆满完成了 P－2 导弹尾段、酒精箱、液氧箱、仪器舱等 13 个部段的 320 次静力试验，产品全部合格。

按计划，我国应该在 1960 年 3 月发射一枚苏制 P－2 导弹，以考核试验靶场的建设性能。苏联专家借口中国生产的液氧不合格，一定要求使用西伯利亚生产的液氧。苏联专家的要求令中国的导弹工程技术人员哭笑不得，因为他们知道，液氧在高于－130℃时就会变成气态氧，如果从苏联向中国长途运输液氧，那么一列车的液氧运到中国时还能剩多少呢？国内生产的液氧是按照苏联的技术指标严格生产出来的，为什么就不行呢？苏联专家明显是在有意制造障碍。

“1059”导弹总设计师梁守槃不甘心，在办公室反复计算，通宵达旦。

一天清早，梁守槃激动地对设计室的同事说："我保证，中国的液氧没问题！是苏联专家计算错了，他们把杂质的气态容积当作了液态容积……再说，十几吨液氧中的杂质不可能同时氧化。即使同时氧化，产生的热量也不会引起压力突然加大，也就不会爆炸……所以，中国的液氧完全可用，不会有问题。"梁守槃立下军令状："如果用符合技术标准的国产液氧出现严重后果，我个人愿接受一切处分。"为人正直的苏联发动机专家组组长施涅金对照设计要求，反复验证了样品数据，最后明确表示："中国生产的液氧性能符合设计要求，可以使用。"

就在"1059"导弹排除万难即将进行总装时，中苏"蜜月"的和煦春风突然改变了风向。

"我们可以自己试一试"

1958 年 4 月，苏联提出在中国境内建立长波电台和潜艇部队的事情遭到毛泽东的拒绝。7 月 31 日，赫鲁晓夫亲自来到北京游说，解释是为了共同对付美国第七舰队的需要。理由倒是冠冕堂皇，但是毛泽东的一句反问让赫鲁晓夫十分尴尬："我们还有没有主权了？你们是不是想把我们的沿海都拿去？"新中国的领导人再也不能允许任何外国人利用中国的国土来达到他们的目的！赫鲁晓夫的访问不到 72 小时就结束了。

不久，一股来自莫斯科的寒流穿越西伯利亚逼近了中国。1959 年 2 月，苏联政府在对待中印边界第一次纠纷冲突上，不仅不顾中国政府提出的事实和历次对印度政府的奉告，反而有意偏袒印度，并授意塔斯社公开发表《关于中印边界事件的声明》，将中苏分歧第一次公开于世。紧接着，1959年3月，西藏达赖集团发动反革命武装叛乱，企图把西藏从中国分裂出去。苏联政府与印度政府则持一个立场，发布了对中国严加斥责的声明，公开表示对达赖集团的同情和支持。3个月后，即6月20日，苏共中央致函中共中央声称，苏联与美国等西方国家正在日内瓦谈判关于在全球禁止核武器试验条约协议，如西方国家一旦知悉他们正在国防新技术方面援助中国，有可能严重地破坏社会主义国家为争取和平、缓和国际紧张局势所做的努力。因此，苏联提出：中苏协定里不符合谈判协议中的所有重要项目，至于将来是否执行，两年以后看形势发展再说；不再提供原子弹教学模型和技术资料、新型导弹的样品及技术资料图纸。从此，《国防新技术协定》中这些关键性的重要项目都被苏联单方面终止。

1959年10月1日，赫鲁晓夫访美之后来到北京参加中国国庆10周年典礼。当惯了“老子党”头目的赫鲁晓夫带着一丝威胁的口气告诉毛泽东：“我们是不是把专家撤回去?”毛泽东把手里的烟灰磕了一下，呷了一口茶，从容地说：“我们可以自己试一试，这对我们也是个锻炼。”

中苏两党之间关系的恶化很快就扩大到国家的关系上。1960年7月16日，苏联政府照会中国政府，决定自12天后也就是7月28日到9月1日撤走全部在华的苏联专家。

惊愕的中国人很快复照苏方，希望苏联政府重新考虑并且改变这一决定。但是，让中国人万万没有想到的是，他们盼星星盼月亮等来的回音，竟是苏方以毫无商量余地的态度，在一个月的极短时间内，撤走了援华的 1 390 名苏联专家，撕毁了两国政府签署的 12 个协定，废除了 200 多个科技合作项目。到 8 月 12 日，在国防部五院的苏联专家也全部撤走。

中国人终于明白，世界上没有任何一个国家愿意培养自己潜在的竞争对手。尖端技术关系到国家与民族的安危，历来是国与国之间关系中最敏感的部分，它是永远买不来的！

早在 1960 年初，中央召开政治局扩大会议，对苏联可能停止援助的情况做了最坏的打算。3 月 25 日，五院常委召开扩大会议，具体研究了仿制与自主设计的关系，决定抽一部分力量适时转到自主设计上来，并对完成仿制工作的步骤、节点等一系列重要问题做了安排。31 日，聂荣臻完全同意国防部五院的决定，并指示：仿制不能停，要把能学到的尽快学到手。9 月 13 日，中央军委在北京召开扩大会议，明确提出了“发愤图强，突破尖端，两弹为主，导弹第一，积极发展喷气技术及无线电技术，建立现代化的，独立完整的国防工业体系”的方针。

在那段困难时期，钱学森和聂荣臻谈得很多，他们互相支持、互相鼓劲。有一天，钱学森来到聂荣臻的办公室，两人掰着手指“盘点”起从 1956 年创业到 1960 年苏联撤援，5 年时间里积攒的“家业”。钱学森情不自禁地露出了笑容——自己不再是“两袖清风”，手里已经有两大块积蓄了！

第一块积蓄是机构、设施有了。当年他在给周恩来总理写的建议书中所提到的导弹工业的领导机构、科研机构、设计单位、生产工厂、试验单位全部有了雏形。

在党中央的支持下，国防科委成立，导弹研制有了国家层面强有力的领导保障；在他的亲力亲为下，科研机构也有了保证，中国科学院各研究所协助国防部五院解决预先研究和专业技术的攻关难题；作为导弹研究设计机构的国防部五院，已经建立了主抓导弹总体技术的一分院和主抓控制系统的二分院，其中，一分院建立了三个导弹总体设计部，分别对口地地导弹、地空导弹、海防导弹的仿制和研制；对于生产工厂，1958年6月，地处北京南郊、二机部下属的飞机修理试制厂——211厂，这个有上千名技术工人和几百位熟悉工业生产和管理干部的大厂，分配给了国防部五院作为导弹总装厂；导弹试验基地也在19兵团、20兵团和工程兵部队十万大军的艰苦奋斗中，仅用两年半的时间，就在巴丹吉林沙漠空荡荡的戈壁滩上，矗立起一个个星罗棋布的建筑，中国第一个综合导弹试验靶场奇迹般地矗立于昔日荒凉的大漠。

还有苏联援助的四大工程："8102"（一分院建设工程）、"8103"（液体火箭发动机试验站建设工程）、"8108"（空气动力研究中心建设工程）和"8109"（二分院建设工程），都即将完工，完工后就能具备相对配套的导弹研制、设计、试验和生产的基础设施和手段。

第二块积蓄是队伍有了。在聂荣臻、陈赓等元帅、将军和各行各业、大专院校的鼎力相助下，一批批梦想着中华民族崛起的科技精英，还包括一大批"海归"，都汇聚到了国防部五院，这批精英中，仅钱学森"钦点"的就有上百人。1959年底，国防科委安东秘书长兴奋地通知钱学森，1960年要调给五院4 000名大专生、2 000名中技生和4 700名复员兵。

令钱学森高兴的是，这支队伍特别爱学习。连续几年，每天晚上加班加点看书学习的人有增无减，办公楼的灯光总是彻夜通明。担任过航天工业部副部长的鲍克明至今难忘当时热火朝天的学习景象：

“那时，由钱学森院长发起的五院新一轮学习导弹理论和技术知识热潮在机关和各分院及所属部、所、厂、站全面展开。五院还规定老专家带领助手以及培养年轻技术骨干，各单位形成了学习钻研热潮。白天努力工作，夜晚各研究室、办公楼灯光明亮，结合自己的专业工作，读书、钻研、讨论不止，以至于深夜动员大家回宿舍睡觉、休息，成为各级党政领导每天工作的一项任务。”

更令钱学森满意的是，这支队伍不仅爱学习，还会学习。在仿制“1059”导弹中，他们自己动手，仅弹体结构一项的材料代用率就达40%以上。这不仅大大节约了从苏联购置材料的成本，还锻炼了队伍。最让钱学森放心不下的导弹控制系统，也让黄纬禄带领的团队“拿下了”。

英国伦敦大学无线电专业毕业的黄纬禄，1957年底调到国防部五院控制系统组担任组长，负责仿制P-2导弹的控制系统。当他和组员们小心翼翼地打开控制系统，仔细查看一番后笑了，很自信地说：“这和搞无线电、收音机、发报机是一样的嘛！虽然我没有真正接触过导弹，也不了解它的内部结构，但导弹控制系统中所使用的电路，和我以往在工作里接触过的电路还是有相同之处！”于是，黄纬禄带领一批刚毕业、毫无导弹基础知识的年轻人从最熟悉的部分入手解剖P-2导弹。他们把研究室里的几张课桌拼在一起，紧挨着课桌放一块黑板，大家围坐在黑板前讨论，有什么问题，就直接在黑板上写写、画画，大家像初学写生的少年一样，一板一眼地模仿着。如果谁对某问题比较熟悉或了解较多，便充当临时的老师；遇到大家都不懂的难题，黄纬禄便让大家分头查资料，第二天共同讨论。慢慢地，控制系统在他们眼里不再深不可测。几个月后，黄纬禄带领控制系统组画出了 P－2 导弹控制系统的设计图纸。

所有这些，为苏联专家撤走后我国自主研制“1059”导弹打下了基础。

盘点完“家当”，钱学森心里有数了——离开苏联专家，中国人决不会一事无成。心情好，话就多。钱学森先对聂荣臻直言：请你转告中央，放心，苏联压不倒我们！然后，兴致勃勃地给聂荣臻讲了一段北京市彭真市长“智取酒精秘籍”的故事。1960 年 3 月 4 日，彭真来到导弹总装厂 211 厂视察，211 厂原属北京市领导，副厂长冬春是彭真的老部下。当初聂荣臻、贺龙和彭真商量将该厂调给五院作导弹总装厂，冬春心里还真有点舍不得，但为了生产国家的尖端武器，他还是割舍了。彭真到厂后，听说苏联专家固执地认为我国用土豆提炼的酒精不合格，不能作为导弹的推进剂，尽管经检验国产酒精比苏联的酒精纯度还高，但苏联专家就是不准试车，说必须向苏联购买用玉米做的酒精，否则出了问题他们概不负责。于是、彭真给冬春出了一个主意。午饭时，冬春领着杜得柯夫等三位苏联专家走进工厂的小食堂，餐桌上摆着几瓶茅台和五粮液酒，瓶盖刚一掀开，阵阵酒香就把苏联专家熏得“摇摇欲醉”。彭真、张钧、刘秉彦和冬春几个回合，就套出了苏联专家的真话：

“杜得柯夫同志，你说说今天的酒怎么样？”

“你们的酒在天上，我们的酒在地下，不能比呀！”

“我们的酒不行，酒精也不行，不能成为导弹推进剂。”

“你们的酒精好，完全符合要求，比我想的好，土豆、玉米都能做酒精，那完全可以做导弹推进剂。”

“既然专家们都说行，那就按原定计划使用中国的酒精加注，进行试验？”彭真赶紧切入主题。

“就按首长的话执行，我现在就签字。”杜得柯夫边说边掏出钢笔，在冬春早就准备好了的报告单上签了字……

聂荣臻听完故事哈哈大笑，一个劲儿地称赞彭真市长足智多谋，夸奖钱学森的手下“老奸巨猾”。

在苏联专家撤走后不到一个月，1960 年 9 月 10 日、经过拆装练兵的苏制 P－2 导弹，使用国产酒精、液氧、过氧化氢进行发射试验，取得圆满成功。实践证明，发射基地运转正常，国产燃料完全合格。

践行毛泽东“我们可以自己试一试”宏图大志的时机来到了。

1960 年 10 月 23 日，我国仿制的第一批“1059”导弹从北京出发，运往酒泉导弹试验基地。

11 月 5 日清晨，太阳从天边的霞光里跃出了地平线，“1059”导弹高高耸立在发射架上，披着一层阳光编织的金衣。大漠在寂静中等待着，等待着那声属于全中国人民的历史性号令。

基地气温下降到了－20℃以下，但是钱学森和所有参加试验的人们一样，心潮澎湃、热血沸腾。作为“1059”导弹首次飞行试验委员会委员，钱学森在酒泉基地协助聂荣臻组织实施了这次导弹的发射试验工作。

时针指向9时2分28秒，随着一声“发射”口令的下达，骤然一声巨响，大地颤抖，烈焰喷发，火光冲天，浓烟滚滚，势如狂飙，气吞山河。导弹起飞几秒钟后按飞行程序转弯，逐渐加速，最后变成了一个小亮点，向正西方向飞去。7分钟后，弹头落在距发射台550公里的目标区。

消息传来，军帽、毛巾、手绢被纷纷抛向天空，现场一片欢腾，掌声、欢呼声连成一片！张爱萍情不自禁地跳起来，热烈拥抱了钱学森。

这一天，是苏联专家撤走后的第83天。

从1957年12月P－2导弹运抵国防部五院算起，到1960年11月5日仿制发射成功，只用了短短3年时间，比原先预计的在有外援的情况下仿制一枚导弹大约需要5年的时间，整整提前了2年！

庆功晚宴上，聂荣臻举起酒杯，向所有的航天创业者们致敬：

“这次试验的情况，我已经打电话报告了毛主席和周总理，他们听了都很高兴，要我代表他们向全体参试人员表示祝贺和谢意。同时要求大家再接再厉，争取更大的胜利！……在祖国的地平线上，飞起了我国自己制造的第一枚导弹，这是毛泽东思想的胜利，是工人、技术人员、干部以及解放军指战员辛勤劳动的结果，也是我军装备史上一个重要的转折点！”

“噢！”人们高举手臂欢呼，欢呼声震醒了沉睡千年的戈壁大漠。

1960 年 12 月 6 日和 16 日，“1059”导弹又分别进行了两次发射试验，均获得成功。试验结果表明，导弹达到了设计规定的战术技术指标。随后，我国又小批量生产了 30 枚。

“1059”导弹仿制成功，标志着中国在掌握导弹技术的道路上迈出了关键的第一步，它带动了中国导弹研制、发射基地的建设和发展。从此，中国拥有了一支导弹研究、设计、生产和试验队伍。

1964 年 2 月 27 日晚，导弹总装厂将一枚“1059”导弹送到中国人民革命军事博物馆展出。半个月后，按照上级指示，导弹改名为“东风一号”，列入部队装备。不过，航天人总是习惯地给“东风一号”加上个尾缀——“争气弹”。

“两弹”差一点下马

中国的经济困难越来越严重。林彪对“两弹”的态度原本非常坚决，他曾说，原子弹一定要搞下去，一定要响，就是用柴火烧也要把它烧响了。但是据聂荣臻的秘书柳鸣回忆，林彪在经济困难面前，提出在国防科研中“三年用不上的，撤!”这样“两弹”的研制工作遭遇很大困难，甚至面临下马的境地——因为“两弹”尚在研制之中，未必三年用得上。

柳鸣回忆说，到了 1961 年夏天，中央军委在北戴河召开国防工业委员会工作会议，会上要求“两弹”下马的呼声达到最高点，有人甚至尖锐地提出，“不能为了一头牛，饿死一群羊”！这样的下马呼声，当然也是有几分道理的，因为那时候的中国处于极度困难之中，连毛泽东、周恩来都几个月不吃一块肉，而研制“两弹”要花费很多钱。

但是，许多元帅反对“两弹”下马，陈毅元帅当时担任国务院副总理兼外交部部长，他说，当了裤子也要把“两弹”搞上去，否则他这个外交部部长的腰杆子就不硬。叶剑英元帅、贺龙元帅也坚决支持搞“两弹”。

7 月 20 日，聂荣臻来到北戴河出席会议。聂荣臻作为“两弹”研制工作的主帅，在听取方方面面的意见之后认为，就“两弹”的研制工作而言，近程地对地导弹已仿制成功，自行设计的中近程导弹正在进行研制，原子弹也在探索性研究试验工作的基础上，开始了基本理论和关键技术的攻关。因此，只要齐心协力，加上政策、措施得当，经过艰苦的努力，争取三年或再长一些时间，突破“两弹技术”是完全可能的。

聂荣臻指出：第一，“自力更生，两弹为主，导弹第一”，这是中央确定的方针，不能动摇。争取三、五年内突破尖端，这是历史的任务，困难是有的，但我们有能力克服。第二个就是以“两弹”为主，并没有排除常规武器的发展，我们应该继续两条腿走路，既搞常规，又搞“两弹”。我们困难多，应该理一理，先解决什么，后解决什么，我相信我们的困难是能够克服的。

8 月 20 日，聂荣臻向中央呈送了《导弹、原子弹应坚持攻关的报告》。聂荣臻的报告得到毛泽东主席的支持，“两弹”的研制工作终于没有下马。

“失败是成功之母”

大喜连着大悲，刚刚喝了“1059”导弹的庆功酒，紧接着便是一杯难咽的苦酒。

“1059”导弹的发射成功，表明按照中国导弹研制工作步骤的第一步“先仿制”已经完成。由于是仿制，聂荣臻指示，仿制的规模不宜过大，因为苏联援助的都是些老的产品，这方面更新换代的周期很短，船大了不容易掉头。

紧接着，钱学森领导国防部第五研究院开始中国导弹研制工作的第二步和第三步，在仿制的基础上进行“改进，再自行设计”。

国防部第五研究院自行设计的第一种导弹，就是“东风二号”导弹，即“DF－2”导弹。

“东风二号”是中近程地对地战略导弹，全长20.9米，弹径1.65米，起飞重量29.8吨，采用一级液体燃料火箭发动机，以过氧化氢、酒精为推进剂，最大射程1 300千米，可携带1 500千克高爆弹头。

在苏联专家撤走之后一个月，钱学森就向中央军委递交了研制“东风二号”导弹的计划。经过中央军委批准之后，在钱学森的领导下，国防部第五研究院完成了“东风二号”导弹的总体设计方案。

在“东风一号”导弹（“1059”导弹）发射成功的鼓舞下，“东风二号”导弹加紧了研制进度。当时，任新民担任“东风二号”导弹副总设计师，主要负责新型火箭发动机的研制。据任新民回忆，“东风二号”火箭发动机试车多次出现故障的时候，聂荣臻元帅鼓励他：“最困难的时候就是即将成功的时刻，希望你注意身体。”

1962年3月21日，“东风二号”导弹竖立在酒泉发射场，一切就绪，准备发射。这是中国自己设计的第一枚导弹的发射，正在准备写下中国导弹发展史上的新篇章。钱学森在北京指挥总部坐镇。

在指挥员下达点火命令之后，“东风二号”导弹发出巨大的声响和明亮的火光，向着碧空飞腾。突然，“东风二号”导弹失去控制，调头向北飞去，从高处朝下跌落，坠落在离发射塔 600 多米处，发生剧烈爆炸，平地升起弥天烟尘！

“东风二号”导弹的失败，给中国年轻的导弹研制队伍泼了一盆冷水，使大家意识到研制导弹的复杂性和艰巨性。聂荣臻元帅给在北京的钱学森打电话，要钱学森带一个工作组来酒泉基地，分析事故原因。

钱学森从北京乘专机赶往酒泉基地。在钱学森的领导下，国防部第五研究院的一分院、二分院、三分院以及 20 基地的领导、技术骨干进行了半个月的专题总结。最后由耿青执笔写出了“东风二号”导弹失败的总结报告。

钱学森经过仔细调查，把事故的原因归结为两点：一是没有充分考虑导弹弹体是弹性体，飞行中弹体会作弹性振动，与姿态控制系统发生耦合，导致导弹飞行失控；二是火箭发动机改进设计时提高了推力，但强度不够，导致飞行过程中局部破坏而起火。

钱学森从失败中汲取的不仅仅是单纯的技术原因。自从发生“东风二号”导弹的首战失败，钱学森提出一个极为重要的原则：“把一切事故消灭在地面上，导弹不能带着疑点上天！”钱学森提出的这一原则，后来成了中国火箭、导弹研制不可动摇的原则，一直沿用至今。

经过两年的总结、测试，1964 年 6 月 29 日上午 7 时，改进型“东风二号”导弹竖立在酒泉发射场的发射架上。

这一回，钱学森在酒泉发射现场亲自指挥。坐在他身边的是张爱萍上将。聂荣臻元帅在北京指挥部坐镇。钱学森打电话向聂荣臻元帅报告，一切就绪。聂荣臻同意发射。

钱学森向现场指挥员下达点火命令。

“东风二号”导弹在 7 时 5 分发射，先是笔直刺向蓝天，然后开始倾斜，按照预定的轨道，飞向千里之外的新疆荒漠。

命中目标！发射成功！“东风二号”导弹终于旗开得胜。

中国放了“大炮仗”

对于中国来说，1964 年是“两弹”丰收年。1964 年 6 月 29 日，第一枚中国自己设计、制造的“东风二号”导弹成功发射。三个多月后，1964 年 10 月 16 日 15 时，第一枚中国自主设计、制造的原子弹成功爆炸。

导弹的研制和发射是严格保密的，外人莫知，例外的是外国的情报机构一直在紧盯着。原子弹的研制同样严格保密，但是原子弹的试爆毕竟是惊天动地的，无法保密。

中国戈壁滩上升起的蘑菇云震惊了世界。中国继美国、苏联、英国、法国之后，成为世界“核俱乐部”的第五位成员。

有人称钱学森为“中国原子弹之父”，有的报纸曾经以“一张香烟纸，让中国提前 20 年拥有原子弹！”为题报道钱学森，还有人写信向钱学森请教中国核武器的发展史，钱学森给予的答复是“问道于盲”！

钱学森是火箭专家、导弹专家，并非核专家。如果说，钱学森是中国研制导弹、火箭的主帅，那么钱三强、邓稼先是中国研制核武器的主帅。

钱学森的贡献是让核武器跟导弹结合，制成威力无比的核导弹。

中国作为一个大国，理所当然希望拥有核武器。1954 年 9 月，中央军委副主席彭德怀率中国军事代表团去苏联观摩了核爆炸试验，第一次目击了原子弹的巨大威力。紧接着，1954 年 10 月，在中国国庆节期间，苏共第一书记赫鲁晓夫应邀访华。毛泽东首次向赫鲁晓夫询问能否提供核武器方面的技术帮助，赫鲁晓夫先迟疑之后表示，社会主义大家庭，有一把“核保护伞”就行了，不需要大家都搞原子弹。原子弹费钱费力，不能吃，不能用，何况中国眼下正忙于社会主义建设，还是把钱用在建设上吧。

毛泽东不希望我国在苏联的“核保护伞”下生活。早在钱学森回国之前，毛泽东与周恩来已经在部署中国研制核武器和导弹的领军人物，即钱三强和钱学森。

中国研制核武器的另一领军人物是邓稼先。

邓稼先获得美国普渡大学博士学位后回国，人们问他从美国带回什么，他回答说：“带了几双眼下中国还不能生产的尼龙袜子送给父亲，还带了一脑袋关于原子核的知识。”

在钱学森 1955 年 10 月回国之前，1955 年 1 月 15 日，毛泽东主持中共中央书记处扩大会议时，邀请了两位著名的科学家——钱三强和李四光作关于原子弹的讲座。那次会议讨论决定，中国要研制原子弹！

于是，钱三强挂帅研制原子弹。钱三强，原名钱秉穹，读书时，同学们见他身强、手强、力强，给他起个外号叫“三强”。他父亲知道后，给他改名“钱三强”，并赋予新义，即“人强、民强、国强”。从此，钱三强毕生为“人强、民强、国强”而奋斗。

1936 年，钱三强毕业于清华大学物理系。1937 年 6 月，24 岁的钱三强，通过中法基金会考试，赴法国留学。他在居里夫人的女儿伊莱娜和女婿约里奥的实验室学习探索原子核的秘密。1948 年夏日，钱三强回到祖国，迎接新中国的诞生。1949 年 1 月北平和平解放时，钱三强加入了欢庆的队伍。

钱三强受命挂帅研制原子弹不久，1956 年爆发波匈事件，赫鲁晓夫为寻求中国支持，于 1957 年同意向中国提供核技术。钱三强多次到苏联谈判和参观。

1958 年秋，钱三强找到了当时担任核武器研究所理论部主任的邓稼先，告诉他“我们的国家打算造一个大炮仗”，邓稼先一听就明白是怎么回事。钱三强说，这个工作是绝密的，从事这个工作之后要跟外界完全切断联系。邓稼先答应了。从此邓稼先默默献身于严格保密的研制“大炮仗”的工作。

1959 年 6 月 26 日苏联共产党中央来信，拒绝提供原子弹的有关资料及教学模型。8 月 23 日，苏联又单方面终止了两国签订的新技术协定，撤走了全部专家，还讽刺道：“中国人 20 年也搞不出原子弹，只能守着一堆废钢铁。”

1960 年，毛泽东主席指示：“自己动手，从头做起，准备用 8 年时间拿出自己的原子弹！”中共中央决定独立自主研制核武器，调来 105 名中国科学家从事核武器和导弹研制工作。

钱三强出任第二机械工业部副部长，统帅中国的核武器研制队伍。第二机械工业部即核工业部。在第二机械工业部之下，设立了第九研究所，后来第九研究所扩大为第九研究院。第九研究院即核武器研究院。

王淦昌、彭桓武和郭永怀三员大将出任第九研究院副院长，他们还同时兼任第九研究院第二、第四和第三技术委员会主任。作为年轻一辈的邓稼先，担任第九研究院理论部主任。邓稼先尊称王淦昌、郭永怀和彭桓武为中国核武器研制领域的“三尊大菩萨”。后来，邓稼先在原子弹、氢弹研究中，领导开展了爆轰物理、流体力学、状态方程、中子输运等基础理论研究，对原子弹的物理过程进行了大量模拟计算和分析，迈出了中国独立研究核武器的第一步。邓稼先领导完成原子弹的理论方案，并参与指导核试验的爆轰模拟试验。我国先后进行的30多次核试验中，一半都是邓稼先担任现场指挥。1972年，邓稼先担任第二机械工业部第九研究院副院长，1979年任院长。

在钱三强统帅下的中国的核队伍，在独立自主的道路上艰难地摸索前进。

在极端秘密的情况下，在僻远的青海省海北藏族自治州海晏县的西海镇，建成大批的科学研究大楼和特殊的工厂。那里成为中国外人莫知、外人莫入的“原子城”，中国核队伍的大本营。中国的第一颗原子弹和第一颗氢弹就在这里诞生。这座“原子城”，对外称“青海矿区国营221厂”。

考虑到在核武器的研制和生产过程中可能发生的意外，考虑到“原子城”可能遭到敌人的突然袭击，指挥中心建在地下九米处，光是铁门就重达三吨半。地下指挥中心有直线电话直通中央、国防部、一号首长、一分厂和二分厂。其中的一号就是毛泽东。

1987 年中央军委、国务院下令撤销 221 厂。

1993 年 221 厂正式退役，移交给了青海省海北藏族自治州。如今，那里成为青海省的红色旅游景点。

原子弹还需要一个辽阔的无人区作为核爆炸试验场。首选之地当推新疆戈壁滩。新疆库尔勒正西方向的山谷之中，被选中作为核爆炸试验场。这个地方在罗布泊附近。

罗布泊在 20 世纪 50 年代还有湖水，后来完全干涸，成了一片盐碱荒滩。在离罗布泊不远的地方冒出一座新城，成为沙海之中的绿洲。这座新城叫马兰，原本是一片荒漠，生长着马兰花。马兰花是兰科植物，茎叶像剑麻叶，开出的花有紫色、嫩黄色。马兰花具有顽强的生命力，能够在戈壁滩上生长，因此，当把这里开辟为中国核基地时就把基地命名为“马兰”。

邓稼先率领中国的核科研队伍，长期在青海原子城和新疆马兰核基地工作，冒着酷暑严寒，在生活条件极其艰苦的核试验场度过了整整八年时间。

邓稼先带领着一大批中国科学家研制“大炮仗”。周恩来总理前来关照，为了保密，这个“大炮仗”要取一个代号，称为“邱小姐”——因为原子弹是球形的，球的谐音就是“邱”。

经过多年的努力，中国科学家终于挺进了原子弹的神秘王国：

1962 年 11 月，在中共中央领导下成立了以周恩来为主任的中央专门委员会，有七个副总理、七个部长参加（简称“中央专委”），他们是贺龙、李富春、李先念、薄一波、陆定一、聂荣臻、罗瑞卿、赵尔陆、张爱萍、王鹤寿、刘杰、孙志远、段君毅、高扬，总共 15 人，领导我国的原子能工业建设和核科技工作。由于有周恩来总理亲自挂帅，中央专门委员会发挥了很大的统一领导和协调作用，解决了研制原子弹中许多涉及全局性的问题。

1964 年 6 月 6 日，在研制基地试爆了一颗“准原子弹”（除未装浓缩铀以外，其他均是未来原子弹爆炸时用的实物）。

中国第一颗原子弹终于即将进行试爆了。

1964 年 9 月 20 日，罗瑞卿向中共中央、毛泽东主席呈送了《关于首次核试验时间的请示报告》。

9 月 22 日，中共中央政治局召开常委扩大会议，听取周恩来汇报“早试”与“晚试”两个方案，并研究了罗瑞卿的请示报告。会议决定按照“早试”的方案进行，试爆时间定在 10 月。

1964 年 10 月 4 日，经邓稼先签字之后，“邱小姐”从青海的原子城用专列秘密运往新疆马兰核基地主控站装配工房，在那里组装。当时，规定了一系列密语：

原子弹装配，密语为“邱小姐穿衣”；

原子弹在装配间，密语为“邱小姐住下房”；

原子弹在塔上密闭工作间，密语为“邱小姐住上房”；

原子弹上塔顶，密语为“邱小姐上梳妆台”；

原子弹插接雷管，密语为“邱小姐梳辫子”；

另外，还规定气象的密语为“血压”；原子弹起爆的时间，密语为“零时”。

中央领导也都规定了代号，毛泽东是“87 号”，刘少奇是“88 号”，周恩来是“82 号”，贺龙是“83 号”，聂荣臻是“84 号”，罗瑞卿是“85 号”。

要进行第一次试爆。这次试爆显然要震动世界，经过中央批准，时间定在 1964 年 10 月 16 日 15 时。这个时间包含“3 个 15”：1964 年是新中国诞生 15 周年，10 月 16 日是国庆节——10 月 1 日之后的第 15 天，再加上是在 15 时试爆，所以正好是“3 个 15”。

10 月 12 日晚 10 时 30 分，“邱小姐穿衣”完毕，然后住进“下房”。

按照“3 个 15”的时间表，“邱小姐”按照既定的程序“梳妆”。

北京关注着基地的进度。

除了在马兰的一位“邱小姐”进入试爆的最后阶段之外，还有一位备用的“邱小姐”在乌鲁木齐的专列上待命。在临近试爆时，为了确保安全，备用的“邱小姐”转移到酒泉基地。

1964 年 10 月 14 日，以中国人民解放军副总参谋长张爱萍为主任，二机部副部长刘西尧为副主任的中国首次核试验委员会宣布了中央的命令：经中央专委确定，原子弹试验的“零时”定为 1964 年 10 月 16 日 15 时（北京时间）。

当晚 7 时，“邱小姐”上“梳妆台”——组装好的原子弹被送到 102 米高的铁塔顶部，并安装好。

1964 年 10 月 16 日 14 时 59 分 40 秒，新疆马兰核基地主控站的操作员引爆了中国第一颗原子弹。20 秒钟之后，罗布泊闪过一道白中带蓝的光芒。紧接着腾空而起的是巨大的蘑菇云，伴随着巨大的轰鸣与飞沙走石的巨风，中国的“大炮仗”震撼了世界！

我国在取得原子弹爆炸成功以后，又紧锣密鼓地进入了导弹的研制过程。以钱学森为首的专家领导小组，在聂荣臻元帅的直接领导下开始了导弹的研究和发射工作。

“邱小姐”与导弹结合

中国的第一颗原子弹，是在铁塔顶部引爆的。外电在震惊之余，嘲笑中国的原子弹是“无枪的子弹”——一颗安装在铁塔顶部的原子弹，怎么去进攻敌人？

中国很快就解决了“枪”的问题：1965 年 5 月 14 日，中国用一架轰炸机在罗布泊上空成功地空投了一颗原子弹。9 时 59 分 10 秒，弹舱打开，原子弹从飞机中落下，向靶标坠去。50 秒后，又一个“大炮仗”打响，再一次震惊世界。

用轰炸机投掷原子弹，虽然说使中国的核武器“有弹有枪”，不过早在 1945 年第二次世界大战中美国就是用轰炸机向日本广岛、长崎投掷原子弹，轰炸机这杆“枪”已经显得落后。

最先进的“枪”是导弹。“邱小姐”与导弹相结合：原子弹 + 导弹 = 核导弹。

核导弹比起用轰炸机投掷原子弹更具有威慑力。核导弹的射程远、命中率高而且难以阻挡。

其实，早在第一颗原子弹爆炸成功之前，钱学森就以超前的眼光，提出了“两弹结合”的构想，要给中国的原子弹配一支最好的“枪”。

钱学森的远见卓识受到高度重视，1964 年 9 月 1 日中央专委召开会议，决定由负责研制原子弹的第二机械工业部和负责研制导弹的国防部第五研究院共同组织“两弹结合”方案的论证小组，着手进行核导弹的研究设计，钱学森担任总负责人。

就在会议结束的第一天，钱学森就跟论证小组开始工作，论证“两弹结合”的初步方案。

1964 年 10 月 10 日，在国防科委大楼里，钱学森向聂荣臻报告“两弹结合”的初步方案：

“我们已经同二机部研究讨论过，弹头准备装在‘东风二号’导弹的空间，位置稍向后移，重心作适当调整。我们认为这个办法是可行的，也是可靠的。”

聂荣臻握着钱学森的手说：“很好，看来你又要忙一阵了。”

从这之后，中国第一颗原子弹的试爆成功，使核导弹的论证小组加快了研制进度。

核导弹的研制，对于核武器和导弹都提出了新的要求：核导弹是把原子弹安装在火箭上，这就要求原子弹必须小型化；核导弹也要求火箭加大推力，加强安全可靠性，尤其是要求制导系统提高命中率。

第二机械工业部和国防部第五研究院通力合作，逐步解决这些技术难题。

中国科学院党组书记、副院长张劲夫回忆说：

“我国第一枚导弹的射程太短，更不能用来发射原子弹、氢弹。钱学森又提出，一定要进一步搞高能燃料，加大它的推力、速度。新的高能燃料主要是液氢，它的推力大，导弹的温度相对也高了，这就需要科学院再研究耐高温的材料。远程导弹分成几级，自动控制问题也必须解决好，科学院又为此成立了自动化研究所。火箭里面还要有小型计算机，叫弹上微型计算机，用来控制那一节火箭什么时候脱离开来。要研制小型的计算机，任务交给刚回国的年轻科学家黄敞负责，他是搞大规模集成电路的。我们要搞第三代计算机，他先在北京做一段工作，然后到大后方去。后方选点是计算机所所长阎沛霖去的，选在陕西省的一个山沟里，建立起计算机研究基地。我们把大规模的研究力量派到那边去。罗瑞卿同志亲自确定导弹里面的小计算机由科学院研制。”

另外，还必须攻克核弹头小型化的难关。张劲夫回忆说：

“在导弹上装原子弹，特别是氢弹头，这项工作很关键的问题是要有高能炸药，就是弹头不能太重了，太重就发射不远。要发射得远，弹头要有重量最大限度。科学院大连化学物理研究所在甘肃专门建立了一个分所，与五机部一个所协作，专门研究高能炸药。经过不断的地面试验，最后把高能炸药的关攻破了，能够使我们的导弹带上原子弹、氢弹，发射得很远很远，成为战略火箭，就是带有核弹头的战略导弹。”

在解决原子弹的小型化之后，试制核导弹的条件已经具备。

钱学森强调，核导弹的试射非同小可。1962 年 3 月 21 日，“东风二号”导弹发射失败，从半空中坠落，地面炸出一个大坑。然而，倘若坠落的是核导弹，那意味着一颗原子弹在发射基地爆炸，会造成不可挽回的重大国际影响。

正因为这样，钱学森“严”字当头，对核导弹的每一个细节都提出严格的要求。核导弹按部就班进行了一系列地面测试之后，在装上核弹头之前，还要进行没有核弹头的发射，这叫“冷试验”。钱学森两度飞往酒泉，亲自对进行“冷试验”的导弹仔细检查。钱学森特别注意对相关协作单位制造的元件、部件进行严格的检查。他强调，不可有任何的疏忽，一根没有焊好的电线，一个不合规格的元件，都可能造成严重的事故。

酒泉的一位新战士受到了钱学森的表彰。这位新战士发现弹体内有一根大约 5 毫米长的小白毛，担心因此造成通电接触不良，就用镊子夹、细铁丝挑，都未能取出小白毛。最后，战士用一根猪鬃终于挑出了小白毛。钱学森把这根小白毛小心翼翼包起来，带回北京，希望从事“两弹结合”的科研人员都向那位新战士学习。

聂荣臻元帅也非常严格。据聂荣臻秘书范济生回忆：“在导弹总装车间，零部件小到一颗螺丝钉，都是有严格数量的。有一次，聂总听组装人员无意中说导弹组装时，最后发现少了一颗小螺丝钉。有人主张全部拆卸开来找，有人认为费了大力才组装起来，为一颗小螺丝钉不值得再大折腾，不会出什么问题，或许掉在地上了，根本没有落在导弹体内。聂总当时正在病中，听说这件事后，立即要我陪同张爱萍同志赶赴导弹总装基地‘坐镇’。我们遵照聂总指示，直到把这颗螺丝钉找到，聂总这才放心地同意按期发射。后来，聂总以此事为例告诫我们科学就是科学，来不得半点虚假和马虎。”

1965 年 3 月 2 日，中共中央指示中央专委不仅要管原子弹，也要管导弹，中央 15 人专门委员会扩大成员，并改称为中央专门委员会，增加的委员人选有余秋里（石油工业部部长）、王诤（电子工业部部长）、邱创成（兵器工业部部长）、方强（造船工业部部长）、王秉璋（导弹工业部部长）、袁宝华（物资管理部部长）、吕东（冶金工业部部长）。

核导弹的试射方案也制订出来了。此前，美国和苏联试验核导弹，是从自己的国土上往大洋里打。中国虽然有着辽阔的海岸线，可是当时的中国海军还不够强大，中国的核导弹不能往大洋里打。所幸中国是幅员广大的大国，所以选择了在自己的国土上试射核导弹，这在世界上是绝无仅有的。经过反复研究，确定了核导弹从酒泉射向罗布泊。

在正式发射核导弹之前，进行了两次“冷试验”。钱学森在酒泉发射基地主持的这两次“冷试验”都获得成功。

下一步，就是“热试验”——正式发射核导弹了。

1966 年 6 月 30 日，周恩来总理在访问罗马尼亚、阿尔巴尼亚后，由巴基斯坦拉瓦尔品第回国，他在途中于 14 时 40 分在酒泉导弹试验场降落，亲自检查这次核弹与导弹结合飞行试验的各项准备工作。

虽然两次“冷试验”都圆满成功，但那毕竟只有两次，并不能保证“热试验”万无一失。按照预定的弹道，核导弹要从兰新铁路飞过，那里有五万居民。周恩来总理问，核导弹落在那里的可能性有多大？科研人员经过计算，回答说概率为十万分之六。毕竟还有十万分之六的可能性呀，周恩来总理指示，这次发射一定要严肃认真、周到细致、稳妥可靠、万无一失。为了保险，必须临时全部撤离这五万居民。另外，周恩来还指示，要对发射之后核导弹偏离预定轨道做出预案——导弹上的安全系统将自动启动，在空中把核弹头炸成碎片，防止原子弹爆炸。

1966 年 10 月 8 日、20 日，周恩来两次主持中央专委会会议，专门讨论这次两弹结合试验。周恩来强调，这类试验，美国和苏联只是在海上进行的，我们在本土大陆上进行，一定不能出乱子。

钱学森曾经这样回忆周恩来总理：

那个时候周恩来总理抓我们这项工作，他提出来做这项工作的 16 个字方针，16 个字就是“严肃认真，周到细致，稳妥可靠，万无一失”，而且要达到这个要求，他又说有“三高”的要求，三个“高”字：第一个“高”是“高度的政治思想性”，第二个“高”是“高度的科学计划性”，第三个“高”是“高度的组织纪律性”。

那个时候大概每个月或者三个礼拜，他都要召开一次汇报会，他的要求很清楚，所有负责各方面工作的人都要来。周总理就坐在那儿听我们的汇报，很细致、很耐心。汇报当中，周总理也常有问题要大家解答。他记性非常好，你上一次汇报的数据如果跟这次汇报数据不一样，他就问怎么上一次你说不是这个数据？所以我们这些人去向总理汇报都要很小心，你上一次怎么说可得记住，这次如果也需要改变的话，就得说明为什么改变。有的时候，到下午 6 时还没完，总理就让大家在那儿吃晚饭，吃完晚饭再继续开会。有时候这样的会一直开到晚上

10 点还不停，开到 11 点甚至更晚，一直到会完了，我们离开人大会堂，向周总理说再见的时候，周总理还对我说，“钱学森你别太累着”。我真是感动得流泪。我想周总理比我累得多，他却跟我说这样的话。

经过周密的部署，经中央批准，中国首枚核导弹在 1966 年 10 月择机发射。

1966 年 10 月 24 日晚，聂荣臻、钱学森向毛泽东汇报“两弹”结合飞行试验的准备工作情况。聂荣臻提出要去现场主持试验。毛泽东批准了进行这次试验，同意聂荣臻到现场主持试验，并说这次试验可能打胜仗，也可能打败仗，失败了也不要紧。

图 5　1966 年 10 月 26 日，钱学森（右一）、李福泽（右二）陪同聂荣臻（右三）视察即将发射的“东风 2A”导弹核武器对接情况

1966 年 10 月 27 日 9 时，“东风 2A”核导弹点火升空，9 分 14 秒后核弹头在罗布泊弹着区靶心爆炸。

“两弹结合”，完全成功！从此，中国的核武器，不仅有弹，而且有了一支能够射向地球任何一个角落的“枪”。

短短几年，中国在研制原子弹的道路上成功地走出了三步：

第一步——1964 年 10 月 16 日，首颗原子弹在铁塔顶部试爆成功；

第二步——1965 年 5 月 14 日，用轰炸机在罗布泊上空成功地空投了一颗原子弹；

第三步——1966 年 10 月 27 日，首枚核导弹试射成功。

“我们也要搞人造卫星”

新中国的“两弹一星”伟业在钱学森的领导下，一步一登堂：

第一步——1960 年 11 月 5 日，成功发射中国第一枚导弹“1059”；

第二步——1966 年 10 月 27 日，中国首枚核导弹试射成功；

第三步——发射中国首颗人造地球卫星。

当苏联第一颗人造地球卫星上天不久，钱学森就认为，人类探索太空的时代到来了，中国也应当加入探索太空的队伍。钱学森与赵九章、郭永怀等一起研究相关问题。

赵九章是气象学、地球物理和空间物理学家，1955 年当选中国科学院学部委员（院士）。他年长钱学森四岁，早年毕业于清华大学物理系。1935 年，当钱学森赴美国留学的时候，赵九章赴德国留学，1938 年获德国柏林大学博士学位。他回国之后，主持中央研究院气象研究所工作，成为继竺可桢之后中国现代气象科学的学科领头人。

1953 年，中国科学院考察团出国考察，由钱三强任团长，华罗庚、赵九章等都是成员。在长途飞行中，闲着无事，文学底蕴深厚的华罗庚作一嵌名联，上联为："三强韩赵魏"。

这"三强"，当然是指钱三强，而韩、赵、魏则是战国时期的三个强国，华罗庚用语双关。至于下联，无人能对，华罗庚只得自揭谜底："九章勾股弦"。

华罗庚的下联一出，众人皆称赞是"绝对"。"九章"是指赵九章，而《九章》又是我国古代著名的数学著作，这本书首次记载了我国数学家发现的勾股定理。

钱学森找赵九章商议，是因为空间科学与赵九章的气象学、地球物理、空间物理学专业有关。至于郭永怀，前已述及，是钱学森多年好友，力学家、应用数学家、空气动力学家，他们准备一起向中央建议，中国应当研制、发射人造地球卫星。钱学森还多次发表谈话，提出中国应当早日搞出自己的人造地球卫星。

毛泽东主席注意到钱学森的建议。1958 年 5 月 5 日至 23 日，中国共产党第八届全国代表大会第二次会议在北京召开。5 月 17 日，毛泽东主席在会议上说："我们也要搞人造卫星。"毛泽东还说，像美国那样只有鸡蛋大的，我们不搞。

美国的第一颗人造地球卫星只有 8.3 公斤，毛泽东戏称为"只有鸡蛋大"。

毛泽东表态“我们也要搞人造卫星”，国务院副总理聂荣臻马上责成中国科学院和国防部第五研究院加以落实。“我们也要搞人造卫星”被列为1958年第一重要的科研任务，代称为“581”。钱学森受命担任“581”组组长，副组长是赵九章、卫一清，成员有杨刚毅、武汝扬、顾德欢、华寿俊等。另设技术小组，由钱学森和赵九章主持。经常参加581组会议的有陆元九、杨嘉墀、陈芳允，吕保维、马大猷、孙湘、孙健、王正、吴几康、施履吉等。在钱学森的主持下，1958年7月至9月，“581”组差不多每周开2到3次会，足见科学家当时对于落实毛泽东“我们也要搞人造卫星”的指示是何等的重视！

1958年8月，钱学森主持起草了一份给党中央的报告，这样说明了发射人造地球卫星对于推动尖端科技发展的重大意义：“发射人造卫星，将使尖端科学技术发展加速前进，开辟新的科学技术研究工作的新领域，为导弹技术动员后备力量。同时，任何人造卫星的上天，是洲际弹道导弹成功的公开标志，是国家科学技术水平的集中表现，是科学技术研究工作向高层空间发展的必不可少的工具……围绕人造卫星的研究，将会把一系列工作带动起来，比如，高能燃料、耐高温合金、无线电子学、电子计算机和应用数学等。”

国务院召开了专门会议，研究中国卫星如何起步的问题。会后，由钱学森主持制定了人造卫星发展规划设想草案，提出研制中国人造地球卫星分三步走的规划：第一步，实现卫星上天；第二步，研制回收型卫星；第三步，发射同步通信卫星。

成功地发射人造地球卫星，这当然是第一步。

回收人造地球卫星，涉及复杂的技术。人造地球卫星通常分为两类，即“不返回的”和“需返回的”。通信卫星、气象卫星和导航卫星在发射之后，按照既定轨道运行即可，并不需要返回，而军事侦察卫星由于当时是使用胶卷拍摄，必须返回。特别是载人飞船，必须在掌握回收技术之后才能发射，不然就和苏联的小狗莱依卡遭遇同样的命运。要使卫星、飞船按预定时间、路线顺利返回地面，必须准确地控制卫星、飞船返回大气层的角度及制动火箭的点火时刻，这就需要地面和卫星上的程序控制做到准确无误。所以掌握回收技术是发展人造地球卫星必须迈出的第二步。

通常的人造地球卫星是沿着一定的轨道绕着地球运行，而同步卫星的技术则要复杂得多。所谓同步卫星，是指卫星围绕地球公转方向与地球自转方向一致、速度相同，从地面上任意一点看，卫星都是静止不动的。这种对地相对静止的人造地球卫星，通常用于转播电视以及用于通信，称为同步通信卫星。研制同步通信卫星，被列为中国发展人造地球卫星的第三步。

就其中的第一步“实现卫星上天”，又细分为三步，即：第一步发射探空火箭；第二步发射小卫星；第三步发射大卫星。

在钱学森的领导下，“581”组制定了具体时间表，最初的方案是在 1959 年国庆 10 周年发射中国第一颗人造地球卫星。后来改为在 1960 年发射。

另外，“581”组对研制工作作了分工：研制用于发射人造地球卫星用的火箭，以第五研究院为主，研制人造地球卫星及发射之后的观测工作，以中国科学院为主。

为了落实“581”计划，中国科学院成立了三个设计院：

第一设计院负责卫星总体设计和火箭研制，为便于与上海市合作，于1958年11月迁上海，改名为上海机电设计院；

第二设计院负责研制控制系统，分三个研究室，即姿态控制系统仿真、遥控遥测和运动物体控制；

第三设计院负责探空仪器研制与空间环境的研究。

据中国科学院党组书记、副院长张劲夫回忆：“卫星要上天，需要做很多工作。其中很难的一件事就是所有装在卫星上面的仪器，要在地面上建一个基地，造成高空真空环境，仪器在这个地方运转先试验好；送生物上天，也要在地面模拟设备里边试验好。所以，最重要的是要在北京北郊建立高空模拟实验设备，就是卫星上天以后仪器怎样运转，在地面真空的条件下，所有的仪器、生物等等，都要先进行实验。再加上卫星本身，搞什么仪器等。”

为了培养人才，1958年在北京创办了以新兴学科为主的大学——中国科学技术大学，设立了一系列有关空间技术的课程，其中有钱学森主讲的《火箭技术概论》，赵九章主讲的《高空大气物理学》，陆元九主讲的《陀螺及惯性导航原理》等，后来这些学生成为我国航天科技的骨干。

张劲夫回忆说：“钱学森非常重视火箭的燃料研制工作，主持召开了全国的高能燃料会议，组织四大家族——北京、上海、大连、长春四大化学研究所，开展液体、固体高能燃料的研制。

钱学森提出，搞导弹主要看你火箭用什么燃料，火箭的燃料很重要。钱学森说一定要搞新的高能燃料。科学院要把科研重点放在开发自己的高能燃料上，这样火箭才能做得大，射得远。

每一种高能燃料研制出来后都要试烧，要试车，火箭的发动机、尾巴的喷管均要试验。我和钱学森商定，让科学院力学所承担这个任务，需要选一个实验基地，当时民航局给了我们一架专机，在北京上空转了几圈，我和钱学森坐在飞机上往下看，看了几遍就选定京郊山区的一片林地里面，成立力学所二部，由林鸿荪负责。林鸿荪是钱学森在美国大学教书时的学生，也回国到力学所工作……

因为钱学森、郭永怀他们有这方面的专长，主要实验程序是先试验液氧，要把氧气变成液体，它需要低温。科学院在中关村建立了一座气体站，可以集中相当数量的氧气、氢气，既供应民用，也供应科研使用。科学院物理所洪朝生负责的低温实验室，专门研究低温，把温度降低，氧气就变成液体燃料了。首先用液氧，需把温度降到零下 180 摄氏度左右。但推力大的是液氢，可制成液氢的难度就大了，需要把温度降到零下 250 摄氏度，氢气才能液化。而且，氢气还容易爆炸。”

1958 年 11 月，中共中央政治局研究并决定拨 2 亿元人民币专款用于研制人造地球卫星。

这样，在毛泽东主席做出“我们也要搞人造卫星”的指示之后，研制人造地球卫星的机构、规划、人员、资金都到位了。作为“581”组组长的钱学森，决心要尽早把中国第一颗人造地球卫星送上太空。

中国卫星终于飞上太空

孙家栋（中国航天科技集团公司、中国航天科工集团公司高级技术顾问，“两弹一星功勋奖章”获得者，中国科学院院士）确实如钱学森所说的“敢干事，会干事”，在他担任人造地球卫星的总体设计之后，仔细研究了当时的“卫星形势”：苏联在 1957 年、美国在 1958 年发射了各自的第一颗人造地球卫星，摘取了金牌和银牌。法国在 1965 年发射了第一颗人造地球卫星，摘取了铜牌。日本则在 1966 年成为第四名。毛泽东主席虽然早在 1958 年就说“我们也要搞人造卫星”，无奈中国的政治运动不断，冲击着人造地球卫星的研制工作。再不抓紧，中国恐怕连第五名都挨不上。

孙家栋等大胆地提出，简化中国的第一颗人造地球卫星，不要那么多的探测仪器，先放一颗“政治卫星”，把那个鸭蛋打破。这样，可以大大加快发射中国第一颗人造地球卫星的进度。

孙家栋等对这颗“政治卫星”的设想是“上得去、抓得住、看得见、听得到”。所谓“上得去”，就是发射成功。所谓“抓得住”，就是准确入轨。对于一颗人造地球卫星来说，“上得去、抓得住”是最起码的要求。所谓“看得见”，是指在地球上肉眼看得见。所谓“听得到”，是指从卫星上发射讯号，在地球上可以用收音机听得到。

“看得见”不大好办，因为当时设计的中国第一颗人造地球卫星直径只有一米，何况表面也不够亮，在地球上很难用肉眼看得见。如果加大卫星，超过了运载火箭承载力，又不行。孙家栋等想出妙计，把脑筋动到三级火箭上面：当卫星进入太空之后，卫星在前面飞，三级火箭在后面飞，这个三级火箭比卫星大得多，只是表面是灰暗不反光，设法在三级火箭外面套上一个球形的气套。进入太空之后，卫星弹出去了，这个气套也通过充气，成了直径 3 米的大气球。他又想出办法，把气套表面镀上银白色的金属，变成了银光锃亮的大气球，在地球上用肉眼就能看得见。

至于“听得到”，孙家栋回忆说：“那个时候老百姓只有收音机，这个频率短波听不见。后来想了个办法，就是由中央人民广播电台给转播一下。但是听什么呢？光听嘀嘀嗒嗒的工程信号，老百姓听不懂是什么。大家你一句我一句，就碰出个火花：放《东方红》乐曲。都说可以，向钱学森汇报，钱学森也支持。但这是个大事情，钱学森又叫人写了一个报告，给了聂荣臻元帅。聂帅也同意了，报给中央，中央最后批了。提出这个建议的时候，大家热情很高，但中央批了以后，就等于说是中央下了这个任务，那就得把这个事办好。这一来就感觉压力大了。第一次搞这种仪器，如果上天以后又变调了，这在当时‘文革’期间是绝对不可以的，那压力可真大。后来做得很好，搞设备的同志可是立了功了。”

令孙家栋左右为难的是，当时参加研制人造卫星的单位，要在仪器上镶嵌毛泽东像，说是要把毛泽东像送上太空，让全世界人民都看到！毛泽东像都是金属的，增加了人造卫星的重量，这怎么行呢？

1969 年 10 月，卫星初样完成，钱学森带着孙家栋等人向周恩来总理汇报。孙家栋提出了毛泽东像问题。周恩来不愧为一个充满政治智慧而讲话又滴水不漏的人。他并没有正面回答放还是不放毛泽东像，而是说：“全党、全军、全国人民当然要无限热爱、崇拜毛主席。你看看人民大会堂——政治上这么重要的地方，有的大厅挂了主席的像，有的会议室挂了主席写的字。但是挂在什么地方，都不是随随便便的，必须非常严肃、非常认真地来考虑什么地方合适挂，什么地方不合适挂，你看咱们这个会议室就没有挂。你们回去也要好好考虑一下……”

孙家栋会心地一笑。那些毛泽东像没有装进卫星。

在发射卫星之前，必须对运载火箭“长征一号”进行试验。任新民是运载火箭“长征一号”的总设计师。

“长征一号”是三级运载火箭。在任新民的领导下，攻克了多级火箭组合、二级高空点火和级间分离等技术关键，再加上新研制的第三级固体火箭，组成三级运载火箭。

1969 年 11 月 16 日下午 6 时，首枚用“长征一号”火箭推进的中远程导弹准时点火起飞，飞行到 18 秒时，突然间发生故障不知去向！

本来，只要弹头一进入落区上空，落区的观测人员凭肉眼也能立即发现目标，在弹头着地后几分钟，就能把落点位置找出来。然而，这一回过了 40 多分钟了，没有一个观测人员发现目标！

当时最大的担心是导弹飞出国境，落到苏联领土上。中苏关系正处于最紧张的时刻，发生这样的事件将给中国带来极大的麻烦。周恩来总理接连三次从北京打来电话，询问火箭到底落到什么地方了？

于是，空军出动飞机进行搜索。在第三天，终于在新疆某地发现了火箭残骸。经过调查，查明火箭飞行失败是由于一个指令系统发生了故障，导致二级火箭未能点火而自毁坠落。

在任新民领导下，经过两个多月的检查、研究、改进，1970 年 1 月 30 日，“长征一号”火箭终于试射成功。

1970 年 3 月 21 日，中国的第一颗人造地球卫星——“东方红一号”完成总装任务。

1970 年 4 月 1 日，载着两颗“东方红一号”卫星（其中一颗备用）和一枚“长征一号”运载火箭的专列，秘密运抵酒泉卫星发射场。

1970 年 4 月 2 日下午，周恩来总理在人民大会堂听取钱学森关于卫星和运载火箭情况的专门汇报。钱学森和任新民等专程从酒泉发射基地赶到北京。周恩来总理指出：“这是我们第一次发射人造卫星，意义很大。不仅要把卫星送入轨道，还要对我国卫星飞经各国首都上空的时间，如乌干达、赞比亚、也门、坦桑尼亚、毛里塔尼亚等国家做好预报，鼓舞第三世界人民。”

1970 年 4 月 14 日晚 7 时，周恩来总理等国家领导人又在人民大会堂听取钱学森等人的汇报。

第一颗人造地球卫星的发射进入倒计时。1970 年 4 月 20 日，周恩来再次打电话给酒泉发射基地，强调“绝不能带任何一个疑点上天”。

1970 年 4 月 24 日 20 时整，“东方红一号”卫星的发射进入发射前的“一小时准备”，在对卫星和运载火箭进行最后检查时，发现严重问题：“东方红一号”应答机对地面触发信号失去反应！

酒泉发射基地当即向中央专委报告，建议推迟发射。

在 21 时，终于查明故障是地面触发信号源性能下降，功率太低，造成触发不良。紧急排除故障。

1970 年 4 月 24 日 21 时 35 分，“长征一号”火箭终于点火。

1970 年 4 月 25 日 18 点，新华社授权向全世界宣布：

“1970 年 4 月 24 日，中国成功地发射了第一颗人造卫星，卫星运行轨道的近地点高度 439 公里，远地点高度 2 384 公里，轨道平面与地球赤道平面夹角 68.5 度，绕地球一圈 114 分钟。卫星重 173 千克，用 20.009 兆周的频率播送‘东方红’乐曲。”

“东方红一号”卫星真的可以用肉眼“看得到”，而且可以“听得到”东方红乐曲，达到了“政治卫星”的宣传效果。

这时，距离毛泽东所说的“我们也要搞人造卫星”这句话，已经过去 12 个年头。“东方红一号”卫星达到了毛泽东所说的“鸡蛋那么大的我们不搞”的要求：苏联第一颗人造地球卫星 83.6 千克，美国第一颗人造地球卫星 8.22 千克，法国为 38 千克，日本为 9.4 千克，而中国的“东方红一号”重达 173 千克。

“东方红一号”的成功，意味着中国的火箭技术达到了新的水平。1970 年 4 月 25 日上午，处于“半靠边”状态的聂荣臻元帅刚刚用过早餐，秘书周均伦就向他报告喜讯：“东方红一号”发射成功！收音机里能听到卫星播放的“东方红”乐曲。聂荣臻元帅听后，在高兴之余，感慨地说了一句：“要不是现在形势的影响，卫星还可以放得早一点啊！”

1970 年 4 月 27 日，美国《华尔街日报》报道了中国成功发射第一颗人造地球卫星的消息，标题是耐人寻味的《北京的第一颗卫星是美国培养的科学家计划的》。不言而喻，那“美国培养的科学家”，指的就是钱学森。

遗憾的是，曾经为研制中国第一颗人造地球卫星出了大力的卫星设计院院长赵九章先生，没有看到“东方红一号”遨游太空。而卫星总体设计负责人钱骥则是在“牛棚”里谛听从宇宙传来的《东方红》乐曲声。

1970 年 5 月 1 日，国际劳动节晚上，毛泽东主席、周恩来总理在天安门城楼上接见了钱学森、任新民、戚发轫等参加第一颗卫星工程研制的代表。毛泽东紧握着钱学森的手，表示祝贺。这时，任新民“躲”在后边。周恩来总理发现了，就说：“任新民同志，请到前边来，不要老往后边躲，你的座位在我这边。”周恩来向毛泽东介绍任新民说：“他就是我们放卫星的人。”毛泽东主席赞叹说：“了不起啊，了不起！”

1970 年 6 月，钱学森调到国防科学技术委员会担任副主任，而任新民 1975 年则被任命为第七机械工业部副部长。

1971 年 3 月 3 日，“长征一号”火箭把“实践一号”科学探测试验卫星成功送上太空。这颗卫星的外形与“东方红一号”卫星相似，为 72 面球形多面体，总质量 223 千克。这是一颗真正意义上的科学卫星，主要任务是试验太阳能电源系统、遥测设备、温度控制系统及无线电线路在空间环境下的长期工作性能，测量高空磁场、X 射线、宇宙射线等空间环境数据。“实践一号”在太空运行 8 年，大大超过了它的设计寿命，直到 1979 年 6 月 11 日才陨落。

从此，中国的一颗一颗功能各异的人造地球卫星飞上太空，为发展国民经济和加强国防力量，做出巨大的贡献。

第三章 世界伟人 一代宗师

许多年前发生在东方的“两弹一星”壮举，已经成为历史的回音；然而，那声震惊世界的呐喊，却使得全世界都开始注意倾听中国的声音。中国的航天事业永远不会忘记一代宗师钱学森的丰功伟绩。

是他在成为世界级科学名家后毅然归国。他力陈“中国人可以自己造导弹”，对党和国家领导人决策创建中国的航天事业起到了决定性的推动作用。作为奠基人和开拓者，他为中国航天事业“置办”起赖以发展壮大最初的“家当”，为中国航天 50 余年的发展奠定了体制和技术基础。

是他引领航天人闯出一条独立自主发展的技术道路。他以科学大家的眼光，高屋建瓴，几度领衔制订未来发展的蓝图，坚持自主设计主宰自己的命运，在有限的外援下取得一个又一个“零的突破”，创造了在相对落后的物质条件下抢占科技制高点的奇迹。“两弹一星”的成功不仅改变了中国的命运，也极大地影响了世界的格局。

是他带领出一支思想过硬、技术过硬的航天人才队伍。他延揽了一大批中国航天最初的骨干，亲自编写教材、执鞭任教，开办火箭导弹、星际航行理论和技术培训班。他亲手擢拔了一批航天技术的将才、帅才，在科研、生产、实验的实践中提携和锻炼他们。以这支队伍为“火种”，一代又一代、一批又一批堪当重任、颇具创造力和战斗力的航天才俊，薪火相传，茁壮成长。

钱学森是一面高高飘扬于浩瀚宇宙的旗帜，他永远活在中国航天宏伟的事业里！

第二部分

育人的导师

第一章　美国成名　年轻正教

1946 年的暑假还没有来临，钱学森的邻居就发现这个年轻人在收拾行装。他们以为要么这位书生又要外出参与国防部的什么重要机密计划，要么就是他忙碌了好几年，早早准备远行度假。

邻居们猜错了。

钱学森在 8 月暑假来临之际辞去了加州理工学院的职务，前往十年前曾经欢迎过他、又拒绝过他的那所大学——麻省理工学院。其原因并不复杂，一来他的恩师冯·卡门与加州理工学院不和，离开了学校；二来他的母校麻省理工学院航空系给了他副教授的位置，外加终身职务的承诺；三来要在学术上全面发展、建功立业，还需要兼收并蓄，加州理工学院的长处在结构、空气动力学等方面，而到麻省理工学院，他可以学到更多有关仪器与控制系统方面的知识，提高动手能力。多年后，钱学森的朋友林家翘认为："钱学森回去是为了完成火箭科学家的成长历程。"

四季分明的马州波士顿气候，远不如温暖如春的加州帕萨迪纳惬意。刚刚 9 月份，窗外就响起了"呼呼"的北风声，秋雨连绵，寒气已让街上的行人竖起了衣领。然而钱学森的心情却犹如“春风得意马蹄疾”，十年前那个被命运拽着手脚远渡重洋来到麻省，那个腼腆、怯怯，经常匆匆独步去听课的学生，如今已成长为在世界空气动力学界卓有建树的著名学者。当他走进校园里编号为33的建筑——他熟悉的古根海姆大楼，站在三楼一间摆着三张书桌、一张会议桌、几张绘图桌以及一大堆书架的大办公室里，他和麻省理工学院的同事们都知道，现在的钱学森已经和以前的钱学森不可同日而语了。

回到麻省理工学院的钱学森被聘为副教授，他为航空工程系的研究生开设了一系列新课，包括喷气推进、火箭工程学，还与另一位华裔科学家林家翘共同开设了空气动力学研讨班，同时从事一些前沿性的研究工作。

钱学森在麻省理工学院是一位颇受“争议”的教授。他以见解前瞻而受到校方和天才学生的追捧、欢迎，又以教学严厉而使得很多学生对他望而生畏。很多学生都对他留有深刻的印象：“他外表非常年轻。因为个头小，他显得比大多数学生都矮，总是穿西装，打领带，十分正式。瘦小的体型、高亢的声音、带有浓重口音的英语。”

大家对于有机会聆听大名鼎鼎的冯·卡门的得意门生钱教授上课怀着很大的兴奋和期待。但是作为钱学森的学生，他们对这位中国教授“三高”式的授课风格，还是心理准备不足——他们没有想到，钱学森用高密集的板书、高前瞻的内容、高难度的考题，使他们不得不仰视这位身材瘦小的中国人。

关于钱学森教学风格最精彩的描述，是他的学生季茨在一本杂志上写的回忆：

“没有教科书，没有讲义，也没有实验示范，一切全靠钱博士和悬挂在教室四周的黑板。钱博士大量使用黑板。他写得又多又快，我们必须尽可能赶上他的速度抄写，没有文字，只有数学符号。

他几乎总在上课铃响两分钟后，准时悄无声息地走进教室，咕哝一句：‘我们从……开始’，便从教室前方的黑板左端开始，用清晰坚定的笔迹，写下一个方程式。然后，瞄一眼自己的笔记，在下方添一行，再一行，再一行，直到黑板的底端。我们当然看不见他写些什么，因为字迹都被他挡住了。他开始写下一块黑板时，我们开始抄露出的部分，就这样绕着教室一周。第二轮开始时，他会把黑板逐一擦干净。

他偶尔会给一点提示，让我们知道究竟在做什么。他会说：‘积分’，或‘微分’。当我抄到那部分时，我就把他的提示附上去，但我从来没搞清楚过，他指的是他刚抄完的方程式，还是正要开始抄的那条。

这样大约过了 20 分钟，他会退后几步，端详一下黑板，说：‘这中间有非常重要的关系。’大家还没有会意过来，他又开始抄写了，直到下课铃响为止。他随即一言不发走出教室，丢下我们继续把笔记抄完。

学生们无计可施，只好下课后待在教室里，一字不漏地把黑板上剩余的讲义抄完，然后晚间举行读书会，集众人之力解读笔记内容。第一年连教科书都没有，因为这批材料完全是新的。更糟的是，当时根本没有任何与可压缩流体有关的教科书——两种用德文写的相关书籍也都过时了。”

学期快结束时要进行考试，他出的考试题目被学生们公认为过分困难。有人甚至戏说，他出的考题可以考倒顶尖的火箭学家或数学博士。有个学生回忆道："只有聪明绝顶的人才看得出题目里的玄机，否则根本解不开。"钱学森在麻省理工学院任教3年，他的学生考试得到高分的极少，能拿到及格就烧高香了。有一年，14名航空工程系的博士候选人接受他的口试，仅一人过关。还有一年期末考试，全班只有一名博士候选人及格，得到73分；当时学校"众所公认的天才"艾胥利，得了第二高分58分，他后来当上了麻省理工学院和斯坦福大学的教授，并且成为世界知名的结构动力学翘楚；毕业后留在麻省理工学院任教的卞泰德才拿到三四十分；而大多数学生仅得20多分，全班总成绩平均只有14分。

钱学森教学十分认真，由于他开的课是新课，没有现成的教材，每节课他都要认真地写教案，一个学期后，他自己动手编写了一套可供学生使用的可压缩流体力学讲义。他的学生回忆这位中国老师时，都肯定地说："他讲课的速度与难度确实吓倒了我们，可是实际上大家还是非常佩服他的，我们都知道他努力教的东西是希望我们非学会不可。"麻省理工学院的老师们也承认，除了加州理工学院，就数钱学森在麻省理工学院讲的可压缩流体力学课程最有深度。

虽然钱学森对学生们超级严厉，不给他们高分，但他并不过分看重分数，他总是对学生说，"懂了就好"。他的学生塞尼克几十年后对采访他的记者说："钱学森的课程在我就业的前十年发挥了无比的价值。"

钱学森很快就在麻省理工学院声誉鹊起，速度之快不亚于他在加州理工。1947年2月，麻省理工学院决定破格提升钱学森为终身正教授，而不必论资排辈，让他等上好几年。航空系系主任亨赛克请冯·卡门为钱学森写推荐信，冯·卡门立即回信道：

“钱博士在应用数学和教学物理解决气体动力学与结构弹性方面的难题，绝对是同辈中的佼佼者……他人格成熟，堪当正教授之责，也是一位组织能力极强的好老师。他对知识和道德的忠诚，使他能全心奉献于科学以及提供他机会从事科学研究的机构，我相信这些优点对贵机构极具价值。”

第二章　名人热议　良师益友

20 世纪五六十年代，钱学森在中国科学院力学研究所、中国科技大学等研究院所和高校，亲自讲授《星际航行概论》、《导弹概论》等课程（见图 6）。他的学生后来大都成为我国航天科技事业的领军人物。

图 6　钱学森在担任中国科学院力学研究所所长期间兼任中国科技大学近代力学系主任。他“严肃、严格、严谨、严密”的科学态度和治学方法给学生们留下了深刻印象

一、任新民[①]：钱老是我的导师和战友

可以说，我干航天工作是受钱老的影响。钱老是我的导师，也是我的战友。

当年，我在南京看到钱老写的一本书，是他在冯·卡门指导下写成的，其中写到固体火药，引起了我的兴趣。当时，我听说原料在上海可以买到，还做了试制。

后来，我来到哈尔滨军事工程学院，1955 年第一次见到了钱老。我问他如何做固体火箭的试验，并问他为什么把火药装进沥青表面的筒里就能成功。钱老告诉我，沥青是石油的混合制成品，不是所有的沥青都是一样的，其中的成分是关键原因。那次，我还带钱老来看了我们的实验室。

在后来的接触中，我发现钱老不是完全讲理论的人，而是非常实事求是的。我们开始搞导弹时，世界上搞的导弹基本都用液氧煤油作燃料。钱老对我们说，我们是搞导弹不是搞火箭，搞导弹不能用液氧煤油，要用偏二甲肼和四氧化二氮来替代液氧煤油作推进剂。

钱老看问题看得很深，当初我国搞战略规划时，面对航空和航天，怎么投入？钱老说，搞航空一定要解决长寿命的问题，这是个难题，一下子搞不出来，但导弹我们可以尝试。我们资源有限，他主张先从导弹搞起。当年，计算机诞生了，中国还没有，但他主张要搞计算机，他说导弹、火箭要靠计算

---

① 任新民，中国航天科技集团公司、中国航天科工集团公司高级技术顾问，“两弹一星功勋奖章”获得者，中国科学院院士。

机，还有“航天”、“导弹”等词语，都是他发明的。

二、屠守锷[1]：钱学森带领我跨入航天的大门

我 1957 年来到航天系统工作，钱老启发了我们搞航天工程的思路。我们搞导弹仿制，技术状态不稳定，又不知道从何下手。钱老就找了几个人到他家中座谈。记得当时大家自由发言，气氛非常民主。而钱老在交谈中非常细心，认真地听取大家的意见。我们提出一个想法之后，钱老很支持，提出要确定一个方案，然后开展导弹的试验工作。钱老提出，要真正考验一个方案成或不成，必须通过大量计算和地面试验，航天工程要通过试验找到问题，尽快解决。

钱老的言行为我们做出了表率，这之后，我真正跨入了航天的大门。我深深感到，钱老是当之无愧的航天事业领路人。

三、孙家栋[2]：钱学森是我尊敬的领导和师长

钱老在我心目中是一位非常伟大的人物。他是我的领导，更是我尊敬的师长。回想我这一生走过的道路，我为自己能在钱老直接领导下工作感到十分幸运。钱老是我的恩师，但我学得不够好，只能算是一个不太好的学生。

最初认识他是我 1958 年从苏联留学回来时。我被分配到当

---

① 屠守锷，中国航天科技集团公司、中国航天科工集团公司高级技术顾问，“两弹一星功勋奖章”获得者，中国科学院院士。

② 孙家栋，中国航天科技集团公司、中国航天科工集团公司高级技术顾问，“两弹一星功勋奖章”获得者，中国科学院院士。

时的国防部五院一分院总体设计部工作，钱老是国防部五院院长兼一分院院长。钱老非常重视总体部的工作，经常来检查工作。后来，我先后担任了工程组长、研究室主任、总体部副主任，在设计、研制、试验中，与钱老接触越来越多。1968 年，成立空间技术研究院（七机部五院），钱老是七机部副部长兼五院院长。他向组织上推荐，点名把我调到五院，先后担任总体部主任、副院长、院长，在他的直接领导下工作，可以说是耳提面命，经常接受他的教诲，受益匪浅，感触颇多。

在航天事业的创建中，钱老功不可没

我感触最深、也是钱老贡献最大的，首先是他开创我国航天事业建立的不朽功勋。归国后的第二年，也就是 1956 年 2 月份，他就向党中央、国务院呈递了《建立我国国防航空工业的意见书》（当时为保密起见，用“航空工业”代替导弹、火箭技术），并分别向毛泽东、周恩来和几位元帅陈述自己的想法，他的意见受到党和国家领导同志的高度重视。经过中央慎重研究，决定建立筹备机构，并很快于 1956 年 10 月 8 日成立了我国的导弹、火箭研究机构——国防部第五研究院，由钱老任院长。

当时，新中国刚刚建立的前几个年头，工业那么落后，经济和科学技术力量那么薄弱，钱老刚从美国回来就提出我们自己搞导弹，而且义无反顾地担起院长的重担，是要承担很大风险的。他出于强烈的爱国热情，在进行科学分析的基础上做出了令人折服的判断，而且挺身而出，满怀信心地带领我们干起来，以他的威望、智慧和魄力，为国家、为中华民族做了一件名垂青史的大事。人们称他为“中国的导弹之父”，那是名副其实、当之无愧的。

我1958年毕业回国后，没想到组织上分配我到国防部五院工作，让我去搞火箭导弹，真是又高兴又担心。高兴的是我能在新中国刚刚创立两年的国防尖端科技部门工作，可以为国家干一番事业；担心的是，自己学的是航空专业，导弹是什么样子？怎么设计？怎么制造？心里一点底也没有。但是听领导和同志们给我讲五院成立的背景，讲国防建设的需要，讲有钱老这样的世界知名科学家带领，有党和国家的特别重视和支持，我的信心就逐步增强了。再一看周围的同志，学力学的、数学的、化学的、纺织的、文史的，五花八门，就是没有一个学导弹理论的，我们学航空的倒是与导弹专业最近，这进一步增强了我的信心。

钱老亲自给我们讲授导弹概论，还请庄逢甘教授讲空气动力学，请梁守槃教授讲火箭发动机，请朱正教授讲制导，等等。经过艰苦的谈判，苏联陆续支援我们几发模型弹，派来一些专家。虽然在两年左右的时间内苏联撕毁协议，撤走了所有专家，带走了图纸资料，但我们在党中央“自力更生，奋发图强”方针的指引下，从仿制到独立研制，很快走出了一条独立自主发展航天事业的道路。现在我们的运载火箭已经有4个系列的14个型号，可以发射各种轨道的航天器；目前，已经独立自主地研制、发射了100多颗各种用途的卫星。

中国航天事业已经走过半个多世纪的路程，回头来看，钱老在这个事业创建时那种建立在科学思考基础上的魄力，那种为国家为民族不怕担风险的大无畏精神，影响着我的一生。恐怕不止我一个人有这种体会和感受。在我们这支队伍中，只要钱老说了，大家都按他说的去努力，事情一定能办成。他的威望、他的学识、他的人品影响着一代甚至几代人。

在航天技术的发展上，钱老高瞻远瞩

在宏观上，中央对发展航天事业制定了正确的方针，聂荣臻元帅提出了“自力更生为主，力争外援和利用资本主义国家已有的科学成果”的指导思想，中央把它确定为老五院的建院方针。怎样贯彻这个方针？钱老从技术上带领我们走出了一条正确的道路。这也可以说是我的第二条体会吧。

钱老很重视科研。在他的努力下，逐步建立起一支强大的、能攻关夺隘的科研队伍。他常说，如果没有科研队伍，不搞科研，只搞生产，那就只能仿制，怎能做到自力更生？

我的一个同学在另一个工业部门工作。他在 20 个世纪 90 年代参观我们这里后深有感触地说，航天之所以取得比别的行业更突出的成绩，很重要的一条就是有钱老这样的技术领导抓科研、抓预研。这真是一语中的，在他打下的基础上，航天科技工业几代领导集体都很重视抓科研队伍建设，抓科研工作。

在发展道路上，另一条非常重要的是，钱老以他的远见卓识，带领我们制定了正确的发展规划，走了一条多快好省的路，避免了走弯路。导弹火箭怎么发展？从 20 个世纪 50 年代中后期开始，他几次主持制定了导弹、火箭发展规划。如“八年四弹”规划，这个工作我参加了。仍是钱老主持，他经常听取我们的汇报，和我们一起讨论，审查我们的计算结果。这个计划虽然在“文化大革命”期间受到干扰，但后来也完成了。这个规划的实施使我国的导弹火箭研制生产上了几个台阶。空间技术研究院建立后，卫星研制、应用事业怎样发展？又是钱老主持制订了“三星规划”（“东方红一号”卫星、返回式卫星和同步轨道通信卫星），为空间科学事业的发展奠定了基础。我曾担任过空间技术研究院的院长，体会更深。

比如我国第一颗卫星——“东方红一号”，当时对总体方案有两种思路：一是搞成科学探测卫星，二是搞成工程卫星。搞科学探测卫星要有严格的姿态控制，所以卫星上要上一套姿态控制系统，再加上几台科学探测仪器，第一颗卫星就复杂了。如果把第一颗卫星做成工程卫星，则简单得多，除了播放《东方红》乐曲，科学探测项目都不上。工程卫星考核什么？如果发射圆满成功，那就证明我们掌握了发射卫星的运载火箭技术、卫星总体的技术、地面测控技术、靶场发射技术等。有了这一套工程技术，要搞科学探测，卫星装上仪器就行了。钱老反复研究了这两种方案，坚决主张上第二方案。经过高层决策，结果在 1970 年“东方红一号”发射一举成功。当时，我们做了五个样星，万一第一颗打不成功，我们还有四颗备份的。第一颗星圆满成功了，我们就用一颗备份星装上探测仪器，制成了“实践一号”科学探测卫星，1971 年发射成功。如果第一颗卫星搞科学探测，搞得很复杂，不一定能成功，反而可能会耽误时间。钱老在卫星的发展上，与“八年四弹”计划一样，一步一个脚印地走，思路非常清楚。“东方红一号”重点解决工程问题，同时把队伍带起来。科学探测卫星打成后，马上提出先搞“急用的、实用的”，上返回式卫星；返回技术解决后，再进入同步定点轨道，搞通信卫星。

这实际上是钱老发展近地卫星的重要思路，即第一能上去，第二能回来，第三占领同步轨道。走了这三步棋，近地卫星的基础技术我们就都掌握了。这个思路今天说起来好像很简单，其实是很了不得的。除了美、苏、中，至今还没有哪个国家搞返回式卫星。不是他们不需要，而是不敢搞，敢不敢跨这一大步、作这个决策？需要一定的物质、技术基础，也需要才华、智慧和勇气。当时，我们第一颗卫星打成后讨论下一步怎么走的时候，大家七嘴八舌，讨论得很热烈。但是，如果争论不休，没有一个权威能讲出使大家折服的道理，把大家的意见统一起来，事情就没法办了。钱老拍了板，大家齐努力，一步一步都干成了。我们在 20 世纪 70 年代那么差的条件下居然很快把返回技术掌握了，你说这步棋还不大胆吗？今天，我们用自己造的飞船把中国人送上天了，实现了中华民族的千年梦想，这也与当年钱老领导我们解决返回技术有直接关系。

在我国导弹、卫星技术从起步到大发展的过程中，都是在钱老带领下开了好头、走上一条正确的发展道路，起码从技术发展途径看，钱老的这种作用是无人可以代替的。但是，钱老是个非常谦虚的人。每当讲到这些成绩时，他总是把周总理、聂荣臻元帅等党和国家领导人的具体指导放到前面，把广大科研人员放到前面。他这种崇高的科研道德，他的人格魅力，无时无刻不在影响着我。

在航天队伍的培养上，钱老言传身教

钱老非常平易近人，尤其对青年人非常爱护，他给我们讲课，大家都爱听。在一院时听他讲《导弹概论》；到五院后，搞卫星又是个新东西，我们也不懂。他自编教材，讲《星际航行概论》。为了发扬技术民主，他在很长一段时间里坚持每周都要拿出时间和我们讨论重要的技术问题。在讨论中只要意见一致，他便采纳；意见不一致而又不是急办的，留待下星期讨论；如果是要急办的事，则由他综合大家的发言提出结论性意见。

那时我们都是年轻人，他是世界知名科学家，我们向他汇报工作时，一开始心里总有点紧张。但钱老对我们很和蔼，总是笑呵呵地让我们慢慢讲。如果你讲得有什么不妥，他会耐心引导，或帮你解释，或让你回去好好想一想。他很少直接批评我们，总是给你启发式的教育。有一次大概是 11 月份开会，天气比较冷，门窗都关着。有的年轻人抽烟，有的人就呛得咳嗽。钱老也不讲什么，站起来打开门窗，冷风一吹，抽烟的同志这才发觉不妥，马上把烟熄灭了。

钱老给我们很大教育的另一个重要方面是严谨的作风。有一件事是我终生难忘的。20 世纪 60 年代后期，我们自行研制的一种新型火箭即将运往发射场，按惯例产品出厂前要做许多装配、测试工作。其中惯性制导系统有一个平台，平台上要装四个陀螺，必须能够很精确地装好，再拆开，包装好，运往发射场。在总装车间，第一个陀螺装上了，没问题。由于时间比较紧，车间师傅跟我说，四个陀螺是一批生产的，第一个能装上，其他三个也应该没问题，时间这么紧，是不是可以不再装了？我想，师傅说得有道理，就同意了。没想到，到了发射场装配时，第一个就有点小毛病，但总算装上了。再装那三个，怎么也装不上。我赶紧向钱院长报告。他听到后并没有批评我，告诉我仔细研磨后再装。加工时，他也来到现场察看我们排除故障的情况。那种精密部件研磨是很费时间的。钱老就在现场陪着我们，也不说话，有时背着手走来走去。我和工人师傅从下午一点一直到第二天凌晨四点才装好，他也一直陪我们到凌晨四点。中间我们几次劝他回去休息，他就是不走。这件事给我印象太深了，他虽然没有批评我，但那种无声的力量使我感到比批评更严厉。从此，哪怕一点小事我也要认真地办，不敢有丝毫的马虎。后来，我把这种作风也带到五院，大家说我太严厉了，我说，钱老给我们树立了严谨的好作风，必须非常认真地办好每件事。

钱老崇高品德的另一方面是，他敢于负责、勇于替下属和青年同志承担责任。

也是在20世纪60年代，我们新研制的一种导弹在发射试验时失败了。经分析，主要是发动机和控制系统出的问题。这种导弹是前一种的改进型，目的是通过挖潜增加射程，挖潜的办法一是加长贮箱、增加推进剂；二是提高发动机推力。然而，弹体加长了，却没考虑到弹性振动问题；发动机推力增加了，却没想到减少了焊接强度余量。加上地面试验不够充分，导致了这次发射的失败。这些都与总体设计和协调不够有关，我们总体部压力很大。在分析故障原因、总结教训时，钱老看到我们灰溜溜的，就主动给我们减压。他说："如果说考虑不周的话，首先是我考虑不周，责任在我，不在你们。你们只管研究怎样改进结构和试验方法，大胆工作。"钱老一席话一下子把我们的顾虑都打消了。这么大的领导，这么大的科学家，试验中出了问题他把责任全包下来，我们年轻人跟着他干还有什么顾虑呀！在平常研究工作时也是这样，他总是鼓励我们大胆发表意见，并且诚恳地说："你们的建议如果成功了，功劳是大家的；如果失败了，大家一起总结教训，责任由我来承担。”

几十年干航天，每当遇到重大问题不好下决心时，想起他的鼓励，我就把自己的想法如实讲出来，和同志们探讨或供领导决策。自己当了领导后，看到年轻人工作上有什么差错，也像钱老那样，替他们担责任，鼓励他们放下包袱，把事情办好。

在航天工程的管理上，钱老提出两个重要观点

在研制导弹的初期，我们从仿制走到自行设计阶段后，马上面临一个重要问题，设计人员最重要的不是会设计什么，而是从何开始搞设计。就是要有个程序，什么先办，什么后办，什么事情在什么条件下才能办成。

例如，设计一枚导弹要有个总重量。设计发动机的人会问我们总体部导弹总重是多少，他才能确定发动机的推力是多少。而我们会对他们说，你们各分系统的重量都没算出来，我们怎么计算总体重量啊？问题就成了连环套。当然总体可以给出一个总的数据，分配给各分系统；分系统计算后交总体看能不能弥合到一起。如果不行，则修改最初的数据，再算，总能弥合到一起。因为缺乏经验，初始数据就可能与实际情况相差悬殊，导致弥合计算的工作量太大。

为了解决这个问题，钱老经常组织一些专家和基层干部研究，后来他觉得老是这样一个问题一个问题地讨论也不是办法，这么大的一支队伍，得想办法组织好。于是他提出先研究流程，清理各设计环节间的关系，对整个设计过程画流程表。那时就是画方块图。现在很流行了，叫网络图，当时可是个创新。

当时，钱老提出两个很重要的观点：第一要有总体设计部，对一些扯皮的复杂问题，总体部从总体优化的角度加以协调；第二就是系统工程，我们国家的航天系统工程实际上是从画网络图开始的。我觉得这两点对推动航天事业的发展、对航天队伍的建设起到了非常重要的作用，很好地体现了钱老在科研管理上的努力探索和重大贡献。

近些年，有的同志写管理方面的论文或推行新的管理理念、管理方法时，说航天部门五六十年代谈不到管理，这是不对的。

在当时的条件下，那些带过兵打过仗的老领导，把集中统一指挥和现代化的科研生产结合起来，不断探索，形成了“三步棋”、“双岗制”、“三检制”、“双想”等工作程序、工作制度，有的一直沿用至今。这中间，钱老有意识地运用系统工程的理论和方法起到了重要作用。早在 1962 年，他就倡导借鉴美国通行的计划协调技术（PERT），探讨建立我们的管理制度。那时，老五院计划和综合管理部门的墙上，挂起了按技术关联、工作时序和组织关系绘制的计划流程图，用于协调研制周期、人力、物力，使研制工作逐步走上了有序的轨道。我在导弹总体部时，就制订了我国导弹研制的第一部管理流程，对产品设计及其审查验证、数据准确性鉴定、设计和生产质量管理、人员和物资管理都有了明确规定。按这个流程办事，大大提高了研制工作相互间的协调性，大大提高了型号研制的速度和质量。

钱老曾经说过：“我作为一名中国的科技工作者，活着的目的就是为人民服务。如果人民最后对我的一生所做的工作表示满意的话，那才是最高的奖赏。”这段简短的人生座右铭，是他为祖国为人民鞠躬尽瘁、一生以科学态度追求真理的真实写照。我一定以钱老为榜样，为我国航天事业的发展，为使我国科学技术以更快的步伐走向世界前列贡献自己微薄的力量。

四、沈琮[①]：回忆钱老良师

沈琮总师曾在中国科技大学和航天型号研制工作中与钱学森有过接触。以下内容是根据沈琮总师的口述录音整理而成（见图7）。

图7　沈琮总师口述钱学森事迹

① 沈琮，男，浙江嘉兴人，1942年4月生，研究员。1964年毕业于中国科学技术大学近代力学系工程热物理专业。1965年6月在中国科学院力学研究所开始从事“东方红一号”卫星的研制工作，曾参加“尖兵一号”、“长空一号”、“风云一号”、“风云二号”、“雷电一号”等卫星型号研制工作。先后在力学研究所、651设计院、中国空间技术研究院501总体部、航天509所、八院科技委工作。曾任研究室副主任，“风云一号”型号副总师、“雷电一号”型号总师、八院科技委常委。

今天很高兴，为我们集团和党史研究室做“口述钱学森工程”。

我是中国科学技术大学近代力学系59级的学生，说起来也算是钱学森的学生。但是别人问起来，一直不敢说这个话，因为当时只是作为科大的学生听钱老给我们讲课。作为学生来说，距离还很远，还谈不上是他的学生。为什么呢？我们这代人虽然说为国家做了一点工作，但是和钱老相比距离还很远。在我心中，钱老是一个很伟大的人物，从内心深处非常崇拜他。我感到很幸运的是，当时钱老给我们力学系的学生讲了一学期的课，这个可能很多人都知道。当时的背景就是钱老他们几位前辈在筹备中国科技大学以后，觉得需要早一点把一些知识传授给我们，所以当时中国科技大学的近代力学系是钱老亲自讲课，讲的《火箭技术概论》；自动化系、地球物理系由赵九章亲自给我们讲课。我们当时是59级，讲课的时候我们只有大学二年级，58级是三年级，我们两个年级一起听钱老讲课。其他人都非常羡慕我们，因为钱老在大家心中是一个大科学家，能给我们讲，大家都觉得我们很荣幸。

我印象很深，去科学院那个大阶梯教室，第一眼看到钱老的时候，大家都非常惊讶。因为是在冬天，钱老穿着一身很朴素的衣服，带着一个棉帽子，很普通的那种灰布的一个棉帽子。他一开始讲课，我们就感到他讲话的口音非常标准。他普通话比我们很多同学都好多了，声音非常响亮，口齿很清晰。那个时候没有书，也没有讲义，我印象中每个礼拜讲一次课，讲半天。第一堂课下来我们感到很兴奋，为什么呢？知识量非常丰富。那个时候很多同学努力地记笔记，到最后同学专注到不记笔记。他讲课非常有条理，内容很丰富，信息量很大。经过一个学期十几堂课，我们就觉得听到了很多知识，这些知识你要说我们掌握了么？我们当时也没有很好掌握。但是你要说我们没有收获，也不是这样。就感到很多方法，这些方法对我们后面都是很有用的东西。

我就说一件事情，当时我们做一次知识测验。说老实话，当时大家考得都很不好，很多题都没答好，但是最后钱老给我们讲的时候，就没有说我讲的东西你没有掌握好。这考题里面有一道考题，就叫火箭的燃气温度和成分。我们有的同学答它的分子量的时候，写的是零到多少。钱老当时在课程上给我们讲，这个题主要看看大家对讲的东西掌握得怎么样，通过测验来看对知识的掌握。但是有一件事他很严肃地说："我们有的同学答分子量从零到多少。分子量是零是什么概念？没有分子量是零的，燃气的分子量你写得不准确，写的几百甚至更大，都可以接受，但是写的零，证明你们对物理上的基本概念都不清楚。"这一晃几十年过去了，我依然记得这件事，在以后的学习中间，我也是很注重概念，注重物理概念的准确性。虽然是一件小事，但是对我来说有很大的影响。

我还记得那时候他讲到火箭制导的时候，说了一个很形象的例子，他说你这个火箭要打出去，火箭打卫星怎么形容？就相当于那一个步枪，要打中 100 米以外的一只苍蝇。怎么理解这个物理概念？这件事情对我影响也很深。你可以想象 100 米外的苍蝇，你看得见么？你看不见。你只知道一个方向一个方位，你步枪打出去怎么打到一个苍蝇，不是随便打随便飞的，不是我们平时打靶的那个概念。我觉得当时讲了很多知识，有的听懂了，有的没听懂，有的记下来，有的没有记下来，脑子也没有像录音机给记下来，我总觉得听他的课是启发我们应该用什么方法去掌握。

说到具体的方法，我印象也很深。因为当时是大学二年级，只学了一点基础课，他讲的很多东西当时我也没有完全听懂。但是有一个，他在给我们推导公式的时候，特别给我们讲了一个无量纲化的方法，就是很多描述物理过程的公式都是有量纲的，长度有米，质量有公斤，热量有大卡，都是有量纲的。他给我们讲了一个无量纲化的方法，就是你在推导一个物理过程的时候，先把这个参数无量纲化。当时我们觉得很新奇，他自己在推导的时候也是用无量纲化的方法。这个当时印象很深，再后来我们学其他专业课的时候，我们都是用这种方法去推导公式，包括以后做一些东西，这个方法的确是概念很清晰，不会出错。特别是物理参数有了量纲的时候，量纲不注意就搞错，最后出来的结果就是错的。整个过程无量纲化，保证结果是对的，最后的结果把参数带进去计算也是正确的。这个方法我也说不出来是不是钱老首创的，但是作为我来说，钱老这个方法真是好。当时我们这些同学都觉得这个无量纲化的方法真好，在后来的工作中都是一个很有用的方法。

钱老去世之后，我也很悲痛，没事就翻翻他当时送我们的一本书，这是当时他给我们讲完课以后，他的助手给我们的一本书，这本书大家都知道，我今天也把这本书带来了，叫作《星际航行概论》（见图 8）。

当时给我们讲课的时候，叫《火箭技术概论》，我后来知道，当时钱老给我们讲课的时候，不仅给我们中国科技大学力

图 8　沈琮总师展示《星际航行概论》

学系的同学讲这个课，而且给当时咱们航天科技最早的老五院的很多同志讲课，给最早到航天搞导弹的这批前辈讲这个概论。后来这本书稿由钱老的助手整理出版。说实话这本书很长时间放在那里都没动，钱老去世之后我事情也少了，就把这本书拿出来翻了一下，真是感觉钱老对我们整个航天技术的发展在那个时候已经有一个雏形，有自己的想法。我估计你们也能搜集到这本书。当时钱老知道我们学生都很穷，于是送我们每个人一本，大家拿到这本书是开心得不得了。当时是三块一毛钱，那时候三块一毛钱就是一个很大的数字。那时候我们一个月的伙食费就是十来块钱，一个月的生活费就是两三块钱。这本书一共有十四章，你去翻这本书，除了一些基础的内容，对航天整个的发展，他都论述到了。比如说近年来咱们做的火星探测，这本书里就谈到怎么往火星上发探测器；卫星上用的电推进、离子推进器，在这本书里也都讲到了。你比方说欧洲那个时候试过电推力，用的小推力长时间地把航天器打到火星上去，它这里都有图，这里就是用小推力的火箭，能不能打到很远的，比如说火星上去，这里都有。对气动、防热，都有。那个时候给我们讲课是 1961 年，当时我们国家的航天事业可以说刚刚起步，就是一些前辈（老五院这边）还在研究火箭发动机的时候。开始也有苏联的支援，苏联专家撤走以后完全靠自己。过了半个世纪以后，我们再看这本书，有些内容也是我们刚刚开始搞。从这本书中，可以看出钱老对整个航天技术的发展及各个领域的设计都已经想到了。钱老去世以后，我们再来看，对钱老作为我们导师、给我们传授知识，更加敬仰。当然也很惭愧，这么多年没有进一步学习，剩下来就是敬仰。钱老真是我们的航天之父。在他给我们讲的课里面，对飞船、飞船内部结构、船舱设计、氧和水分怎么供应，如何长时间在飞船里面生活都有涉及。用钱老的话说是生态学系统，1961 年给我们讲课的时候，这些概念都提出来了。当回收“天宫一号”遇到大气里面的气动防热问题的时候还没有展开工程应用，但是钱老都早已给我们提到了。

我是 1964 年大学毕业以后就分在中国科学院，一开始分在工程热力所，很快热力所就跟力学所合并了。毛主席在 1958 年指示我们要搞人造卫星。由我们科学院的赵九章、钱学森具体领导。后来困难时期工作又暂缓了。在1965年的时候，觉得搞人造卫星条件是具备的，所以当时就是我们在力学所的一些人启动了651工程，我参加了651工程。后来这个队伍从力学所分出来成立了651设计院，相当于卫星的总体所，当时我在小组里面就从事卫星的设计。

卫星设计工作，应该说谈不上钱老的很多事情，因为当时我就是一个普通的研究人员，还轮不到我参加，但是还是听到“东方红一号”里面的一些事情。当时钱老很关心卫星设计。中国科学院有一个星际事务局直接领导651设计院从事卫星的总体、卫星的结构、卫星的热控、卫星的无线电方面的工作，在确定“东方红一号”的设计方案时，感觉国家很重视，钱老当时应该是在国防科委，聂荣臻元帅是主任，组织这方面的工作。后来我参加第一颗回收试验卫星的研制，就是“尖兵一号”，实际上是一个侦察卫星。1974年卫星研制基本完成。第一次发射大约是1974年9月份，我没参加，那个时候我已经调到上海的航天系统。

我还想说一个事，就是关于中国科技大学的成立。中国科学技术大学的成立是钱学森等一批科学家给中央提出的建议。我是道听途说的，不是很准确，给你们作参考。当时我们国家，包括毛主席说，我们要搞人造卫星。钱学森那个时候回来，成立了老五院。还有一个是1956年，当时钱老对我们国家的国防科学事业怎么发展，向党中央、毛主席建议。提出过他们这些科学家感到一个很迫切要做的事情，就是要培养国防科技方面的人才。他们建议成立一所大学，为我们国家的国防科学技术培养工程师。1958 年，中央决定成立中国科学技术大学。

这个学校从决定成立到招生只有几个月的时间。1958 年紧急招收了一批学生，第二年就是高考招生，我是第二年入学的。这个学校的办学目标就是培养工程师，包括自动化、控制、力学、原子核、化学物理、地球物理、无线电等各个领域。当时力学系的系主任就是钱学森，地球物理的系主任是赵九章，包括王淦昌、陆元九、钱三强等等这些科学家都担任了相关系的系主任。当时为什么这么多科学家都愿意来任教呢?就是当时的目标很清楚，为我们国家的国防科学技术培养工程师。所以中国科学技术大学这个学校应该说从它的酝酿、诞生到后来的讲课，培养我们这些人应该是这一批老科学家的心血。就是要铭记这些老科学家对我们国家培养人才的贡献。

前两年我碰到了何大苗老师，他也是力学出身。老师已经 85 岁的高龄，他二十几岁从美国回国。他回顾自己一辈子做了几件事，不管在科学技术上做过多少事，他觉得他这一辈子最高兴的一件事就是在科学技术大学讲了几门课，教了那么多学生。这是一个老师的想法。从我们作为学生来说，就是铭记这些老师对我们培养付出的心血。这里老师很多，最后到了力学系，钱学森是近代力学系的主任，听他讲了一学期的课，从听课的角度来说，是他的学生，但是从做人、做贡献来说，还没有资格做他的学生。只能说在他的影响下学了一些思想和方法，那时候就听说钱老回国前在美国的遭遇，我们非常钦佩、崇拜他。你想他把在美国那么多东西都抛掉，在美国几乎就是被监禁。回国之后给国家出主意，给党中央提建议，对下面又培养我们这些学生。我们这些学生个人情况不一样，工作不一样，但都不会忘记钱老给我们的教诲。

五、教育子女：身教重于言教

钱学森是如何教育子女的？很多人对此十分感兴趣。实际上，由于他和蒋英工作都很忙，顾不上把太多的精力放在教育子女上。钱永刚20多岁的时候，曾经问过母亲："你和爸爸好像从来都没有管过我们兄妹？"而妈妈的一句话让他至今难忘，妈妈说："你不是很聪明吗？你不是会看吗？"

事实上，钱学森、蒋英夫妇很重视培养他们的儿子钱永刚、女儿钱永真的读书爱好。从美国回国的时候，尽管行李很多，但还是给他们兄妹俩带回很多精美的图书，尤其是科普读物。刚回国时，兄妹俩英语讲得很流利，但汉语却比较生疏。钱学森夫妇就用带回来的那些英文版的图书用汉语给他们讲解，这对他们回国后最初几年从生活习惯到语言转变，起到了重要作用。

钱永刚在小学二年级时，就读了不少课外读物，有时甚至抱着大部头小说看，看不懂也硬看。有一次蒋英去学校参加家长会，老师对蒋英说："您家孩子懂的事情比其他同学多，显然是因为他读的书多。有一天，我看到永刚的书包鼓鼓囊囊，就问他，书包里都装着什么？他翻出来给我看，原来装着苏联儿童文学作家盖达尔的小说《丘克和盖克》。如果您家庭条件允许的话，可以随着他的心愿让他多买一些书，他喜欢读书。"蒋英听了非常高兴，回家后对钱永刚说："老师表扬你了。"钱永刚问妈妈："我的学习成绩虽然不错，但也不是班里最拔尖的，老师表扬我什么？"蒋英说："老师表扬你爱读书，爸爸妈妈一定支持你多读书。"

此后，钱永刚向爸爸妈妈要零花钱，一要就给，有时 10 元，有时 15 元，他们从来不问要钱买什么。他们知道，儿子一不去看电影，二不去买零食，倒是看到他床头上、书架上各种图书一天天多起来，不但有小人书，还有一些科学幻想和大部头的小说。当时，许多同学家里经济条件不太好，没有钱买那么多书，就向钱永刚借书看。20 世纪 60 年代初，第一版一套 8 册的《十万个为什么》陆续出版，钱永刚买了一套。对此，钱学森看在眼里，记在心上。暑假期间，他对儿子说："你一天看 40 页，有不明白的就攒着，我有空你问我。"钱永刚像士兵得到首长的命令一样天天埋头苦读。头一天看 40 页还挺紧张，因为毕竟不是小说，一天要读十几、二十几个"为什么"，看懂还真不容易。他硬着头皮往下看，看不懂的地方就做个标记。平日钱学森也不检查，到周末难得有点时间，他会问儿子："有什么问题吗？"钱永刚赶紧把做了标记的问题提出来，钱学森总是深入浅出地为儿子讲解。

钱永刚读初中一年级时，班主任老师把他叫到办公室，指着他的成绩单严肃地说："看看你的成绩单，有什么问题？"钱永刚把成绩单翻来覆去地看，全是 4 分和 5 分，心想没有什么问题呀。老师这时候才开导他说："看不出问题，这就是你的问题——对自己要求不高。像你这个条件，应该消灭 4 分，全拿 5 分。"

吃晚饭的时候，他跟爸爸说起这个事，钱学森听后一句话没说，呵呵一乐，回自己房间去了。钱永刚以为父亲赞同老师的话，让他加把劲，期末全考5分。此后，他对课业不敢懈怠，集中精力听讲，认真完成作业，老师让读的读，让背的背。那年期末考试钱永刚真的全拿了5分。没想到他高高兴兴地把自己的“业绩”报告给父亲后，父亲不但没有表扬他，反而淡淡地说：“其实也没有必要一定全考5分。”钱永刚顿时悟出，父亲并不赞成孩子为了分数“死读书”。

20世纪50年代末，像钱学森这样的家庭已经有了电视机，北京电视台（中央电视台前身）开始播放黑白电视节目。对于有电视机的人家来说，看电视已经是每天业余时间的主要娱乐内容了。而钱学森家里的电视机却只在有限的时间里打开。钱学森、蒋英绝不让他们无休止地看电视，他们夫妇二人带头，把宝贵的时间用在读书、学习和思考上。钱永刚回忆：“我们读小学、中学的时候，放学回家确实想打开电视机看一会。虽然父亲从来不说‘你电视少看点，多看看书’这样的话，但是看到他在书房里静静地坐在书桌前看书，特别是大夏天，那时候没有空调，父亲穿着背心，不时拿起书桌角上的毛巾擦擦汗，一会儿又抄起蒲扇扇几下，我们想看电视的念头顿时全打消了。他这种对于知识的追求，对我们兄妹俩是无声的鞭策。”

钱永刚常说：“我很庆幸能够有条件去读那些不需要我明确有什么功利目的的书，我不管它将来有什么用，觉得有意思我就买、就读。一切凭兴趣，读就读了，不管它有什么用。爸爸妈妈都认为学问是一种积累，要持之以恒，不能功利，不能着急，积累到一定份儿上，你不想让它起作用都不成。我父亲就是这么学成的。他不是天才，从没有跳过级。一年一年的书读下来，直到念博士，所有的积累终于将他的创造性彻底打开。”

钱学森晚年时，有一次和钱永刚聊天很感慨地说：“你小的时候我工作特别忙，就顾不上你了。如果我们一个星期就让你做一道题，不论数学、物理还是化学，相信到你高中毕业时，全国的大学任你挑。”尽管这样，钱永刚还是凭自己的努力考取了全国著名的国防科技大学学习计算机专业，毕业后被分配到一个国防科研单位工作。几十年来，无论是工作中还是业余时间，他一直保持着对书的执着喜爱。家里整理物品时，其他可要可不要的东西有不少作为废品卖了，但他就是不卖书。一切的一切都是钱学森对子女言传身教的结果，钱老不但严格要求自己的学生、下属，而且对子女也身教重于言教，从小处着手，大处着眼。

第三章 公民身份 建言献策

一、钱老选集 纵谈教育

建国百年之际中国必然强盛

《钱学森文集》[1] 卷五

同学们：我先给大家背诵孙髯翁撰写的云南昆明大观楼著名长联，上联："五百里滇池奔来眼底，披襟岸帻，喜茫茫空阔无边。看，东骧神骏，西翥灵仪，北走蜿蜒，南翔缟素。高人韵士，何妨选胜登临。趁蟹屿螺洲，梳裹就风鬟雾鬓；更苹天苇地，点缀些翠羽丹霞。莫辜负四围香稻，万顷晴沙，九夏芙蓉，三春杨柳。"下联："数千年往事注到心头，把酒凌虚，叹滚滚英雄谁在？想，汉习楼船，唐标铁柱，宋挥玉斧，元跨革囊。伟烈丰功，费尽移山心力。尽珠帘画栋，卷不及暮雨朝云；便断碣残碑，都付与苍烟落照。只赢得几杵疏钟、半江渔火，两行秋雁，一枕清霜。"大家知道，上联是说昆明湖的风景和周围的山水的秀美，下联是说作者这个知识分子纵观中国近两千年的历史，没有看出什么出路；他头发都白了，没有看

① 钱学森著：《钱学森文集》，上海交通大学出版社 2011 年版。

到希望。

这副长联很形象地描述了明末清初知识分子的心情。他们看到的只是帝王将相上台、下台这一套，而人民的苦难照旧。中国有什么出路呀？这是中国几千年来历史的总结。清末，实行资产阶级改良主义的君主立宪，戊戌维新，结果失败了。后来，辛亥革命想搞一个资产阶级的民主制度，又不可行。这时简单地学资本主义的老一套是不行了。所以到了“五四”运动便提出了民主与科学。德先生、赛先生没有错，问题是你怎么领导国家走向Democracy and Science？没有很好的办法，所以还是在探索。后来，军阀割据，弄得一团糟。到了“卢沟桥事变”，日本人来了，要让我们当亡国奴，中国人受尽了苦难。

那个时候，我虽是个青年学生，但有一条是清楚的，不能当亡国奴。日本人搞了一个“满洲国”。他们在北京抓了一批学生，问：“你是中国人还是‘满洲国’人？说是中国人的站在这头，说是‘满洲国’人的站在那头。”旁边是拿着枪的日本兵，学生们都知道这是怎么一回事，但被抓的中国学生都说：“我是中国人！”结果这一批学生全部牺牲了。

不当亡国奴，要前进。那时中国共产党已经成立了。我们当学生的，就相信鲁迅先生。鲁迅先生是拥护中国共产党的，我们也拥护中国共产党。因为鲁迅教育我们中国的出路只有共产党这一条，没有其他的出路。鲁迅先生是总结了历史的教训后得出这个结论来的。五六年前，北京一个大学有几个学生嚷嚷说，“为什么不能试试资本主义？”过了一年多，我去这个学校，找到了这位同学。我问他：“还试不试资本主义？”他说：“不试了。”我说：“为什么不试了？”他说：“我们以前不知道中国这几百年走的是什么一条道。后来学校开课了，教了近代史，才知道资本主义这条路在中国走不通，早就试过了，不行啊！”

中国近代300多年的历史证明不可能有其他的道路。只有一条道路，这就是马克思列宁主义的科学社会主义道路。从明末到1921年中国共产党成立时，就是300多年了。中国用了300多年，才从我前面提到的那副长联中所描写的没有一点出路、没有一点希望的悲观状态中走了出来，终于找到了自己的出路。

在共产党的领导下，全国人民团结起来为建设社会主义而奋斗。现在的问题是怎么建设我们的社会主义。我们不仅要看到现在的20世纪80年代，还要看到本世纪末。这还不够。因为到了2000年我们的人均生产总值还落后于世界上发达国家，要到21世纪中叶才行。从现在算起还有六七十年。我是个老人了，看不到了，希望诸位能够看到。我们要争取有个和平建设时期，抓紧这个机会，把我们的社会主义建设搞上去，到了建立新中国100周年（2049年）的时候，国家的人均产值能够接近那时的世界先进水平。大家可别忘了，这是10亿人口的中国人的水平，那时候，我们中华人民共和国就无敌于天下。

要达到这个目的，具体应怎么个做法？问题很多。我觉得首先不能脱离现实看问题，中国有那么长的封建社会的历史，100多年半封建半殖民地社会的历史，由此造成了经济非常落后，经济落后又影响了人们的思想意识。文化水平不高，限制了认识和改造客观世界的能力。举个例子，温州生产发展很好，农民富裕有钱。有了钱应该扩大再生产，但是温州的农民首先盖房子，还把房子后山上的坟也修好了。修的规模还是富丽堂皇的。他们还不会独立思考，干什么都怕人家说，红白喜事摆场面，结果闹亏空。中国社会就是这么一个社会。

这是历史原因造成的。你别怨天尤人。你要改变这些东西，你必须改变背后影响它的、造成它的原因。

我必须说，我们国家领导人制定的方针是合乎客观实际情况的。走社会主义道路，坚持四项基本原则，这是历史的必然。同学们无论在攻读什么学位，对这两个大问题一定要搞清楚，这是大的方针原则。

以上讲的是第一个问题，让我们大家认清方向。

第二个问题讲讲为什么要用马克思主义的哲学来指导工作。在座的搞科学技术的占多数。当今科学技术对世界影响是非常大的。目前科学技术的发展比以前要大得多。到 21 世纪科学技术将是主宰社会发展的一个最核心的力量。所谓智力战，就是你要比别人聪明，或者说你改造客观世界的能力要比另外一个国家强。你比别人弱，那你就完。

中国人是很聪明的，真正是拼命干的。这一点诸位别泄气，咱们是行的，咱们要有这个志气。

我觉得用正确的哲学来指导科学技术工作非常重要。你是唯心论，还是唯物论？是机械唯物论，还是辩证唯物论？这个关系重大。这方面我有亲身体会。我从前在美国没有机会学习马克思主义哲学，只是在发现自己不大对头时赶快改，改得愈快愈好，愈有利。愈固执己见愈糟糕，这也算是钱学森研究工作的心得吧！当时自己觉得还不错，我还有其他几条心得呢！可是后来回到祖国以后，有条件真正学习马克思主义哲学了，才恍然大悟，我那一些所谓的心得没有啥，马克思、恩格斯、列宁早就讲过了，我的心得也就如大海当中的几个小水泡。真正的大海是马克思主义哲学。

我从前也跟很多年轻同志讲这个问题。但是看来，我没有说服人。我想他们有的人心里想，资本主义国家没有马克思主义哲学来指导，科学技术不是也搞得很好吗？这个也可以说是事实，没有错。但我还有一句：你为什么不试一试？你真是要能活学活用马克思主义哲学的话，那就会使你如虎添翼。你不是本事很大吗？再长上两个翅膀，不更好吗？另外，有意思的是，资本主义国家许多有名的科学家，有的得了诺贝尔奖，在他的工作中，实际上是用了马克思主义哲学的，不过他自己还不知道就是了。现在是信息社会，我们必须掌握和运用正确的观点和方法，注意科学发展的道路和方向，抓住主要问题。这是最重要的事。把重要的问题扔了，去捡些芝麻，是不行的。

在座的同志千万要注意上面讲的这两个问题。这是科学技术工作里非常重要的事。你们都在第一线，接触的东西比我多得多。你们应该多想想，如何使我们国家在总的方针政策指导下，科学技术搞得比同我们竞赛的国家高一筹。让我们共同为祖国科技出力！

智慧与马克思主义哲学[①]

关于人的智慧与马克思主义哲学之间的关系问题，近来我在几个场合提到过，但都没有展开谈。在这篇短文里，想更仔

---

① “钱学敏谈钱学森”，载于中国航天系统科学与工程研究院：《口述钱学森工程》。

细地讲讲我的体会，以求教于同志们。

我常常向中青年科学技术工作者宣传学习并运用马克思主义哲学的重要性。可是效果不那么好，和者甚寡。我想，听者大概在想：资本主义国家的科学技术不是很先进吗，他们并不用马克思主义哲学啊！我没有说服人，所以要继续努力，在这里讲讲我这个主张：要有智慧，就必须懂得并会运用马克思主义哲学去观察分析客观世界的事物。

（一）

首先要说明什么叫智慧。我们常常说这个孩子聪明，那个青年机灵。但聪明和机灵是说对客观世界的事物反应比较快，比较敏捷，那是指对一般日常事务而言，比如学生学习中的课堂提问等。这种智能是有方法培养锻炼的，例如国外有许多广告，宣传什么“三个月讲一门外语”、“包教包会”等等。国内也有同志搞智力工程，还有“创造学会”这样的学术组织。天津有一家《智力》月刊，专门为培养青少年智能服务。我是赞成所有这些同志的努力的，年轻人要有这种智能教育；而我们今天的学校教育中，这方面的训练太少了。但我必须说，这类方法出不了智慧。智慧是人脑更高层次的活动，聪明、机灵，以及所谓智力、智能都是在低层次，低一个或几个层次。所以这些同志的工作是有益的，但还远不能用以敲开智慧的大门。

为什么这样讲？中国有句老话：“大智若愚”嘛，真正有智慧的人，看上去好像还有点迟钝！这是因为他用智慧去考虑深邃的问题，对一般问题反而不感兴趣，不愿去花心思。另外，现在“高技术”工作中一项重要课题是人工智能和智能机，但谁也不会把2000年能搞出来的人工智能和智能机同人的智慧等价，那是有很大区别的。因此英国的一家期刊《New Scientist》在去年出的一期上挖苦说：“人们都在讲人工智能，怎么不说人工愚蠢！”

还有一点要说明的：智慧并不仅仅是有知识，正如不久前苗作斌同志所说[①]，有丰富的知识是必要的。但也要说清楚，不是有了知识就自然而然地有智慧了。这里有一个运用知识的问题，中国从前就笑话那些“老学究”，说明有知识不会用，也不能达到智慧。在今天电子计算机检索的信息资料库时代，更可以说清这个区别，信息资料库所存储的知识比任何人所能知道的都多千倍、万倍、亿倍，但信息资料库本身并没有智慧，甚至连比智慧在档次上低得多的智能都没有。当然，这也绝不是说电子计算机检索的信息资料系统没有用，一个有一定知识和智慧的人用了这种网络系统，就如虎添翼，能获得大量“激活”了的情报[②]，也就是有针对性的活知识，而这有针对性的活知识又是人的智慧的原始素材。

（二）

其实上面讲的也是老话了，我之所以重复地写在这里，是为了强调它们的正确性，说明我是赞同这些观点的。关于人的智慧的描述和议论还有很多，就如前面提到的那个《智力》月

① 苗作斌：“从‘知识就是力量’谈起”，《红旗》1986年第23期。

② 钱学森：《关于思维科学》，上海人民出版社1986年版。

刊，差不多每期开篇都是论述智力的论文，也常常说到智慧[①]。但我认为这些宏论说来说去，都是旁敲侧击，没有能够真正从智慧的本质上去探讨培养智慧的切实可行而又有效的途径。

怎么解答这个问题？第一步应该解答的是用什么立场？是唯心主义吗？智慧是天生的吗？如果是天生的话，那小娃娃就能有智慧了，这在历史上还没有记载。智慧是神授的？天上掉下来的？我们也不信这种鬼话。剩下来唯一的可能就是唯物主义了，而且是辩证唯物主义。人的主观可以通过实践去认识客观世界，认识了的，人又可以主观能动地用以影响、改造客观世界。这是我们的立场。

第二步要解答的是用什么观点？我在这里建议，用系统科学这个现代化的观点。就是说智慧作为现象，不可能是孤立于一切之外的，它也一定是与其他事物有关联的。前面讲了人能认识客观世界的规律，然后用这种知识去影响和改造客观世界。而且在上一节我们已经提到智慧要靠知识，特别是活的而不是死的知识。所以我们应该考虑智慧与知识的体系，或系统化了的、有结构的人类知识之间的关系。这样就把问题推向什么是系统化了的、有结构的人类知识。对这后一个问题正好现在已经有了答案，就是现代科学技术的体系，当然这是我的答案，还远不是什么定案。关于现代科学技术体系的问题我已写过几篇东西[②]，在这里仅就它联系到智慧的这一个题目，简略说一说。

---

① 俞国良："智慧比知识更有力量"，《智力》1986 年第 10 期。

② 钱学森："科学学、科学技术体系学、马克思主义哲学"，《哲学研究》1979 年第 1 期。

这里讲的现代科学技术体系有两个特征：一是它以马克思主义哲学为最高概括，也就是说，体系中所有的学科、理论都要以马克思主义哲学为指导，不能违背马克思主义哲学的原理。但马克思主义哲学又不是一成不变的教条，体系中所有学科、理论的发展，即科学技术的成果，又要用来丰富、深化和发展马克思主义哲学。第二个特征是这样的结构就把一些知识性的、经验性的东西放在体系之外了，因为这些东西与整个体系的联系还说不清。此外，资产阶级的社会科学等当然也在体系之外，这是由于其指导思想的不同。所以我们的体系本身并不是孤立的，而是处于暂时还进入不了体系的知识海洋之中的。不但不孤立，而且体系和体系外还要有不断的交往，我们要重视研究体系外的知识，经过整理和鉴别，有的还要随时吸收到体系中来，以充实和发展这个体系。所以这个体系的第一个特征是开放、不断生长发展。

这个现代科学技术体系的结构是在最高概括的马克思主义哲学下、分若干个大的学科部门，暂时有 9 个大部门；每个部门又有 3 个层次：一个基础理论学科层次，一个应用理论学科层次和一层应用业务性或工程技术层次。

每一个大部门也有它自己的哲学概括，可以说成是这一部门过渡到马克思主义哲学这个殿堂的桥梁；这些部门的概括也可以认为是马克思主义哲学的基石。这 9 大部门及其哲学概括是自然科学和自然辩证法，社会科学和历史唯物主义，数学科学和数学哲学（元数学），系统科学和系统论（不是所谓“一般系统论”，也不是所谓“老三论”、“新三论”），思维科学和认识论，人体科学和人天观，军事科学和军事哲学，行为科学和社会论（暂用词），以及文艺理论和马克思主义美学。文艺理论这个大部门看来只有一个基础理论学科层次，因为文学艺术的创作属艺术和技巧，不算是科学。

以上所说的科学技术体系，包括了人类现在所认识到的客观世界规律的全部精华，它就是智慧的源泉，而这个科学技术体系的最高概括——马克思主义哲学难道还不是人类智慧的结晶吗？我还可以举出许许多多例证，就是在资本主义国家的伟大科学家，他们的成就都在于他们不自觉地、或多或少地运用了马克思主义哲学的原理。我也可以举出许许多多例证，当这些科学家和学者碰壁闹笑话的时候，也就在于他们违背了马克思主义哲学的原理。在我们国家过去和今天也有同志讲错话，做错事，其中不少也是因为他们离开了马克思主义哲学的原理。因此结论是：要有智慧就必须懂得并会运用马克思主义哲学去观察分析客观世界的事物。这样我们就重新肯定了哲学的涵义：智慧的学问，但更明确了，必须是马克思主义哲学。

（三）

这样也就明确了，如何去培养提高青年的智慧，古人千百年不能解答的问题，现在可以解答了：除了现在已经在做的对学生的智力教育、智力竞赛测验这些必要的低层次的、普遍的工作之外，还要从高中开始进行马克思主义哲学的教育；在高等院校除了深化马克思主义哲学的教育外，还要讲现代科学技术体系，使学生开阔眼界，能高瞻远瞩，也就能更好地领悟马克思主义哲学。要把这方面的教学放到打基础的重要位置上，并以此来改革现在的马列主义教学。

我以前估算过，到2000年，我国初中以上的在校学生将达4 000万人[①]，再添1 000万人继续教育的对象，一共5 000万个学生要接受马克思主义哲学和现代科学技术体系的教育。如果每200名学生有一位这方面的老师，那也要有25万名老师。不小的教学队伍啊！当然还有教学计划和教材问题，必须早日动手搞。

我以为，如果我们能大致按上述的建议去培养青年，那我们就比西方国家的那套什么人文科学教学制度高明得多。

最后在结束这篇短文时，我还要说，一个有智慧的人，是懂得大道理的人，是有社会主义和共产主义理想的人，因而也是一个有道德的人。也因为他懂得大道理，“事理看破胆气壮”，他也一定勇于改革创新，不怕艰难挫折，他不会去贪图安逸，更不会去同流合污；他懂得“平楚日和憎健翮，小山香满蔽高岑”。

二、再谈科普　科技桥梁

科普是理解科技的桥梁[②]

——钱学森谈科普

提起钱学森，许多人都知道他是一位大科学家，对我国的火箭、导弹和航天事业，甚至整个科学技术事业都做出过杰出

① 钱学森：“关于教育科学的基础理论”，《华东师范大学学报》1984年第4期。

② 原载于《科技新时代》（Popular Science）1997年第1期，总第13期。

贡献。但是，说到钱学森还积极倡导科学普及事业，并亲自做科普工作的事，知道的人恐怕就不多了。

论文要加一个副篇——让外行人读懂

钱学森多次强调，做好科普工作并不那么简单。科技人员要把一个专业化的问题向外行人讲清楚并不容易。

钱老说："我在美国那么长时间，知道他们那里没有这个本事不行。美国的科研人员要争取基金会的经费支持，就要参加董事会的会议，向董事们做 10 到 15 分钟的讲解，在限定的时间里把要报告的事情讲清楚，否则就得不到经费。这就是一个社会要求，也是一种压力。所以在美国，中学里就有辩论会，培养人的口才。"

钱老举了一个怎么让不懂的人懂的例子：他在美国加州理工学院研究超声波问题的时候，有一次，系里来了一位官员，是美国国会议员，管这方面事的，问超声速是怎么回事啊。他的老师冯·卡门是很会作科普宣传的，先不说什么，把国会议员带到澡盆边，放上水，用手在水面上划。划得很慢很慢，水波就散开了，于是告诉议员这是因为手划得比水波慢，这就像亚声速；又划得很快，水波就成尖形两边散开，这就像超声速。这位国会议员说懂了，其实也没完全懂，只是这个意思大致上明白了。

"我回国后发现中国的科技人员这方面的能力比较差，往往是讲了十几分钟还没到正题、扯得老远，有些简直就让人听不懂，不会用形象、通俗易懂的语言表达好专业科学知识。从前我问过一些听科学报告的党政干部，他们就常常说没听懂，他们欢迎我去讲，说听我讲能懂得差不多。我回到祖国接受搞导弹的任务后，在积水潭总政文工团的排演厅作报告，讲高速飞行问题，当时陈赓大将和许多高级将领都在座。讲完以后有一个人对我说，这次算听懂一点了。"

"要求科技工作者对不在行、不懂的人介绍你的工作，我觉得是很需要的。但是许多很有学问的人为什么做不好呢？一般说是口才问题，实际上是不会用非本行人的思维逻辑和通俗易懂的比喻，不会用形象的语言来表达你要说的科技问题。"

"前几年有这样一件事，豆科植物的根部有固氮的根瘤菌，有个人想把它移植到其他植物上，像麦子什么的，这对粮食增产有很大的作用。他搞出了成果，写信告诉我某日某时电台要广播，我特意听了，结果是一点儿也没讲清楚怎么回事，让人听了莫名其妙，这就是个问题。你至少要让人家听懂百分之七八十吧！"

"我们国家重视出成果是对的，但还要重视培养科技人员三言两语讲清问题的能力，要培养这样的人。我一直在宣传这个观点，还曾给西北工业大学提过一个具体建议：对学位论文，不管是研究生也好，博士生也好，所有的论文都要加一个副篇，这个副篇就是要对一个不在行的人讲清你的题目。可惜我的建议没被采纳。"

"今天情况不同了，现在我们建设有中国特色的社会主义，发展社会主义市场经济，就不能还像计划经济时代那个样子，坐等科研拨款。科学工作要争取资金的支持，更需要科技人员具备这方面的才干。"

钱老说过，这件事跟记者也有关系，有些问题恐怕写文章的记者自己就没搞懂，这就不好办了。在美国有名的科学记者都有一套本事，他们是比较专业化的，认得一些科学家，写出来的东西比较准确，又能让你懂得差不多。

钱老说："早些时候电台每天早晨有个15分钟的《科技知识》节目，后来改为《科技与社会》，我是天天听这个节目的。1984年在人民大会堂开茶话会，纪念这个节目开办35周年，我去参加了。当时我说要在15分钟以内使你的听众有所收获才算成功，不要让他听了半天也不知道是怎么回事，那就没起到作用。"

建立科普学——对世界的认识才全面

钱学森曾指出，搞科普工作要利用一切手段，不要限于哪一个方面。我们把科普写作叫科普创作，科学文艺也是一个方面，此外像电影、电视、广播也非常重要。科技馆、博物馆都是重要的。还要注意利用一些新的技术手段。

钱老讲过一个故事：美国一个著名大学叫耶鲁大学，是私立的，靠资本家捐钱来办。20世纪70年代初，学校要盖一座附设于图书馆的塔楼，用以展览名画、名作品。他们学校有建筑系，蓝图都设计好了，但哪一个财主肯花这个钱呢？学校琢磨怎样才能说动大财主的心，让他掏钱。校长认为必须有个办法，使财主高兴了，才会给你掏钱。他把各系的人找来商量，有人提了个意见，说你要生动地介绍这个塔楼盖好以后的校园景色。

为此，搞计算机的教授建议用电子计算机做一个电影。电影的脚本是说这个财主进了校园，一看，唔，校园里还有一座塔式的大高楼，其他的建筑还是老样子。于是他慢慢走到塔楼门口，进去了，一层层地上去，每上一层看看校园景色，最后到了最高层，往下一看，啊！这校园的风景真美呀！校长说这主意好，就这么干。后来电影出来了，完全是电子计算机做的，资本家没参加拍摄，但他的形象却栩栩如生。结果，这招儿灵极了，大财主一看很高兴，这捐款就成功了。

“这是 70 年代末的故事。现在电子计算机发展得更快了，出现了信息网络、多媒体、灵境（Virtual Reality）等新花样，应用更广泛了。”钱老说。

“我再讲个故事，有一家飞机公司，设计一架新飞机，设计好了，有人提意见说这飞机的尾巴高了一点，纽约的机场，从乘客上飞机到上跑道的过程中，飞机要经过几处上面有梁的地方，尾巴高了可能碰上。那怎么办呢？这很好办。把数据输入到计算机里，在计算机里做出这个飞机，让它按这条路走一趟，看碰不碰。不碰，设计就通过了。现在大汽车公司设计汽车，都是把数据输入计算机，由电子计算机画出最后的工艺设计图纸来。

用电子计算机来做科教电影电视，这是一个新发展。搞科普的人要学会运用这些新的技术手段。”

钱老提出：科普工作有没有普遍的规律可遵循，可不可以建立一门科普学？

“我是赞成建立科普学的，我认为科普学实际上是科学学的一部分。科学学是研究人在社会里的科学技术活动规律的，科普学是科学技术活动的一个方面，所以科普学应该是科学学的一个组成部分。科学学实际上是社会科学，不是自然科学，因为它是讲人在社会里进行的科学技术活动，是社会活动，所以我认为科普学性质上也是社会科学，像经济学似的。”“科学学总的是用马克思主义哲学来指导，具体地讲是刚才说的桥梁，是用历史唯物主义来指导。现在我们来研究这门学问首先从历史开始，先要搜集历史资料，这是很重要的。资本主义兴起以后才重视科普，所以主要是研究资本主义社会的科普工作、发展的历史、具体的体制，以至于花多少钱等。这些都是要搜集的。

同时我们的眼光还可以放开些，需要大家去做工作，如果我们把眼界放开搜集历史资料，基本目的又很明确，再加上有马克思主义哲学、历史唯物主义的指导，我们就能成功。科普学的研究大概就是如此了，将来准可以搞好。”

钱老认为，研究学问，一个是目的，一个是指导思想，再一个是具体的历史资料和经验的综合。全过程都要用马克思主义哲学作指导。

三、科技创新　人才培养

最后一次系统谈话

——钱学森谈科技创新人才的培养问题[①]

今天找你们来，想和你们说说我近来思考的几个问题，即

① 涂元季，顾吉环，李明整理，载于《理论前沿科学》（季刊）2009 年 4 月第 3 卷。

人才培养问题。我想说的不是一般人才的培养问题，而是科技创新人才的培养问题。我认为这是我们国家长远发展的一个大问题。

今天，党和国家都很重视科技创新问题，投了不少钱搞什么"创新工程"、"创新计划"等，这是必要的。但我觉得更重要的是要具有创新思想的人才。问题在于，中国还没有一所大学能够按照培养科学技术发明创造人才的模式去办学，都是些人云亦云、一般化的，没有自己独特的创新东西，受封建思想的影响，一直是这个样子。我看这是中国当前的一个很大问题。

最近我读《参考消息》，看到上面讲美国加州理工学院的情况，使我想起我在美国加州理工学院所受的教育。

我是在上个世纪30年代去美国的，开始在麻省理工学院学习。麻省理工学院在当时也算是鼎鼎大名了，但我觉得没什么，一年就把硕士学位拿下了，成绩还拔尖。其实这一年并没学到什么创新的东西，很一般化。后来我转到加州理工学院，一下子就感觉到它和麻省理工学院很不一样，创新的学风弥漫在整个校园，可以说，整个学校的一个精神就是创新。在这里你必须想别人没有想到的东西、说别人没有说过的话。拔尖的人才很多，我得和他们竞赛，才能跑在前沿。这里的创新还不能是一般的，迈小步可不行，你很快就会被别人超过。你所想的、做的，要比别人高出一大截才行。那里的学术气氛非常浓厚，学术讨论会十分活跃，互相启发，互相促进。我们现在倒好，一些技术和学术讨论会还互相保密，互相封锁，这不是发展科学的学风。你真的有本事，就不怕别人赶上来。我记得在一次学术讨论会上，我的老师冯·卡门讲了一个非常好的学术思想，美国人叫“good idea”，这在科学工作中是很重要的。有没有创新，首先就取决于你有没有一个“good idea”。所以马上就有人说：“卡门教授，你把这么好的思想都讲出来了，就不怕别人超过你？”冯·卡门说：“我不怕，等他赶上我这个想法，我又跑到前面老远去了。”所以我到加州理工学院，一下子脑子就开了窍，以前从来没想到的事，这里全讲到了，讲的内容都是科学发展最前沿的东西，让我大开眼界。

我本来是航空系的研究生，我的老师鼓励我学习各种有用的知识，我到物理系去听课，讲的是物理学的前沿，原子、原子核理论、核技术，连原子弹都提到了。生物系有摩根这个大权威，讲遗传学，我们中国的遗传学家谈家桢就是摩根的学生。化学系的课我也去听，化学系主任 L. 鲍林讲结构化学，也是化学的前沿。他在结构化学上的工作还获得了诺贝尔化学奖，以前我们科学院的院长卢嘉锡就在加州理工学院化学系进修过。L. 鲍林对于我这个航空系的研究生去听他的课、参加化学系的学术讨论会一点也不排斥，他比我大十几岁。我们后来成为好朋友。他晚年主张服用大剂量维生素的思想遭到生物医学界的普遍反对，但他仍坚持自己的观点，甚至整个医学界辩论不止。他自己就每天服用大剂量维生素，活到 93 岁。加州理工学院就有许多这样的大师、这样的怪人绝不随大流，敢于想别人不敢想的，做别人不敢做的。大家都说好的东西，在他看来很一般，没什么。没有这种精神，怎么会有创新！

加州理工学院给这些学者、教授们，也给年轻的学生、研究生们提供了充分的学术权利和民主氛围。不同的学派、不同的学术观点都可以充分发表。学生们也可以充分发表自己的不同学术见解，可以向权威们挑战。过去我曾讲过我在加州理工学院当研究生时和一些权威辩论的情况，其实这在加州理工学院是很平常的事。那时，我们这些搞应用力学的，就是用数学计算来解决工程上的复杂问题，所以人家又管我们叫应用数学家。可是数学系的那些搞纯粹数学的人偏偏瞧不起我们这些搞工程数学的。两个学派常常在一起辩论。有一次，数学系的权威在学校布告栏里贴出了一个海报，说他在什么时间什么地点讲理论数学，欢迎大家去听讲。我的老师冯·卡门一看，也马上贴出一个海报，说在同一时间他在什么地方讲工程数学，也欢迎大家去听。结果两个讲座都大受欢迎。这就是加州理工学院的学术风气，民主而又活跃。我们这些年轻人在这里学习真是大受教益，大开眼界。今天我们有哪一所大学能做到这样？大家见面都是客客气气，学术讨论活跃不起来。这怎么能够培养创新人才？更不用说大师级人才了！

有趣的是，加州理工学院还鼓励那些理工科学生提高艺术素养。我们火箭小组的头头马林纳就是一边研究火箭，一边学习绘画，他后来还成为西方的抽象派画家。我的老师冯·卡门听说我懂得绘画、音乐、摄影这些方面的学问，还被美国艺术和科学学会吸收为会员，他很高兴，说你有这些才华很重要，这方面你比我强。因为他小时候没有我那样的良好条件。我父亲钱均夫很懂得现代教育，他一方面让我学理工，走技术强国的路；另一方面又送我去学音乐、绘画这些艺术课，我从小不仅对科学感兴趣，也对艺术有兴趣，读过许多艺术理论方面的书，像普列汉诺夫的《艺术论》，我在上海交通大学念书时就读过了。这些艺术上的修养不仅加深了我对艺术作品中那些诗情画意和人生哲理的深刻理解，也学会了艺术上大跨度的宏观形象思维。我认为，这些东西对启迪一个人在科学上的创新是很重要的。科学上的创新光靠严密的逻辑思维不行，创新的思想往往开始于形象思维，从大跨度的联想中得到启迪，然后再用严密的逻辑加以验证。

像加州理工学院这样的学校，光是为中国就培养出许多著名科学家，钱伟长、谈家桢、郭永怀等等，都是加州理工学院出来的。郭永怀是很了不起的，但他去世得早，很多人不了解他。在加州理工学院，他也是冯·卡门的学生，很优秀。我们在一个办公室工作，常常在一起讨论问题。我发现他聪明极了。

你若跟他谈些一般性的问题，他不满意，总要追问一些深刻的概念。他毕业以后到康奈尔大学当教授。因为卡门的另一位高才生西尔斯在康奈尔大学组建航空研究院，他了解郭永怀，邀请他去那里工作，郭永怀回国后开始在力学所担任副所长，我们一起开创中国的力学事业。后来搞核武器的钱三强找我，说搞原子弹、氢弹需要一位搞力学的人参加，解决复杂的力学计算问题，开始他想请我去。我说现在中央已委托我搞导弹，事情很多，我没精力参加核武器的事了。但我可以推荐一个人，郭永怀。郭永怀后来担任九院副院长，专门负责爆炸力学等方面的计算问题。在我国原子弹、氢弹问题上他是立了大功的，可惜在一次出差中因飞机失事牺牲了。那个时候，就是这样一批有创新精神的人把中国的原子弹、氢弹、导弹、卫星搞起来的。

今天我们办学，一定要有加州理工学院那种科技创新精神，培养会动脑筋、具有非凡创造能力的人才。我回国这么多年，感到中国还没有一所这样的学校，都是些一般的，别人说过的才说，没说过的就不敢说，这样是培养不出顶尖帅才的。我们国家应该解决这个问题。你是不是真正的创新，就看是不是敢于研究别人没有研究过的科学前沿问题，而不是别人已经说过的东西我们知道，没有说过的东西我们就不知道。所谓优秀学生就是要有创新。没有创新，死记硬背，考试成绩再好也不是优秀学生。

我在加州理工学院接受的就是这样的教育，这是我感受最深的。回国以后，我觉得国家对我很重视，但是社会主义建设需要更多的钱学森，国家才会有大的发展。

我说了这么多，就是想告诉大家，我们要向加州理工学院学习，学习它的科学创新精神。我们中国学生到加州理工学院学习的，回国以后都发挥了很好的作用。所有在那儿学习过的人都受到它创新精神的熏陶，知道不创新不行。我们不能人云亦云，这不是科学精神，科学精神最重要的就是创新。

我今年已 90 多岁了，想到中国长远发展的事情，忧虑的就是这一点。

构建新世纪马克思主义哲学体系的伟大尝试

——“大成智慧学”①

20 世纪 80 年代以后，“马克思主义危机论”、“马克思主

① “钱学敏谈钱学森”，载于中国航天系统科学与工程研究院：《口述钱学森工程》。

义哲学无用论”甚嚣尘上，我搞了大半辈子的马克思主义哲学，也感到有些迷茫，所以才想改行来研究“钱学森”，写写他的故事。没想到这位大科学家晚年正倾心研究马克思主义哲学，想“要建立马克思主义哲学的体系，用以指导社会主义建设的伟大事业”，正缺帮手呐！

原来，钱老虽是搞科学技术出身，但他从年轻时代起就对哲学很感兴趣，读过不少中外哲学名著，回到祖国以后更是认真研读了不少马克思恩格斯的经典著作，有很好的哲学功底。他认为“辩证唯物主义”的基本原理是正确的，是马克思主义哲学的核心，它处于现代科学技术体系的最高层次，各门科学技术的发展都要以马克思主义哲学的辩证唯物主义为指导。而各门科学技术都有通向马克思主义哲学的桥梁，例如，自然科学的自然辩证法、社会科学的唯物史观、思维科学的认识论、建筑科学的建筑哲学等等，这些桥梁共同构筑成马克思主义哲学的内容和科学基础。

他还认为马克思主义哲学应是以人的社会实践为基础，扎根于科学技术中（包括前科学知识库中的一些思维、信息、经验、感受等等），并随着科学技术的发展而发展。他大胆提出，马克思主义哲学作为科学的世界观，它应是人类一切知识和实践的最高概括，是人类智慧的结晶。它不应是僵死的教条，要根据马克思之后一百多年来人类的知识和实践经验（包括几千年来中国传统文化的精华）来丰富和发展马克思主义哲学，“离经不叛道”。

回想一百多年前，马克思、恩格斯创立他们的哲学体系时，主要是批判地继承和发展了德国古典哲学家黑格尔的唯心主义辩证法和费尔巴哈的旧唯物论，从而形成了马克思的辩证唯物主义哲学。他们对当时科学技术的发展及其社会作用提到过，但关注的不是很多。

而钱老所倡导的马克思主义哲学的特质，就是把哲学与科学技术统一起来，使其具有鲜明的科学性与实践性。他的“大成智慧学”的核心“就在于微观与宏观相结合，整体（形象）思维与细部组装向整体（逻辑）思维合用；既不只谈哲学，也不只谈科学；而是把哲学和科学技术统一结合起来。哲学要指导科学，哲学也来自科学技术的提炼。这似乎是我们观点的要害：必集大成，才能得智慧！”

所以钱老的“大成智慧学”就是引导人们站得高，觉大势，有远见，以科学的哲学为指导，充分利用现代信息网络技术“集大成得智慧”，尽快获得聪明才智与创新能力的学问。

古往今来，无数大哲学家都想把自己的“哲学”说成是科学的、普适的“灵丹妙药”，结果都难灵验。看来，从工程技术走向技术科学，又走向社会科学，再去叩马克思主义哲学大门的大科学家钱学森的哲学体系——“大成智慧学”，才真正称得上是“科学的哲学”，它反映了我们时代精神的精华，可以说是对马克思主义哲学体系的丰富、发展与深化，将马克思主义哲学发展到了一个崭新的阶段，也是对新世纪科学的哲学体系建构与创新的伟大尝试。

用“大成智慧学”教育理念培育创新人才

——西安交通大学“钱学森实验班”人才培养模式的探索[①]

西安交通大学于2007年招收第一届钱学森实验班。创办钱学森实验班是为了遵循当代科学家钱学森提出的“集大成，得智慧”的教育理念，探索一种新的办学思想和培养人才的新模式，研究适应社会发展的教育教学方法。

一、钱学森实验班的教育理念

（一）大成智慧学教育理念[②]

著名科学家、教育家、交大校友钱学森学长提出“人类知识有一个科学技术的体系，这是系统化了的知识……”钱老提出的现代科学技术体系有11个部门，每一个部门又有三个层次。这11个部门通过对应的11座哲学桥梁，将科学提升到人类对于客观世界认识的最高概括——马克思主义哲学，它的核心是辩证唯物主义。随着历史的进展，这11个科学技术部门将与时俱进发生变化，有些部门也许重新整合，还会有新的部门产生，人类的知识体系随着人类对自然界和社会的认识而不断变化。

钱学森提出的知识体系体现了其“集大成得智慧”的教育理念。大成智慧的核心就是要打通各行各业各学科的界限，使

---

① 邱捷，杨鹏，王韫鹏：《中国大学教学》，高等教育出版社2009年版。

② 陈华新：《集大成，得智慧——钱学森谈教育》，上海交通大学出版社2007年版。

整个知识体系涉及的各科学技术部门相互渗透、学科交融、互补促进。体现在高等教育，就是要构建学科交叉、基础宽厚的知识体系和课程结构，培养的人才具有一定的系统集成能力，能够系统、综合地考虑问题、分析问题和解决问题。

“大成智慧学”强调以马克思主义的辩证唯物论为指导，在传统的教学模式中加入现代技术，充分利用计算机、信息技术、互联网技术，以人为本，人－机结合，有效地集古今中外有关信息、知识、智慧之大成，系统设计，团队协作，创造性地去解决各种复杂性问题。

（二）新的“通才”教育观

钱老提出人才培养的目标定位是“通才”。通才教育是全面实施素质教育的有效途径和方法，尤其是培养学生的整体素质。“科学家应该学点艺术，艺术家也应该学点科学”，在人才培养中“不但要理工结合，要理工加社会科学”，“只用专业知识教育人是不够的”，“他必须获得对美和道德上的‘善’的鲜明的辨别能力”，否则就不是一个和谐发展的人。

合理有效的知识结构由三个部分组成核心知识、辅助性知识和常识性知识。即知识结构应该是专博相济、专深博广的统一，钱老称其为“博的基础上专和专的基础上的博，博与专要相互配合”。

本科四年，时间有限，知识无限。因此，首先，要解决“通”到什么程度，什么是最根本的基础？最根本的基础应该是支撑多门学科的知识，掌握了它，就能起到触类旁通、继续拓展的作用，这也是核心知识。其次，要解决如何通过教学过程发掘学生潜质、培养学生的能力。这需要仔细研究教学方法、学习方法、考核方法和教学效果评价，认真设计教学环节和教学方案等。再次，要解决如何教导学生首先学会做人。为人师表、教书育人将体现在整个教育教学过程中，同时开展一些有利于学生身心健康的教学活动和社团活动，培养学生的综合能力。

二、钱学森实验班培养方案要点

（一）实验班培养模式

钱学森实验班的学生来自工科各专业，实行六年学制：三年通识教育，一年专业教育，两年研究生教育。通识教育期间不分专业，独立设班，以集中授课为主，选修为辅。实验班引入竞争机制：淘汰制与分流制。如果学生没有达到学校要求，或自愿四年本科毕业，不再继续深造，学生可以在前四个学期中的任一学期转出钱学森实验班，进入专业普通班学习，四年本科毕业，其余学生四年本科毕业后直接进入研究生培养阶段。

总学分 170 + 8，其中核心知识 100 学分（约占总学分 59%），实践性环节学时不少于总学时 25%，是学生必修或限选课程。辅助性知识 32 学分（19%），以社会科学、人文艺术为主，是学生必修或限选课程。常识性知识约 9 学分（5%），以讲座、选修课形式进行。集中实践及专业选修 29 学分（17%），进行专业教育。课外 8 学分，一、二年级暑期开展社会实践和科研活动。

（二）实验班培养目标

钱学森实验班将按照钱老的“大成智慧学”设计人才培养

目标，培养方案将体现学科交叉、基础宽厚的知识体系和课程结构，加强基础，重视实践，淡化专业，因材施教。注重培养学生理论分析和逻辑思维能力、应用现代技术辅助学习能力、初步的系统集成能力、实践能力和创新能力、守诚信和团队精神，使学生成为适应21世纪我国社会主义现代化建设，知识面宽、基础扎实、有思想、有品位、守诚信、团结协作的科学拔尖人才。

（三）用现代科学技术体系构建课程体系

自从1998年拓宽专业口径、调整专业设置的十年以来，课程设置已经得到前所未有的拓宽，并在一定程度上体现了学科交叉。但总体还是以专业培养的主线进行教学活动。钱学森实验班淡化专业，按钱老提出的科学技术部门，依托西安交大优势学科，以数学科学、自然科学、系统科学为主，按基础科学、技术科学和工程科学三个层次构建体系框架。课程按照核心知识、辅助性知识、常识性知识设置。其中，核心知识由数学科学、自然科学、系统科学构成，是学生今后在学科领域发展所应具备的核心知识，是本科必修课程。辅助知识由社会科学、人文艺术构成，课堂教学、社团活动、社会实践并重。它与核心知识唇齿相依，桴鼓相应，培养学生不同的思维方式，提高学生综合素质和文化品格，将人类优秀的文化成果内化为人的思想、人格、气质和修养。常识知识由现代科学技术体系的其他部门构成，以拓展学生知识面、激发学生探索科学的兴趣为目的，以讲座为主，课程为辅，动态进行。

课程设置遵循以下原则：（1）基础科学理论扎实，培养理论分析和逻辑思维的能力；（2）技术科学交叉宽厚，为系统综合处理问题打下坚实基础；（3）工程科学突出高新，实现“博”的基础上的“专”；（4）综合教育方式多样，养成良好品格，发展兴趣爱好，拓展知识空间，积极探索创新。

三、人才培养改革的几点思考

课程设置不在于名，在于课程体系；课程学时不在于多，在于课程内容；课程考核不在于频，在于测试能力。因此，降低学时、改进教学与考核方法、改进学习方式等是开办实验班最重要的目标之一。钱学森实验班设立专项经费，以立项的形式支持教师进行教改，每学期立项，一年结题，学生参与项目验收。

（一）人脑与电脑有机结合的教学方法

钱学森实验班充分利用现代信息技术，在课堂教学、学生作业，课堂研讨、课外实践等教育教学环节中，充分发挥和利用计算机、网络、各类软件的作用，变单一渠道为多种途径传授知识和获取知识，使教师和学生在教与学的过程中享受信息时代带给人类的好处，提高教学质量与学习效率。

如大学物理课程，特聘国家级教学名师奖获得者李元杰教授将传统教学与数学教学相结合，让学生自己编程，用计算机技术实现过去用手工无法解决的一些物理问题，不仅可以观察到物理现象和过程，而且可以非常方便地举一反三，甚至可以实现学生的猜想。我们将学生带有创意的作业整理成册，并在全校作展示。

如工程制图课程，要求学生应用计算机完成综合作业：

（1）根据装配图了解机构的作用和功能→对零件 3D 建模→模拟机构的装拆过程→用动画表示机构的工作原理→画出机构主要零件的零件图→对机构提出改进意见；（2）根据需求和功能构思设计机构→画出装配图→对零件 3D 建模→模拟机构的装拆过程→用动画表示机构的工作原理→画出机构主要零件的零件图。学生以小组为单位自选完成上述（1）和（2）中的一个任务，提交训练结果，写成研究报告，并制作 PPT 参加课程答辩。虽然学生花了大量的课外时间来完成作业，但收获很大。

这些课程的教改无疑对提高学生思维能力、应用计算机技术的能力、团队精神都有很大的促进作用。

（二）加强人文素质教育

人文素质教育是在多元文化、多样性思维方式的启迪下，使学生具备更宽的视野和超常规想象能力。钱学森实验班开设了《中国传统文化》、《哲学经典著作导读》、《中外文学名著选读》、《社会学理论与方法》、《艺术思维与方法》和《艺术欣赏与创作》等必修课。如，《艺术思维与方法》课程是由音乐、陶艺、建筑、书法、艺术设计等学科方向教师组成的教学组承担，从介绍这些门类的表观入手，启迪学生建立与工科严密逻辑思维不同的思维方式和学习方法，这门课结束后，学生可以任选两个方向进行艺术欣赏与创作活动。工科的学生对陶艺、建筑、音乐等方面的创作格外有兴趣，在没有专业训练的前提下，可以发掘他们艺术的潜能和艺术创作。

（三）改革学生的考核方式，加大平时综合考核

采取综合性实验、大作业、小型课题等多种形式考核学生

平时学习成绩，严格平时考核纪律，加大平时考核成绩比例，使学生在整个学习过程中始终保持旺盛的学习积极性和自主学习的兴趣。考核课堂内容的同时加大考核学生课外学习的内容，引导学生多查阅资料，有些作业（课题）必须通过查阅参考资料才能完成，有些作业（课题）需要团队合作才能完成，有些作业（课题）需要拓展知识才能完成等，锻炼和培养学生的学习能力。

如理论力学课程成绩由平时成绩与期末成绩构成，分别占总成绩的45%和55%。平时成绩中常规的作业与实验所占比例为15%。课外研究分为三大类12个题目，第一类为解析性题目，学生必须通过查阅资料、自学、推演方能得到结果；第二类要借助计算机技术，通过对理论的理解和编程解决一个工程问题；第三类是选做综合性实验。学生自由结组，每组至少选择4个题目。教师跟踪过程的始终，完全掌握每个学生的学习情况。这种考核方式既能反映学生掌握知识的程度，也能反映学生的综合能力。

（四）课外8学分

课外8学分是专门为学生第二课堂设置的学分，引导学生开展社会实践和科研活动，其中竞技类竞赛2学分，社会实践4学分，其他活动2学分，鼓励学生参加竞技类比赛，竞赛获奖得2学分，参赛未获奖得1学分。社会实践的目的是为了让学生尽早地认识社会，在实践中克服不良习惯，增强自主能力，培养健全的人格和社会责任感。社会实践在暑期进行，从第一学期开始，学生通过电话、网络、亲友推荐等各种方式，投递简历、联系单位。暑期实践1个月左右，开学后由学校组织答辩。这是一种非常好的沟通、表达、实践多方面能力的锻炼。《2007级钱学森实验班暑期社会实践感文集》反映了学生在各方面的收获：“一个月是漫长的，苦吃了不少，但它是有价值的，锻炼了我的意志力，懂得了每一行都有自己的艰辛”（劳动锻炼意志）；“进入工厂，发现自己还处于初级阶段，知道了工程技术中对掌握知识的要求是相当高的，要想快速准确地解决问题，需要强大的理论基础和实践经验作为后盾”（明确学习目的）；“我虽然是大学生、学历比较高，但是车间里每个人都是我的师傅，都比我有能耐，要尊敬他人，才能得到他人的尊敬，他们才会在我有问题的时候帮助我，以后到社会上也是同样的道理”（懂得尊敬他人）；“暑期实践让我接触到了一个从未踏足的领域，原来工人是这个样子，原来钱财如此来之不易，原来竞争与合作是这样完美地配合，原来汗水也可以让人如此感动，我懂得了尊重工人，懂得了父母工作的艰辛”（感恩父母和社会）；“6周的实践很快过去，这的确是人生中一次难得的经历，很多学到的东西在很长一段时间内也许会用不上，但那种感受却不会忘记，每位师傅都值得尊敬，每项工作都需要认真对待……”

钱学森实验班已经招收两届学生，很多课题还在探索实践中，但我们坚信：坚持按钱老提出的教育理念办学，5年、10年、20年后必定会显示其优势。实践已经证明钱学森大成智慧学思想具有非凡的远见性。

第三部分

做人的楷模

第一章　历尽千辛　精忠报国

一、人生顶峰　曲折回国

千难万阻　千辛归国

1949 年 10 月 6 日，新中国成立后的第一个中秋节。音乐袅袅，茶香飘飘，一轮明月把碎银般的柔光泼向大地。

钱学森夫妇与同在加州理工学院学习的罗沛霖、庄逢甘等十几位中国留学生一起，在校外的街心花园里聚会。“举头望明月，低头思故乡”，难抑的思乡之情随着夜色潜入了大家的心底。罗沛霖借机向大家介绍了新中国的情况，钱学森和同学们都有些激动，盘算着是该回去报效祖国了。不久，他看到了数学家华罗庚从美国抵达新中国时发表的一篇《告留美同学的公开信》，不禁为之动容：“1949 年的胜利，比一年前人们所预料的要大得多、快得多……朋友们，梁园虽好非久留之乡。为了抉择真理，我们应当回去；为了国家民族，我们应当回去；为了为人民服务，我们也应当回去。建立我们的工作基础，为了我们伟大祖国的建设和发展而奋斗！”

几天后，钱学森与罗沛霖相约，在 1950 年暑假时一起回国。当时，钱学森对新中国并不十分了解，手头也还有许多未完成的研究课题。但是，没容他动身，美国政府有关部门的人找上门来，阻止了他回国的脚步。是美国政府的卑劣行径大大挫伤了钱学森的自尊，彻底破灭了钱学森留居美国的幻想，也让钱学森实实在在地选择了新中国。

1950 年 6 月 6 日。四周一片阴霾，空气潮湿得很，仿佛用手能攥出水来。雷声把街上的忙人和闲人都提前赶回了家，路边高大的小叶杨拼命撑开枝叶迎接沐浴，把无光的天幕遮掩得更加昏暗。两个身穿深色风衣的联邦调查局探员，像幽灵一般进入了加州理工学院。

他们闯进了钱学森的办公室——当年冯·卡门位于古根海姆大楼二楼的办公室。他们巡视了那间大房间，办公桌上摆着好几本中文期刊，桌后的黑板上写满了他们看不懂的数学方程式，透过大玻璃窗，外面花园里小路清晰可见。联邦调查局想知道钱学森究竟是不是共产党员。

就在联邦调查局盘问钱学森的当天，加州理工学院收到了来自美国第六军团本部的秘密信函：自即日起不准许钱学森参与任何军方的机密计划；同时，钱学森参加机密研究的安全许可证被吊销了。要知道，钱学森作为古根海姆喷气推进中心主任和航空喷气公司顾问，他所从事的工作有 90% 与国家机密和军方有关，这等于无端剥夺了他的工作权利。而自 1942 年 12 月 1 日他拿到安全许可证以来，已经为美国军方工作长达 7 年多，被公认为功勋卓著。但是，仅仅一个“莫须有”，美国政府就怀疑他的忠诚，否认他的贡献，钱学森感觉他的人格遭受了不可忍受的侮辱，心灵受到了不可名状的打击，而且这样的伤害对他来说，已经是第二次了！

钱学森高傲的秉性，使他愤然决定离开美国回国。两周后，钱学森写了一份声明递给联邦当局，他表示，自己十余年来一直在为美国工作，特别是在第二次世界大战期间，自己对提升美国的科学研究水平有过不小的贡献。“而今，我成为一位受欢迎的客人的情境已不在了，一片怀疑的乌云扫过我的头上，因此，我所能做的事就是离开。”这份声明，钱学森也同时给了加州理工学院院长和教务长。他决定从加州理工学院辞职，回到中国去。

加州理工学院当然不希望失去一位年轻的大师级人物，院方多方奔走，为他在华盛顿安排听证会，要政府当局对“钱学森案”作一清楚的说明，并安排钱学森去见海军副部长金贝尔，向他说明情况，以便解除美国政府对他的怀疑。

1950 年 8 月 21 日，钱学森飞到华盛顿拜会金贝尔。金贝尔曾任航空喷气公司的执行副总裁及总经理，由于曾协助杜鲁门竞选总统有功，因而成为海军副部长。第二次世界大战期间，他曾深入了解钱学森的专业，认为他是美国最优秀的火箭专家之一。在金贝尔的办公室，钱学森将一切告诉了金贝尔，说到激动之处，眼泪夺眶而出。但是金贝尔似乎在忙别的事情，并没有认真听钱学森所说的话，还心不在焉地说：“加州理工学院会请你担任数学教授，那并不需要安全许可证。”敷衍了几句后，他就把钱学森打发走了。23 日，钱学森再次和金贝尔见面，他直截了当地告诉金贝尔，自己打算离开美国。这回金贝尔听明白了，他睁大眼睛很快地反应道：“你不能走，你太有价值了！”一直支持国民党政权的金贝尔，警告钱学森要三思而后行。

当天下午，钱学森便搭机返回洛杉矶。他一刻也没有犹豫，一边准备听证会，一边催促打包公司把已经装进8只大木箱的行李尽快装船托运回国。打包公司的老板塞克·史密斯回忆说："钱家准备运走的东西，就像是要永远搬离某地的人会做的事，其中包括一架大钢琴、家具、锅碗瓢盆、床、书、书桌、收音机组合、洗碗机等。从把所有家当都带走的情形来看，钱似乎不可能再回来。"

与钱学森一样，金贝尔也没有一刻犹豫。当钱学森一离开他的办公室，他便立刻打电话给司法部，警告说，从美国的最高利益出发，像钱学森这样具备高学识的人，绝对不可以让他离开美国。金贝尔凭着狗一样灵敏的嗅觉确信，新中国极想得到钱学森这位优秀的专家。

金贝尔的动作极快。钱学森乘坐的飞机刚在洛杉矶落地，一名移民局的调查员就已在那儿等他，钱学森一走出机舱，那位调查员就迎上去送给他一份文件，上面写着：政府禁止他离开美国。

本来，钱学森已经向加拿大太平洋航空公司预定了从温哥华飞往香港的机票，他的行李也准备装上8月29日从洛杉矶开往香港的美国"威尔逊总统号"邮船运送回国。

没有办法，钱学森只好取消了原定的机票，并召回让打包公司托运的行李。令他愤怒的是，美国海关竟然非法扣留了他的全部行李，理由耸人听闻：托运的行李中有800公斤涉及美国安全的机密文件！

一向谦和儒雅的钱学森忍无可忍、怒不可遏——这简直是欲加之罪何患无辞，欺人太甚！他清楚地记得，他的所有文字资料在打包之前，全部交给加州理工学院的领导米立肯检查过，而后又请帕萨迪纳地方检察官复验过，根本就没有什么机密！

1950 年 9 月 7 日，移民局的两个官员以“涉嫌携带机密文件出国罪”，来到钱学森家带走了他，把他拘禁在距洛杉矶几十公里外的一座小岛上。小岛叫特米那岛，岛上有一个移民局的拘留所，拘留的全是一些非法移民，其中大多数是刚偷渡入境就被捕了的墨西哥籍来美打工赚钱的人。他们被集中关押在有着一排排窄小床铺的大房间里。

钱学森被关进了单人间，看守人员把他当作囚犯，不许他和任何人谈话，对外的一切联系全部被掐断，他无法和朋友、同事联络，就连冯·卡门从欧洲打电话给钱学森，电话也未获准接通。他们对他进行了毫无人道的折磨和迫害，每天晚上每隔 15 分钟便跑来打开一次电灯，看看他在做什么，是否企图自杀，使他根本无法休息。透过加了铁栏杆的窗户，钱学森只能凭借洛杉矶隐隐约约的灯光证明自己还活在人间。

钱学森做梦也没有想到美国政府会给他这样的特殊“待遇”！他曾是那么多美国成就的创造者，曾是最受尊敬的“戈达德讲座”教授，曾有过 15 年辛勤奋斗所得来的荣誉地位，但现在，他变成了一个毫无尊严的囚犯，过着与非法移民为伍的监禁生活。钱学森脸色苍白、面目憔悴、身体虚弱，他的自尊心受到了重创。在短短的 14 天内体重减轻了 13.5 公斤，可以肯定，他的精神受到的创伤比身体的损伤更加严重。在他被关押的第 12 天，他的妻子蒋英去探望他，他竟失语了——连话都说不出来，蒋英十分着急：“可恨啊，美国人怎么在十几天里就把他折磨成了这个样子?!”

9 月 22 日，冯·卡门和加州理工学院筹集了 1.5 万美元作为保释金交给了移民局，移民局终于同意释放钱学森。钱学森事后嘲讽道：“一般绑票的人开口勒索赎金也就是 1 000 美元或 1 500 美元，我还真为自己的不菲身价感到骄傲!”1950 年 9 月 26 日，中华全国自然科学专门学会联合会发表宣言，严正抗议非法拘捕钱学森。

1951 年 4 月，美国历史上最离奇、最荒唐的一件事情在钱学森身上发生了，美国政府竟然把两项互为矛盾的法案强加在钱学森的身上：美国移民局根据 1950 年所修订的美国《国家安全条例》，以钱学森“曾经是美国共产党员”、“是可能颠覆美国政治体系的外国人”的罪名，于 1951 年 4 月 26 日做出决定，驱逐钱学森出境。

而与此同时，美国国务院发布政策，“必须防止具有某些科技背景的外国人离境，以免为敌国利用来暗中破坏美方的军事防御能力”。而钱学森在喷气推进研究等方面的长处，使他毫无疑问地被列入不准离境的人员名单之中。

在自我矛盾的政策下，政府当局强奸人权，对钱学森作了很多无理的限制，规定他的行动范围不得超越洛杉矶市的市界，这让他无法参加许多科学研讨会，甚至连到城郊的海滩走走也不可能。他被要求必须每个月到洛杉矶地区的移民局报到，并向官员报告行踪。钱学森家门外常有联邦调查局监视他的轿车，一停就是好几个小时。有人在街上跟踪他，还有人擅自拆开他的邮件、闯入他的办公室甚至家中。钱学森家的电话也经常受到监听和骚扰，打电话到钱家的朋友总会遭到联邦探员的盘问和威胁；有时钱家的电话响个不停，但是一拿起听筒，电话却又断了，这都是联邦调查局搞的鬼，想看看他是否真的在家。为了逃脱监视静心工作，钱学森不得不把一张沙发搬进浴室。妻子蒋英也受到了同样“礼遇”，只要她一出门，就会有联邦调查局探员跟踪。她坐朋友的汽车去帕萨迪纳时，常平躺在后座座椅上，以躲过联邦调查局的眼线。她也不敢雇女佣，生怕雇佣的人是派来的“卧底”。从 1952 年到 1954 年，钱学森为排除移民局和联邦调查局的骚扰，两年内搬了四次家，妻子蒋英准备好三个手提箱，时刻准备一有机会就随时动身。蒋英数年后回忆说：“在那个时候，我们真是活得十分紧张。”

经历了一次又一次的调查、一次又一次的听证会、一次又一次地去移民局报到后，钱学森明白了，美国政府越相信他是间谍，就越不肯放他走。他们这种毫无意义、毫无休止的拖延，就是故意耗费他的生命，扼杀他的才华。

想到这里，钱学森平静下来。他重新将重心放到科研和教学工作上，以超人的毅力在两个广阔而艰深的领域里继续前行，他曾经创下连续四个月、每个月都完成一篇论文的纪录，这在他所研究的领域里，是一项十分罕见的成就。

他研究的第一个领域是关于物理力学的问题。早在 1946 年，钱学森在探索超声速飞机以及喷气推进飞行器的性能和原理的过程中，就感到需要知道介质和材料在高速和高温状态下的成分和性能，然而，从现场实验中很难得到这些数据。如何解决呢？钱学森提出把应用统计力学、光谱学和化学动力学的理论和方法综合起来，去研究气体和液体的平衡性质以及气体的热辐射性质等问题。第二次世界大战中原子弹的爆炸引发的核反应工程问题使钱学森敏锐地意识到，在火箭技术、核技术等重要领域，也迫切需要解决处在高温、高压以至超高温、超高压和放射性作用等条件下的介质和材料性质问题，可是这些数据也很难从现场实验中得到。由此，他认为，近代物理和化学的发展，对物质在原子核以外的微观结构已有相当的了解，完全可以建立起一门新的技术科学，即物理力学。1953 年，钱学森发表《物理力学——一个工程科学新领域》一文，说明物理力学的目的在于通过对物质的微观分析，把有关物质宏观性质与实验数据加以总结和整理，从而找出规律，得到所需要的数据，而且可以预见到新型材料的宏观性质，为发展新材料、新工艺服务。此后，钱学森在加州理工学院的教学与研究中，不断丰富、充实与深化其内容，物理力学倡导的研究复杂性难题需多学科综合利用和宏观与微观相结合的科学思想和方法，得到广泛共识和运用，也由此开辟了一条通过技术科学解决工程技术问题的新途径。

他研究的第二个领域是关于工程控制论问题。1948 年，麻省理工学院数学教授维纳在《控制论：关于在动物或机器中控制和通讯的科学》一书中，提出建立一门控制论科学，给钱学森以重要启发，钱学森运用控制学原理来解决火箭喷气技术中遇到的各种问题。从 1951 年到 1952 年，他陆续研究了火箭喷管的传递函数、远程火箭飞行器的自动制导，以及火箭发动机燃烧稳定性的伺服系统等，极大地丰富和创造性地发展了控制理论。钱学森凭借从弹道火箭到可控和制导火箭研制的丰富经验，很快用控制论的原理，解决了一批喷气技术中稳定和制导系统的问题。1952 年 5 月 2 日，他在写给老师冯·卡门的信中说道：他预见当火箭载人旅行的那一天来到时，最大的问题是火箭的控制问题。在高速飞行中，人工控制是不可能的，但计算机可使火箭瞬间改变方向，不仅在火箭技术方面，而且在整个工程技术领域，处处都需要控制系统。他坚信计算机将很快导致工程和工业效率的革命。

1953 年，他在加州理工学院开设了“工程控制学”这门课程，把力学、电磁学、电子学和信息科学等多种学科紧密结合在一起。1954 年，钱学森的《工程控制论》在美国出版。《工程控制论》探讨在更为复杂的工程中，实现自动控制与自动调节的理论，以及自动控制与自动调节系统的结构原理。

就这样，一年过去了，两年过去了，五年就要过去了。真的回不去了吗？铁定了心要回祖国的钱学森仍然不改初衷地努力着，没有一点放弃之意。

1955 年 6 月，华人菜市场一位送菜人给钱学森家送了一篮子预订的蔬菜，垫在篮底的是一张《人民画报》，上面有中国庆祝“五一”劳动节的报道。钱学森看到，在毛泽东等领导人在天安门城楼上检阅游行队伍的照片中，竟然有他父亲的好友陈叔通先生，他并不知道陈先生已经是新中国全国人大常委会副委员长，但他知道，这张照片一定会给他返回故土带来希望。

6 月 15 日，钱学森全家人摆脱联邦探员的盯梢，溜进一家黑人超市。在那儿，蒋英一边以逗孩子玩作掩护，一边把钱学森写好给陈叔通、希望新中国政府帮助他回国的信件，夹在给比利时的妹妹的家书中，投进了邮筒。

钱学森在信中写道：

叔通大老师先生：

自 1947 年 9 月拜别后未通信，然自报章期刊上见到老先生为人民服务及努力的精神，使我们感动佩服！学森数年前认识错误，以致被美政府拘留，今已五年，无一日、一时、一刻不思归国参加伟大的建设高潮。然而世界情势上有更重要、更迫急的问题等待解决，学森等个人们的处境是不能用来诉苦的，学森这几年中唯以在可能范围内努力思考学问，以备他日归国之用。

但是现在报纸上说中美有交换被拘留人之可能，而美方又说谎谓中国学生愿意回国者皆已放回，我们不免焦急。我国政府千万不可信他们的话，除去学森外，尚有多少同胞，欲归不得者！以学森所知者，即有郭永怀一家，其他尚不知道确实姓名。这些人要不回来，美国人是不能释放的。当然我政府是明白的，美政府的说谎是骗不了的。然我们在长期等待解放，心急如火，唯恐错过机会，请老先生原谅，请政府原谅！附上《纽约时报》旧闻一节，为学森五年来在美之处境。

在无限期望中祝您

康健！

钱学森谨上

1955 年 6 月 15 日

在信中，钱学森还附了一份 1953 年 3 月 6 日《纽约时报》的剪报，内容是钱学森在美国遭到软禁的报道。

蒋英的妹妹蒋华在比利时居住，她接到姐姐的信后，不敢耽搁，因不知陈叔通的地址，就把信寄给了钱学森的父亲。

中国要回了钱学森

1955 年 7 月 11 日陈叔通接到钱学森父亲转来的信件当天，就将信交给中国科学院竺可桢副院长，第二天，竺可桢便与党组书记、副院长张稼夫商量如何拯救钱学森脱离虎口。科学院立即将此事上报陈毅副总理，7 月 21 日陈毅批示："请外交部想办法如何"。

事实上，新中国一成立，欢迎海外游子回国的工作就已经提上了政府工作的日程。1954 年 4 月，美、英、中、苏、法五国在日内瓦召开会议，讨论和解决朝鲜问题及恢复印度支那和平问题。美国代表通过英国向中国代表提出，就朝鲜战场被扣押人员的遣返问题进行非正式会谈①。

中国代表团团长周恩来联想到中国也有一批留学生和科学家被扣留在美国，于是采取了非常积极的态度，他指示说，美国人既然请英国外交官与我们疏通关系，我们就应该抓住这个机会，开辟新的接触渠道。

1954 年 6 月 5 日，中国代表团秘书长王炳南开始与美国代表团负责人约翰逊就两国侨民问题进行初步商谈。美方向中方提交了一份美国在华侨民和被中国拘禁的一些美国军事人员名单，要求中国给他们以回国的机会。为了表示中国的诚意，周恩来指示王炳南在 6 月 15 日举行的中美第三次会谈中，大度地做出让步，同时也要求美国停止扣留钱学森等中国留美人员。

---

① 樊明荣："印度支那人民抗法战争与日内瓦会议"，《国际展望》1985 年第 2 期。

可是，由于中方尚未掌握旧中国赴美留学的确切人数，也提供不出美国政府阻挠留学华人回国的有力证据，中方的建议被美国拒绝了。7 月 21 日，日内瓦会议闭会，谈判没有实质进展。为不使沟通渠道中断，周恩来指示王炳南与美方商定，在日内瓦进行秘密的领事级会谈。为了进一步表示中国对中美会谈的诚意，中国释放了 4 个在朝鲜战场被俘的美国飞行员。

然而，中方的诚意并没有打动美国，他们在钱学森等留美科学家回国问题上仍然含糊其辞，以中方“拿不出确凿的证据证明这些人自愿要求回国”为由，拒不让步。

钱学森写给陈叔通的信，恰好给中国政府的“营救行为”提供了最好的证据，周恩来随即进行了周密的部署，他通知外交部，派信使火速将钱学森的信交给王炳南大使，并指示：“要在谈判中，用这封信揭穿他们的谎言。”1955 年 7 月 25 日，中国外交部成立了一个中美会谈指导小组，中美双方决定两国的会谈由领事级升级为大使级，8 月举行第一次大使级会谈。王炳南担任日内瓦会谈的中方首席代表，受周恩来直接领导。

8 月 1 日，中美大使级会谈一开始，王炳南率先对美方代表、美国驻捷克斯洛伐克大使约翰逊说：“大使先生，在我们开始讨论之前，我奉命通知你下述消息：中国政府在 7 月 31 日按照中国的法律程序，决定提前释放被俘的阿诺德、鲍默、施密特、科巴、布克和布朗等 11 名美国飞行员和军人，他们已于 7 月 31 日离开北京，估计 8 月 4 日即可到达香港。我希望，中国政府所采取的这个措施，能对我们的会谈起到积极的影响。”

8 月 2 日至 4 日，中美大使级会谈继续进行。约翰逊在表示谢意后，又拿出一份写有36人姓名的名单说："美国关心仍被中国拘留的美国人，希望他们能够立即被释放。"随后，王炳南大使也拿出一份被美国限制出境的中国人的清单，清单上的姓名后面标明了他们的住址。约翰逊瞟了一眼名单，矢口否认美国政府扣留中国人的事实，他冠冕堂皇地狡辩说："我国政府授权我向您保证，中国留学生离开美国，绝对不会受到阻碍。"

当提及钱学森回国问题时，约翰逊依旧老调重弹："没有证据表明钱学森要求归国，在钱本人没有提出这项要求的情况下，美国政府不能为满足中国的需要，强迫一个有行为能力的人做他不愿意做的事！"这时，王炳南便亮出了钱学森给陈叔通的信件，理直气壮地予以驳斥："既然美国政府早在1955年4月间就发表公告，允许留美学者来去自由，为什么中国科学家钱学森博士在6月间写信给中国政府请求帮助呢？这是钱学森写的一封亲笔信，大使先生你可以仔细看看。很显然，恰恰是你们违背了本人的意愿，中国学者要求回国依然受到了阻挠。"在铁的事实面前，约翰逊哑口无言。

约翰逊万万没有想到王炳南手里有个"撒手锏"，打得他措手不及。趁着谈判休会时机，他请示了美国政府。当时，杜鲁门下台，艾森豪威尔当了美国新一届总统。美国国防部在给艾森豪威尔总统的备忘录中很负责任地写道："钱学森有应用于各种武器和关于喷气推进的大量背景知识，以及阐明美国技术进展的非凡能力。"但是被朝鲜战争后遗症搅得头昏脑涨的艾森豪威尔一时没有想起来钱学森是谁，也不愿再得罪不好惹的中国政府，便批了一句："让他回去吧！"

洛杉矶著名律师、曾为钱学森作无罪辩护的库珀，在获知这一消息时遗憾地说："美国政府同意让这位科学天才回到共产主义中国去发展他的智力，是这个世纪美国的悲剧。"

美国政府不得不批准了钱学森回国的要求。多年后，周恩来在评价中美大使级会谈的意义时说：会谈虽然没有取得积极的成果，但是我们要回了一个钱学森，就是这一件事，会谈也非常值得。

1955 年 8 月 5 日，钱学森终于收到了美国移民局准予他回国的通知。5 年了，他整整等待了 5 年，1 800 多个日夜，多么漫长的岁月！钱学森一天也不愿耽搁，当天立即订购机票或船票准备启程回国。当他得知，最近起航的一班邮轮"克利夫兰总统号"只有三等舱的船票时，他毫不犹豫地买下了四张票。从寄给陈老先生的信件发出后，他和蒋英就天天等，日日盼，等了一个多月，今天终于如愿以偿了。所以，不管是几等舱，只要早日离开美国回到中国就行。

临行前，钱学森和蒋英带着天真可爱的儿子钱永刚、女儿钱永真，去向恩师冯·卡门告别，同时将自己新出版的《工程控制论》一书奉献给最敬爱的导师。不忍分离的冯·卡门，眼里噙着泪花，默默地翻看了一会儿书页，慢慢地抬起头，紧紧拥抱了他一生最赏识的学生说："我为你骄傲，你现在学术上已经超过我了！"冯·卡门拿出了一张自己的彩色近照，用给钱学森修改博士论文时的那种龙飞凤舞的花体字给钱学森写了一行字："不久再见！"

然而，直到 1963 年 82 岁的冯·卡门因病去世，师生二人却再也没有见过面，阴阳两隔、天各一方，他们相互的思念和感恩都留在了彼此深情的回忆中。

1955 年 9 月 17 日，钱学森带着妻子蒋英和一双幼小的儿女，登上“克利夫兰总统号”邮轮，踏上了返回祖国的旅途。临开船前，钱学森对报界发表了简短的讲话：“我很高兴能回到自己的国家，我不打算再回美国。我已被美国政府刻意地延误了我返回祖国的时间，其中的原因，我建议你们去问问你们的政府。我打算竭尽努力，去帮助中国人民建设自己的国家，使我的同胞能过上有尊严和幸福的生活。”他说到“尊严”（dignity）一词时加重了语气，这其中蕴含在内心的苦楚和愤恨是常人难以体会的。

下午 4 时，汽笛一声长鸣，“克利夫兰总统号”徐徐离开洛杉矶港口，向西驶向浩瀚的太平洋。高高翘起的船首劈开蔚蓝色海面上的一个又一个浪峰，卷起的团团水雾和浪花拍打着缓缓前进的船身，发出阵阵清脆的轰鸣，船头甲板上，不惑之年的钱学森面如皓月，气质儒雅，他不时眺望着远方的海面，恨不能一眼看到祖国的大地。蒋英把头轻轻地靠在钱学森的肩膀上，对他说：“今天正好是我们结婚 8 周年的纪念日，这算是双喜临门吧！”

“克利夫兰总统号”从 9 月中旬走到 10 月初，一路停靠过夏威夷、日本横滨和菲律宾马尼拉，钱学森一家为了安全从没有登岸观光。1955 年 10 月 8 日黎明，轮船驶入香港海域。透过晨雾，钱学森渐渐看清了祖国的海岸线，天色放亮，轮船距离香港中环码头很近了。为了避免发生意外，中国政府通过设在香港的中国旅行社与港英当局联系，派一艘驳船把钱学森等一批科学家直接从邮轮接到驳船上，驳船向北行至香港九龙，钱学森一行上岸后，乘车从九龙抵达罗湖口岸，当天 11 时 25 分到达深圳。

为迎接钱学森回国，国内已做好了准备。还在 1955 年 9 月 15 日，即获知钱学森一家买好船票后，主管外交工作的国务院副总理陈毅便指示中国科学院，尽快考虑钱学森的工作安排，派代表前往深圳迎接钱学森，并要求一定将钱学森一家安全护送到北京。

中国科学院党组成员、办公厅主任秦力生接到陈毅的指示后，立即向副院长吴有训报告。吴有训闻讯后高兴得两眼放光，紧紧握住秦力生的手说："好啊！老秦，非常感谢你给我带来这么好的消息，今天中午我请客，我请客！"在当天中午的宴席上，吴有训又禁不住绘声绘色地把钱学森在美国的工作和他在世界上的重大影响，向郭沫若、李四光、张稼夫、陶孟和、秦力生等人详细地讲述了一遍。由于他的情绪太激动，嗓音太高、大有"泄密"的危险，急得张稼夫不得不几次提醒他："吴老、吴老，请小声点！"

中国科学院最后决定派时任中华全国自然科学专门学会联合会秘书处兼中国科协及中国科普协会秘书处的负责人朱兆祥，代表中国科学院前往深圳迎接钱学森。吴有训将他与钱三强联名写的一封慰问信交给了朱兆祥，并请他转告钱学森，中国科学院已决定请他来院创建力学研究所，并出任所长。该所以钱伟长在数学所建立的力学研究室为基础，并由钱伟长任副所长。吴有训还特别提醒，他个人的意见是请钱学森先到科学院来工作为好，暂时不要到国防部门去，这样在国际上的影响会更好些。

1955 年 10 月 8 日，对于钱学森来说，是历史性的一天。历尽艰辛，他终于回到了他魂牵梦萦的祖国怀抱！

终于到家

走到罗湖桥，钱学森一眼看到了迎风招展的五星红旗。蓝天白云下，耀眼的太阳清晰得没有光晕，他觉得心脏在燃烧，热血在沸腾。他在稍后不久回忆说："那是我们的国旗，那样明亮，在阳光下闪耀着。霎时间，我们全都屏住呼吸注视着，有些人的眼中涌出了泪水。我们先过一座小桥，终于踏上了国土，回到我们的国家，我们值得骄傲的国家，有着四千多年文明的国家！"

二、"两弹一星"　国之重器

钱学森与"两弹一星"伟业[①]

刘登锐[②]

1999 年，江泽民同志在表彰为研制"两弹一星"做出突出贡献的科技专家大会上的讲话中指出："'两弹一星'的伟业，是新中国建设成就的重要象征，是中华民族的荣耀与骄

① 王春河等著：《钱学森的大师风范》，中国宇航出版社 2011 年版。
② 原中国航天工业总公司航天档案馆馆长、研究员，1958 年起一直在航天部门工作，编有多本航天类科普图书。

傲，也是人类文明史上的一个勇攀科技高峰的空前壮举。”① 钱学森对“两弹一星”伟业以及整个航天事业的创建和发展做出了杰出贡献，他的成就和功绩已载入中华民族的光荣史册。

“东风第一枝”开花结果

1955 年 10 月 8 日，钱学森在周恩来总理的悉心安排下，摆脱美国的羁绊，回到祖国的怀抱。毛泽东主席、周恩来总理接见钱学森，欢迎他为祖国的建设施展自己的才华。从陈赓大将到彭德怀、陈毅、叶剑英元帅，先后征询他对中国能否搞导弹的意见。周总理直接委托钱学森对发展提出具体实施方案。钱学森牵头完成编制“12 年科技发展规划”中“喷气和火箭技术的建立”的工作，提交了《建立我国国防航空工业的意见书》，阐述发展我国火箭、导弹事业的设想。1956 年 10 月 8 日，正是钱学森归国一周年的日子，在聂荣臻元帅的主持下，宣布成立国防部第五研究院，钱学森被任命为院长，受命领导我国的火箭、导弹事业。钱学森在五院成立大会上说：“我们是白手起家，创业是艰难的，我们会遇到许多意想不到的困难。但是，我们不会向困难低头，我们一定要下决心完成这个光荣的任务。”在钱学森的主持下，五院成立了 10 个研究室，调集了任新民、屠守锷、梁守槃、庄逢甘、梁思礼、李乃暨等 30 多位科学家，带领 156 名大学毕业的科技人员，开展导弹的研制工作。

---

① 江泽民：“在表彰为研制‘两弹一星’做出突出贡献的科技专家大会上的讲话”，《科学新闻》1999 年第 28 期。

1957 年 9 月钱学森参加以聂荣臻副总理为团长的中国政府代表团赴苏联商谈新技术援助问题，争取到苏联向我国提供 P－2 等几种导弹样品，派遣专家来华帮助建设导弹研制基地和发射基地，并仿制苏联的 P－2 导弹。钱学森从技术上领导组织了整个建设和仿制工作。

1960 年 7 月，苏联中断援助，撤走专家，给仿制 P－2 导弹造成巨大困难。聂荣臻问钱学森："你觉得我们的事业能顺利继续下去吗?"钱学森回答说："现在国家遇到来自多方面的困难，国外压我们，国内经济困难……但是，我们绝大多数人绝不会动摇对祖国、对党的信心，我们五院的同志一定会在撤走专家的压力面前挺直腰杆，我们通过努力能够建立起我们自己的导弹事业。"在钱学森的主持下，在任新民、屠守锷、黄纬禄、梁守寡、庄逢甘、梁思礼、谢光选、姚桐斌、钱文极等科技专家的支持下，依靠自己的科技人员和工人，仿制成功 P－2 导弹。

1960 年 10 月，我国仿制代号为"1059"的地地导弹总装测试完毕，运到酒泉发射基地执行 102 试验发射任务。中央批准组成以张爱萍为主任委员的"1059"试验委员会，钱学森被任命为副主任委员，他和任新民、梁守槃、梁思礼、谢光选等进入酒泉基地。在试验委员会的统一领导下，检查"1059"导弹的发射准备工作。11 月 5 日晨，钱学森陪同聂荣臻、张爱萍到达 3 号发射基地，指挥我国的"1059"导弹首次发射，试验取得圆满成功！钱学森在发射现场高兴地说："我说我们是会取得成功的，现在我们不是已经取得了初步的成功吗?"

我国发射成功的第一枚国产"1059"导弹，后来命名为

"东风一号"，意为"东风第一枝"，钱学森承诺播下的火箭种子终于开花结果了！

"两弹结合"圆满成功

1964 年 5 月和 7 月，经过改进设计后的"东风一号"中近程导弹先后进行了 3 次发射试验，都取得圆满成功。随后，1964 年 10 月 16 日我国第一颗原子弹爆炸成功，这就为"两弹结合"试验创造了条件。中央军委研究部署了导弹核武器的研制工作，讨论了钱学森关于"两弹结合"的设想。在钱学森的直接领导下，在"东风二号"导弹基础上进一步改进，提高射程，开始研制载核弹头的"东风二号甲"导弹，从方案设计到准备飞行试验，仅用了 10 个月时间。1965 年 11 月，"东风二号甲"导弹首飞试验成功。

1966 年 6 月，开始进行导弹、原子弹结合试验准备工作。钱学森多次参加了"两弹结合"试验安全可靠性的技术方案、发射方案、测量方案的审查，参加了"两弹结合"的研制、试验工作，解决了协作配合中的问题。9 月，"两弹结合"试验工作一切准备就绪，钱学森向聂荣臻汇报了"两弹结合"试验的准备工作完成情况。10 月 24 日，他随同聂荣臻元帅到毛泽东住处汇报即将进行"两弹结合"试验的准备工作。第二天，钱学森又随聂荣臻飞往西北发射场，主持首次导弹核武器发射试验。钱学森遵照周恩来总理"严肃认真、周到细致、稳妥可靠、万无一失"的要求，协助聂荣臻元帅做好发射试验的工作。

10 月 27 日，我国首枚导弹核武器发射，导弹飞行正常，核弹头在预定的距离、预定的高度，精确地命中目标，实现核爆炸。新华社为此专门发布了《新闻公报》。钱学森为这一重大成就倾注了自己的心血和力量。

“东方红一号”卫星再传捷报

1958 年 5 月 17 日，毛泽东提出：“我们也要搞人造卫星。”8 月 21 日，中科院成立了以钱学森为组长的“581”领导小组，把研制人造卫星列为重点任务。在钱学森的领导下，首次提出了我国空间技术发展的设想蓝图。8 月 2 日，钱学森向毛泽东、周恩来等汇报了研制人造卫星的问题。

在 1958 年 10 月 1 日举办的中国科学院自然科学跃进成果展览会上，展出了卫星、火箭模型以及运载火箭设计图。1961 年 6 月，在中国科学院组织的“星际航行座谈会”上，钱学森第一个作了《今天苏联及美国星际航行中的火箭动力及展望》的中心发言，阐述了发射人造卫星的关键技术问题。1963 年 1 月，中国科学院成立星际航行委员会，钱学森参与领导工作，组织安排了空间技术的预先研究课题，为空间技术的发展做了大量开拓性的工作。

1965 年 1 月 8 日，当我国火箭技术发展具有一定水平后，钱学森正式向国务院呈送报告，建议把研制卫星提上工程。他在报告中说：“自苏联 1957 年 10 月 4 日发射第一颗人造卫星以来，中国科学院和国防部五院对这些新技术都有过考虑，现在看来，弹道火箭已有一定基础，中远程火箭进一步发展，即能发射一定重量的卫星，计划中的远程火箭无疑也有发射人造卫星的能力。工作是艰巨复杂的，必须及早开展有关研究，到时才能拿出东西来。因此要早日列入国家计划，促其发展。”

这个报告得到聂荣臻的赞同，并委托张爱萍召集有关单位的领导和专家研究讨论，形成向中央的报告。报告提出在1970年至1971年发射重量为100公斤左右的我国第一颗人造卫星的设想，以及研制、发射人造卫星分工安排的意见。钱学森作为国防部五院副院长和后来七机部副部长，从技术上负责组织实施第一颗人造卫星的研制计划。

1967年初，聂荣臻向中央提出组建空间技术研究院，统一组织人造卫星的研制工作。经毛泽东主席和党中央批准，1968年2月20日中国空间技术研究院正式成立，钱学森作为后来的国防科委副主任兼任院长。钱学森特别强调运用系统工程方法和原国防部五院建立总体设计部的经验，组建空间技术研究院的空间飞行总体设计部，并推荐孙家栋出任这个卫星总体设计部的技术负责人。在“文化大革命”的特殊时期，钱学森组织领导了第一颗人造卫星的研制和发射工作，在解决一些重大技术问题上发挥了决策和指导作用。他支持孙家栋提出的简化方案构想，即第一颗卫星不必太复杂、太全面，而是第一步要掌握基本技术，能够研制出来并发射成功。钱学森说，中国第一颗卫星从一定意义上讲是一颗“政治卫星”，让全世界人民“看得见”和“听得到”是这颗卫星的使命，一切都要服从这个大局。他多次主持卫星研制的重要会议，对各种重大工程技术问题做出决策，还经常深入科研试验第一线，指导解决一些关键技术问题。

1969 年 4 月，钱学森受周总理的嘱托，前往现场组织试验工作，保障运载火箭试车顺利进行。从 1969 年 5 月到 9 月，火箭一、二、三级相继试车成功。“长征一号”运载火箭研制出来，为发射卫星准备了条件。

1970 年 2 月，“长征一号”运载火箭和“东方红一号”卫星运到酒泉发射基地。钱学森先后 4 次赴酒泉发射基地检查和指导发射试验，解决和排除出现的故障。他还 3 次带队回京向中央专委和周总理汇报发射准备情况。在周总理的支持下，解决了最后一些政治性和技术上的矛盾，排除了人为的干扰，保证了卫星发射准备工作的顺利进行。

4 月 20 日周总理针对发射提出：“安全可靠、万无一失、准确入轨、及时预报，绝对不能带任何一个疑点上天。”钱学森按此要求，组织科技人员完成发射阵地的测试和检查，4 月 23 日在发射任务书上签字。4 月 24 日 9 时 35 分，“长征一号”运载火箭点火发射，“东方红一号”卫星入轨运行，传回《东方红》乐曲声，我国第一颗人造卫星发射飞行成功，在我国航天史上具有划时代的意义。

在同年 5 月 1 日晚上，钱学森、任新民等 17 位功臣代表被邀参加天安门广场的“五一”节庆祝活动，毛泽东握住钱学森的手说：“了不起啊，了不起啊！”钱学森后来总结说：“我们已经掌握了卫星技术，而且可以为国家的现代化建设做出很大贡献。”

第二章　睿智领导　成绩斐然

黄纬禄[1]

钱学森同志首先是一个爱国者

钱学森离开美国之前，在美国有好的工作，有优厚的待遇，他放弃了那些待遇，回到祖国来，并且回来时遇到了很多风险，在美国被软禁了一段时期，还是周总理想了办法，才让钱学森回到祖国来，所以说，首先钱学森是一个爱国者。

钱学森回到祖国对导弹事业是兢兢业业的，想让中国导弹事业发展起来。他首先就是给海陆空高级将领讲解导弹的初步内容。钱学森建议，中国应该发展导弹事业。海陆空高级将领听了他的讲解和建议以后，会向中央反映自己的意见。当然，钱学森自己提这个建议未尝不可，但通过高级将领向中央提这个建议，恐怕效果会更好一些。他讲过以后，的确起了这样的作用，所以在中国 12 年科学规划里就把原子弹、导弹这“两弹”作为中国发展项目里重要的项目。

有了 12 年科学规划，然后就要落实这个规划。当时聂老

① 中国航天科技集团公司、中国航天科工集团公司高级技术顾问，“两弹一星”功勋奖章获得者，中国科学院院士。

总（聂荣臻）主抓国防科技工作，成立第五研究院，专门发展导弹事业，委任钱学森为五院院长。在他的带领之下，导弹事业从无到有、从小到大慢慢地发展起来。

钱学森又是非常好的领导。以下几个例子说明钱学森作为一个技术领导的特点。

发扬技术民主

老五院刚成立的时候，一分院搞总体，二分院搞控制系统，经常有一些不一致的意见，两个都是老五院的分院，协调起来就要钱学森出面。成立七机部时二分院的总体部改为12所，黄纬禄任所长，屠守锷任一院副院长兼一部主任。当时想把12所的总体室归并到总体部去，这样总体部是一个完整的总体部。而12所同志认为，如果把12所的总体室拿走了，12所等于技术上比较空洞了。原来总体室还要给其他的室下任务，研制各种仪器设备，都要提出具体的要求，如果总体部把12所的总体室弄过去，看起来总体方面的协调问题解决了，变成总体部内部的问题了，其实总体部同12所其他各室的关系，比总体部和12所的总体室的关系要复杂得多，协调的内容要多得多，所以把12所总体室拿过去，并不是简化了协调，而是使协调的内容更加复杂。12所的总体室在12所的领导下，协调这些单位就比较方便，要把12所的总体室调到总体部去，协调起来要变成两个分院的协调，五院协调的工作量就大得多。

钱学森就把屠守锷和黄纬禄每星期六晚上召到他家里去，听各方讲一些有矛盾的意见。钱学森并不是认为总体部重要就偏向总体部。他听了双方的意见，觉得 12 所反映的意见还是相当有道理的，最后就把 12 所的总体室保留在 12 所，暂时不调到总体部去。这样处理问题是深入到基层，了解情况，根据两方面的意见，根据他的判断下决心，钱学森这个方案定下来就比较合情合理，工作就能够比较顺利地开展。这个问题就说明他是发扬技术民主，倾听基层的意见的。

相信群众

某一个型号，在基地已经要进行发射了，发现当时气候、温度条件会缩短发射距离，钱学森就召集大家研究。当时王永志提出来把推进剂少装一点就可以打得远一点。在场的别的技术人员觉得这不太可能，因为要打远就要多一点推进剂，距离才会加大，打得远一点。推进剂减少怎么会打得远呢？当时大家都采取否定的态度。而钱学森对这个问题不是说因为大多数意见是这样就否定了这个建议，他亲自计算一下，发现少装推进剂的确可以打得远一些，最后决定采取王永志所提出的方案。这就表示他相信群众，只要有一点建议，钱学森就认认真真地研究这个建议到底正确与否，然后再把这个方案定下来。在当时靶场温度较高的情况下推进剂比冲变化了，钱学森通过自己计算得出的结果，证实这个建议是正确的。因为推进剂减少，导弹上面的重量就少一些，发动机的加速度就会增加一些，等到推进剂烧完了，所得到的速度的增量是增加，而不是减少。

深入基层

那时候在 12 所有一个型号的稳定系统的稳定性不太好，

想突破这个问题，12 所的同志想了好久也没有好的办法。钱学森知道后，就亲自到 12 所，同 12 所的同志在一块儿研究这个问题，杀出一条血路来。最后虽然没有很好地解决这个问题，但是大家经过讨论，觉得在讨论过程当中可以提高一步。

再有，钱学森平易近人，实事求是。有一次有一个同志写了一篇文章，里面涉及比较高深一点的东西，该同志后来去请教钱学森。钱学森当时讲，他对这个问题也不太清楚，建议去找某一位更懂这方面专业的同志。钱学森不是那种很在乎领导面子、不懂装懂的人。实际上，表面上在当时要了面子，不是那么回事，以后会更没有面子。

导弹工程是一个复杂的系统工程，“系统工程”这个名词是钱学森创造出来的。他认为这个复杂的大型工程实质上牵扯到方方面面非常复杂的情况，方方面面的问题都能安排好、协调好，这就是一个系统。有了系统工程的概念，每搞一项工作，都要把方方面面的影响、中间的关系、联系弄清楚。这样虽然工作是很复杂的，但是应用了系统工程，有了顺序，执行起来，在复杂情况下，内容可以简单化，一项一项地都能够顺利完成，整个系统也就顺畅了，到最后整个工程也能够得到很好的解决。

钱学森既是将才，又是帅才。将才就是他有这些技术的本领，帅才就是在领导整个工程方面可以安排得有条有理，有矛盾他可以解决，所以既是将才又是帅才，又是中国第一个懂得导弹技术的人，所以他成为“导弹之父”，中国的“导弹之父”。当然钱学森很谦虚，自己不接受这个荣誉。

第三章 积极渴望 加入中共

一、实现入党 今夜无眠

1955 年钱学森回国后，目睹了新中国欣欣向荣的发展景象，看到了共产党的各级领导廉洁奉公、全心全意为人民服务的光辉形象。所有这一切，都使这位曾在旧中国度过漫长黑夜的科学家大为感动。在学习了党的知识以后，钱学森深深地认识到：党是领导新中国前进的核心力量，如果不依靠党组织，不管自己有多大本事，所追求的强国梦都是无法实现的。所以钱学森回国不久就萌生了入党的愿望。1958 年初，他向党组织郑重提出了入党请求。

据当时的科学院党组书记张劲夫回忆，一天晚上，钱学森到他家里谈了自己在美国的遭遇，并郑重提出入党请求。张劲夫对钱学森的进步要求给予了肯定和鼓励，并提示他找两位党员作入党介绍人。

后来，钱学森找到科学院秘书长杜润生和力学所党组织的负责人杨刚毅做入党介绍人，在 1958 年 4 月 6 日向党组织交了长达 7 页纸的“思想检查”，对自己过去的经历作了详细回顾，还深刻分析了回国以后的思想状态。比如，他提到自己对思想改造的艰巨性、长期性认识不足，一回国就急着把杭州老家的房产交给国家。本以为把那点东西一交，自己就成为“无产阶级”了，可国家偏偏不接受，弄得他思想很不愉快。他说，这其实是自己“资产阶级思想的一种幼稚病”，还没有下决心从根本上改造自己的人生观、世界观。

由于他认识深刻，这份“思想检查”得到了组织的肯定。很快力学所党支部召开有部分群众参加的支部扩大会议，征求广大党员和群众的意见。大家在会上都发了言，既肯定钱学森的进步，也坦率地提出了自己的意见。比如，有人认为钱学森不接触工农群众，有知识分子的“臭架子”。钱学森认真听取大家的意见并作了详细记录，至今这8页纸的记录稿还保存在他的遗物里。钱学森诚恳地表示接受大家的意见，一定在行动中坚决改正。

1958年“大跃进”开始后，人民政府曾经号召群众“除四害”，力学所理所当然坚决贯彻执行。于是，钱学森也参加了到北京郊区赶麻雀、抓老鼠、挖蛆蛹等活动，并认为这是接触工农群众、放下知识分子“臭架子”、改造思想的好机会。这件事被中央领导知道了，他们严厉批评了力学所党组织负责人：像钱学森这样的科学家，党有更重要的事要他办，不能这样简单化地理解知识分子要接触工农群众，以后不要再让他去参加这样的活动了。

对于中央领导同志的关怀，钱学森十分感激。1958年4月19日，他又向党组织写了长达8页的“交心”材料，进一步谈了他对党的各项方针政策的认识。

党组织对钱学森是十分爱护的，他写的这些材料当时都定为“绝密”级，不准向外扩散。鉴于钱学森对党的深厚感情和对党认识的提高，组织上决定发展他入党。1958年9月24日钱学森正式填写“入党申请书”，1958年10月16日，力学所支部召开支部大会，正式讨论钱学森入党问题。全体党员一致同意钱学森入党，也诚恳地给他提出了意见和希望。比如，有人提出钱学森和科学院领导如张劲夫、裴丽生、杜润生等关系很好，但对力学所党组织的领导同志尊重不够，一些业务上的重大问题不征求他们的意见。钱学森在支部会上诚恳地承认了自己的缺点，说他在思想上觉得张劲夫、裴丽生等人虽不懂科学，但很能干，有领导水平，所以有问题总愿意请示他们。在他的思想深处确实有瞧不起力学所党支部负责人的想法，遇事就很少找他们商量。经过大家的帮助，他认识到“这是不尊重党的领导的表现”，是一个“严重问题”，他“一定从思想深处提高认识，坚决改正”。

钱学森心口一致，说到做到。他在以后的工作中与力学所历任党支部、党总支负责人，像晋曾毅、杨刚毅等同志都建立了良好的工作关系。他在晚年也常常念叨这些同志在他刚刚回国时对他的帮助和支持，很感谢同志们在支部大会上给他提的意见。他说：“像我这样的人上层领导很重视，如果我飘然自大，不尊重本单位领导，那也做不好工作。同志们及早指出我这方面的缺点，使我在以后的工作中时时注意这个问题。我在后来的工作中，和老五院、七机部、国防科委及国防科工委的领导同志能处好关系，搞好团结，是与支部大会同志们的帮助分不开的。”

1959年1月5日，科学院党委通知力学所党支部：钱学森

"已被接收为中国共产党预备党员，预备期一年，自 1958 年 10 月 16 日起至 1959 年 10 月 16 日止"。1959 年 11 月 12 日，力学所支部大会一致通过钱学森转正为中国共产党党员。

钱学森对自己的政治生命十分珍视，他后来说，他曾经为自己成为一名共产党员激动得彻夜难眠，这是他这一生中仅有的三次激动之一。很多年轻人也许不理解钱学森的这种思想感情，因为他们没有钱学森那样曲折复杂的人生经历。试想，一个自幼追求进步但又不是党员的人，在美国却背上"共产党"的罪名，遭受了那么大的磨难，一旦愿望得偿，真的成为一名光荣的中国共产党党员，他怎能不激动得彻夜难眠？

二、干部教育　千秋万代

畅谈干部教育问题①

近读《周恩来研究学术讨论会论文集》中尊作，有这样一段话："研究他如何从一个普通的少年成长为一个杰出的人物；研究他如何在中国这块国土上，和他同时代的先进分子一起，寻求真理，改造社会，在这个过程中遇到过哪些复杂而棘手的问题，他们是怎样思考和处理这些问题的，为什么他们能取得如此巨大的成功，又为什么会出现某些失误研究他的品德情操、工作方法和工作作风。"我很有感触！

所以写这封信。

① 涂元季主编：《钱学森书信（第 5 卷）》：1989 年 8 月 14 日致李琦。国防工业出版社 2007 年版。

我认为我们党有一个失误，就是不重视领导干部，特别是高级领导干部的培养。记得我回到祖国不久，作为全国人民代表大会代表，曾天真地提过一条建议，要在大学中设置专业培养行政管理干部。这个议案被送到国家教育部，后来我得到当时教育部局长黄辛白同志的接见。他告诉我，我们国家的干部来自工、农、兵，不需要大学培养。补议案就这样处理了。到了党的十一届三中全会之后，肖克同志作为军事学院院长访美归来，知道美军军官都是大学毕业的，所以向中央军委建议中国人民解放军的所有干部都要受大学教育。他的建议，第一次提未被接受、第二次提仍未被接受，赶到肖克同志第三次上书，才批下来“试行”。这类事一定还很多！

今天的国家事务是非常复杂的，一面要坚持四项基本原则，一面要改革开放，同世界各国在激烈的竞争中打交道，干部的素质是头等重要的大事，尤其是高级领导干部。培养干部的事再也不能不重视了。

但如何培养？今天的教育理论似乎还没有答案，有的是教学方法，但这不是培养像周恩来同志和其他老一辈杰出革命家那样的领导干部的教育理论和教育哲学。正如您说的有许多先进事例、先进的经验，所以教育理论和教育哲学是一定能在马克思主义哲学的指导下总结出来的。

我想您那里可以做这件事，一件史无前例的、意义伟大的事！

第四章　生活简朴　无私奉献

一、我在这住了几十年，习惯了[1]

在我们国家，住房标准也是一个人享受什么待遇的重要标志。钱学森自从 1960 年 10 月搬进航天大院以后就再没挪过窝。之所以用“窝”来形容，是因为那实在是一座太旧的公寓单元房，墙上还有 1976 年唐山大地震后留下的裂纹和加固筋（见图 9）。他担任全国政协副主席以后，组织上曾不止一次想给他按标准盖一座小楼。工作人员也希望钱学森的住宿条件得到改善。若有一栋小楼和一个小院，他可以在院子里晒晒太阳，有利于身体健康。当钱学森的秘书涂元季劝他同意建房时，钱学森总是说：“我现在的住房条件比和我同船归国的那些人都好，这已经脱离群众了，我常为此感到不安，我不能脱离一般科技人员太远。”到后来涂元季再劝他说：“钱老，现在都 90 年代了，一般科技人员的住房条件都有很大改善，和您同船回国的许多人都评上院士，住进了新盖的院士楼，您说的那是老皇历了。”钱学森摇摇头说：“你别再提这个问题了，我在这儿住了

① 顾吉环，李明，涂元季编著：《科学道德——钱学森的言与行》，国防工业出版社 2015 年版。

几十年，习惯了，感觉很好，你们别折腾我，把我折腾到新房子里，我于心不安，心情不好，能有利于身体健康吗？”

图 9　1960 年，钱学森一家搬入北京航天大院的宿舍楼，他在这栋简陋的楼里住了近半个世纪

从此，工作人员也理解了他老人家的思想境界，再也不向他提房子的问题了。但是，一些去过钱学森家的人，都感到他住的房子实在太旧了，房间也小。有人甚至会为钱学森鸣不平，说“大科学家住小房子，太不合理了”。但钱学森本人却心情平静，把一些世俗之人追求的金钱、荣誉、地位看得比一池清水还淡。这是多么伟大的共产主义杰出品格啊！为全党同志竖起了一面旗帜！

二、大科学家睡长板凳[①]

20 世纪 60 年代，为了进行“东风三号”导弹全程试验和其他试验任务，中央军委决定在山西建设新的发射试验基地。该基地从 1966 年初勘察选点开始，到 1968 年末第一期工程主要项目基本完成，随后便投入发射试验任务。可以想象，在这种情况下，除了基本发射阵地、技术阵地等验收合格之外，连通信指挥及配套工程都是十分简易的，更不用说各种生活配套设施了。

基地刚建成不久，钱学森便来到了基地，组织指挥导弹发射任务。中国运载火箭技术研究院的于龙淮等随钱学森一同前往，于龙淮担任这次发射任务组织协调工作，因此他和钱学森一同在指挥中心值班。

导弹原定下午 5 点发射，因准备工作出现问题，发射时间推迟到午夜，而后又推迟到第二天凌晨。大家一夜没睡，连指挥所的一些年轻人都有些撑不住了，大家都劝当时已近 60 岁的钱学森离开指挥大厅去休息，但钱学森却坚持要留在指挥岗位上。那个指挥所非常简陋，除了几个桌子板凳，连个沙发椅都没有。钱学森便和大家一样，搬来两个木板凳并在一起，于龙淮看着穿着一身旧军装躺下的钱学森，心中的不安和敬意油然而起。他想这么一位科学家，如果待在美国，其工作、生活条件不知道比回到国内要好上多少倍，但他却毅然决然回来

① 顾吉环，李明，涂元季编著：《科学道德——钱学森的言与行》，国防工业出版社 2015 年版。

了。为了祖国的强盛，他如今和我一起躺在这又冷又硬的板凳上，我是一个年轻人，而他却是一位快 60 的老人呀！想着想着，于龙淮的眼睛湿润了……

不知道什么时候，于龙淮睡着了，当他一觉醒来，只见钱学森早已精神抖擞地坚守在指挥岗位了。钱学森见于龙淮醒了，便笑眯眯地说："小于呀，你的呼噜打得可有水平啊！"一句幽默的话，把指挥大厅的人全都逗乐了，也把大家因故障而产生的焦虑、烦恼和疲惫都吹跑了，整个大厅立即活跃起来，大家都精神百倍地投入到新一天的战斗中。

导弹终于在第二天早晨 8 点胜利升空。

第五章　严于律己　感人故事

一、严于律己　文责必负[①]

钱学森的“负文责”与“不负文责”

以“钱学森”署名的文章不下数百篇，有些并非钱学森亲笔，而是记者的手笔，未经钱学森审阅同意，就以钱学森的名字公开发表，这些文章不能全面准确地反映钱学森的思想。对以“钱学森”署名的文章，钱老的态度非常明确：是我的文章我完全“负文责”，不是我的文章“不负文责”！

1986 年 1 月 7 日，钱学森参加中国科学技术协会、北京市科学技术协会和铁道部科学研究院举办的“茅以升同志从事科研、教学、科普工作六十五周年暨九十寿辰庆祝会”，得到《茅以升文集》一册。回来翻到 98 页有一篇《先掌握技术后学基础理论是错误的吗——对〈科学技术工作的基本训练〉一文的商榷》。因为钱学森写过一篇《科学技术工作的基本训练》，再看下去，知道茅以升当时（1961 年 6 月 14 日）说的确实就

① 顾吉环，李明，涂元季编著：《科学道德——钱学森的言与行》，国防工业出版社 2015 年版。

是钱学森写的那篇文章。

《茅以升文集》并没有指明那篇文章是钱学森所写。钱学森于次日立即给该书责任编辑写信："最好能指明茅老评议的东西是我写的，我应负文责。"可见，钱学森非常看重"文责"问题，署了名就意味着责任，甚至将其上升到道德规范的高度看待。

在另一封信中，钱学森对于学术文章的"文责"提出了更高的要求：写下的每一个字是要作者负责的。

1985 年 4 月 25 日，钱学森对通信多年的杨春鼎同志说："您们常常说'习作'。我以为写文艺作品也许可以用'习作'来表示谦虚、不成熟，但讨论学术的文章不能用什么'习作'来称呼，因为讨论学术是严肃的，写下的每一个字是要作者负责的，不管'习作'不'习作'！所以学术论文称为'习作'没有意义，反而可能带来不严肃的坏习气！"但是，对于未经自己审阅的文章，钱学森坚决不同意署上自己的名字，在不知情的情况下被署上了自己的名字，则明确表示"不负文责"。

1984 年 6 月 8 日，魏双凤在其主编的《农村经济统计调查与专题研究》一书中拟收入《钱学森谈建设高度知识技术密集高效能的大农业体系》一文，给钱学森写信，征求钱学森同意。钱学森于 6 月 18 日回信："《内部参考》的那篇东西不是我写的，是记者的报道，版权和责任都在记者同志。所以能否在《农村经济统计调查与专题研究》上录用，您应问他。我也有个请求，将来如果在贵刊上录用，千万不要署我的名字，因为不是我写的。"

还有一次，《马列主义教学研究》杂志的主编田禾于 1985 年 4 月 22 日给钱学森写信，希望收录钱学森"在全国技术发展战略对策研讨会上关于思维科学的'讲话'"。钱学森4月30日回信："所说我在全国技术发展战略对策研讨会上关于思维科学方面的'讲话'，使我茫然；但可以肯定，我没有看过这个稿子，所以不能负责！请您不要用这个影印稿吧！"

还有一次问题就更严重了，钱老发现1986年7月31日《科技潮》刊登了署名为"钱学森"的《发展我国的软科学》文章，立即致信："7月31日《科技潮》刊登了署名为'钱学森'的《发展我国的软科学》文章，使我吃惊！此文大概是听了我七月二十七日在软科学讨论会上的发言，记者根据他的印象写出来的，乱七八糟，没有表达我的本意。您们又不把文稿送给我看就登，而且署上我的名字，您们是要我负责吗？我不能负责！所以我请您们在您报适当地位登出一个声明，讲清那篇文字是记者同志的，不是钱学森的。"

二、批判吸收　洋为中用①

我不会向英国 Nature 投稿，也不会向国外任何刊物投稿，他们可以译登我在国内发表的文章

1988年2月23日，钱学森在写给中国科学院管理政策研究室赵红州同志的信中，对如何全面辩证地认识外国科学技术文化谈了自己的看法。总的来说就是："既要实事求是，承认从总的水平讲，我们不如外国；但也决不能丧失志气，迷信外国人。"

---

① 顾吉环，李明，涂元季编著：《科学道德——钱学森的言与行》，国防工业出版社2015年版。

关于后面一点，钱学森还讲了自己的一段亲身体会："春节前在一次迎春会上，对一个文艺节目我非常欣赏，那是北京某艺术团体殷之光同志朗诵的《我是中国人》，想到时下崇洋的风气，真使我感慨涕零！"钱学森由此针对赵红州同志建议向英国 Nature 投稿一事说："我不会向英国 Nature 投稿，也不会向国外任何刊物投稿，他们可以译登我在国内发表的文章。"钱学森认为："中国有五千年延续不断的文明，现在又掌握了人类智慧结晶的马克思主义哲学，我们为什么自己看不起自己呢？"

在对自己的学术思想充满自信心并始终保持着民族自尊心的同时，钱学森并不是盲目地把国外的先进成果拒之门外，钱学森在这封信中还说："当然这不是说我们可以孤芳自赏，不向外国学习吸取一切可以为我所用的东西！"钱学森进而对赵红州同志正在研究的政治科学提出建议："例如您在主持搞政治科学学，外国人在这方面写了许许多多东西，什么'科学的科学'，什么'科学社会学'，什么'国家科技政策'，真是汗牛充栋。材料是丰富的，只缺指导思想，我们应该用马克思主义的观点去整理这些材料，去粗取精，就像马克思写《资本论》那样——从他以前资产阶级提供的材料写出第一本科学的政治经济学，写出第一本马克思主义的政治科学学。"

这就是钱学森对外国科学技术的辩证态度。一方面要承认总体上落后的事实，要充分学习借鉴国外一切能为我们所用的东西；另一方面又决不能全盘照搬，妄自菲薄。要充满民族自尊心、自信心，用辩证唯物主义的立场观点方法，将古今中外的优秀文明成果综合集成创新成适应今天中国实际发展的指导理论。

第六章　光明磊落　淡泊名利

一、我还没死　他们急啥[1]

1991 年 9 月 30 日下午，国防科工委科技委副主任兼秘书长聂力率副秘书长王寿云、秘书涂元季到钱学森家，向钱老报告中央已决定授予他“国家杰出贡献科学家”荣誉称号和一级英模奖章。

钱学森听后表示，既然这是中央已经定了的事，他没什么可说的了，感谢组织上的关怀。他说：“你今天来看我，我要对你说，我很感谢聂荣臻元帅，他一直关心我、支持我。前几天我在 301 医院看病，听说老帅也住在那里，我本想去看望他，但考虑到聂帅那么大年纪，又怕打扰他，反而对聂帅的身体不好，所以没去。”聂力说：“许多老同志去看望，301 医院都不让进，只让医生在外面接待，简单介绍一下情况，您不去是对的。”

聂力等走后，钱学森显得很不安，他对蒋英说：“这么办不妥，他们事先不征求我的意见就向中央写报告。科技界有许多和

① 顾吉环，李明，涂元季编著：《科学道德——钱学森的言与行》，国防工业出版社 2015 年版。

我同辈的人，还有比我年长的，单独给我颁奖，别人怎么想？”

授奖仪式过后，1991 年 10 月 28 日上午，钱学森来到办公室。当他看到涂元季秘书还在为新闻媒体上宣传他的稿子忙活时，很不高兴地把涂秘书叫到办公室说：“你怎么还在忙啊！我们办任何事，都应该有个度。这件事（指对他的宣传报道）也要适可而止。这几天报纸上天天说我的好话，我看了心里很不是滋味。难道就没有不同的意见、不同的声音？”涂秘书立即回答说：“钱老，既然您说到这里，那么，我如实向您报告。我也听到一些不同意见。有的年轻人说，怎么党的知识分子政策都落实到钱学森一个人身上了？”钱学森立即说：“你说的这个情况很重要。说明这件事涉及党的知识分子政策问题。如果它完全是我钱学森个人的问题，那我没什么可顾虑的，他们爱怎么宣传都行。问题是在今天，钱学森这个名字已经不完全属于我自己，所以我得十分谨慎。在今天的科技界，有比我年长的，有和我同辈的，更多的，则是比我年轻的，大家都在各自的岗位上为国家的科技事业做贡献。不要因为宣传钱学森过了头，影响到别人的积极性，那就不是我钱学森个人的问题了，那就涉及全面贯彻落实党的知识分子政策问题。所以，我对你说要适可而止，我看现在应该画个句号了，到此为止吧。我这么说并不是故作谦虚，要下决心煞住，请你立即给一些报纸杂志打电话，叫他们从明天起把宣传钱学森的稿子统统撤下来。”

于是涂秘书回到办公室，立即照办。《光明日报》、《科技日报》等都表示尊重钱学森本人意见，明天不再见报了。有一个杂志，他们也表示尊重钱学森意见，但下期的稿子，已下厂排版，有两篇回忆与钱学森交往中受到教益的文章不好撤下来。打了一圈电话，涂秘书到钱学森办公室向他反馈信息。当他听到那个杂志这两篇文章无法撤下来时说："这样的回忆性文章都是在一个人死了以后才发表的，我还没死，他们急什么?"涂秘书听了这话，扭头就走，赶紧打电话告诉该杂志的主编："钱老把话都说到这个份上了，天大的困难你们想办法克服，但稿子一定得撤。"最后稿子终于撤下来了。这就是钱学森伟大的人格魅力！永远值得我们千千万万的人学习、崇敬。

二、"导弹之父"　非科学也[①]

蒋英于4日下午告诉我说，在2日下午归途中，您向她表示在《钱学森传》中不称我为"……之父"，想不通。现在我要向您解释几句。

原子弹、氢弹、导弹、卫星的研究、设计、制造和试验（简称"研制"）实际是几千科学技术专家通力协同合作的成果，不是哪一个科学家独自的创造。这与一百多年前马克思创立马克思列宁主义完全不同，请您认识这一点。

因此用"……之父"是不科学的。

三、成就归于党和集体　"中国"两个字最重要[②]

回顾这一段历史，我觉得，个人只是尽力做了一点应该做

---

① 涂元季主编：《钱学森书信（第5卷）》："1990年3月7日致钱学敏"。国防工业出版社2007年版。

② 涂元季主编：《钱学森文集（第6卷）》："一切成就归于党归于集体"。国防工业出版社2007年版。

的工作，那是很有限的。要说功劳的话，首先要归功于党的领导，第二是广大科技人员的努力。在导弹航天技术方面，那就是最初的老五院，以后是七机部、航天工业部，现在叫航空航天工业部，是这个领域成千上万科技人员的功劳，个人的贡献要是与党的领导和集体的力量相比，那是非常渺小的。仅就我的工作而言，也能完全说明这个问题。周总理、聂老总给我这个任务，我的办法就是依靠集体。

……因此，今天给我的奖，说是第一名中国人得此奖。我说，要紧的是“中国人”三个字，这个“中国人”，应该包括中国成千上万为此做出贡献的人。

至于说到系统工程，那也不是我一个人的功劳。从十一届三中全会以后，许多人都感到系统工程的重要性，在做这方面的研究工作，包括中国科学院的、北京大学、清华大学、北京师范大学的等。所以，就是系统工程理论方面的贡献，也是大家共同努力的结果。这就是为什么我认为国际工程与技术交流大会、国际理工研究所在授奖文件中所说的、对中国火箭导弹技术、航天技术和系统工程理论方面的贡献这段文字中，“中国”两个字最重要的原因，应该表彰的是中国所有对此做出贡献的人们。

四、是非功过　人民评判[①]

去年十二月十一日信早已收读。黎屿华同志没有来找我。

---

① 涂元季主编：《钱学森书信（第1卷）》：“1984年1月20日致吴世宦”。国防工业出版社2007年版。

可能他也听说了，我不会同意搞什么电影、电视，不会同意搞什么传记，因此打消了您们原来的念头。的确如此，我认为讲一个人，应该在此人死了之后“盖棺定论”嘛，怎么能在此人生时？至于我死之后，要不要搞，那要看人民的意愿，也不是我钱某所能想象的。总之，您的想法丢了吧！

五、总校友会名誉会长的事，我不能干[①]

作为一个在上海交大受过很好教育的人，听说要成立包括新竹交通大学在内的五所交大的总校友会，当然高兴。您说大家有意让我当总会的名誉会长，我又发愁！近年来我为了能集中有限精力搞点学术工作，努力辞去社会活动性的职务，而且凡非我本职工作，决不离开岗位到外地，所以这个总校友会名誉会长的事，我不能干！真不能干呀！

六、文集之事　暂不考虑[②]

对自然科学我只是部分地了解，对哲学我完全是个外行，怎么能出什么哲学和自然科学问题的文集呢？那么办也会影响您社的威望。

所以我还是请求暂不考虑！

---

① 涂元季主编：《钱学森书信（第 1 卷）》：“1984 年 3 月 21 日致邓旭初”。国防工业出版社 2007 年版。

② 李明主编：《钱学森书信补编（第 1 卷）》：“1984 年 8 月 13 日致薛德震”。国防工业出版社 2012 年版。

七、奖是奖给你的[1]

近日于景元同志告，《工程控制论（修订版）》获奖，并送来证书。我早就讲过，此修订版我确实未做任何工作，完全是您辛勤劳动的成果，因此奖是奖给您的，一切由您保留。这是客观事实，只能这样办，请批准。

八、一概婉谢　恳请谅解[2]

信中您说您要写钱学森对林业的思想，这我不敢当！我对讲什么钱学森的文字从来一概婉谢，因为我还活着，这种文字未免太早了！对您的建议我也不能同意，恳请谅解！

九、一概不写序[3]

我自一九五五年回到祖国后，没有参加什么学校工作，所以也不是教授，对我们的高等教育没有发言权。因此我从来不敢接受院校的名誉教授，这次您的邀请也当然不能例外；我不能当上海交通大学的名誉教授，我也不能当上海交通大学九十

① 涂元季主编：《钱学森书信（第8卷）》：“1994年2月6日致宋健”。国防工业出版社2007年版。

② 李明主编：《钱学森书信补编（第4卷）》：“1994年3月1日致王左军”。国防工业出版社2012年版。

③ 李明主编：《钱学森书信补编（第1卷）》：“1985年6月21日致孙柏林”。国防工业出版社2012年版。

大庆组织委员会副主任委员。

您自称是小人物，这不妥！我们的社会是平等的，在学术工作中更是如此，人无大小之别，完全平等。

我也不管作者“人物大小”，一概不写序，从不为别人的书写序。所以也不能给您的书写序，请谅！

十、应按劳分配　回赠一个礼品[①]

您5月31日信，稿费及两张出版社的清单我都见到。我想说，对《科学的艺术与艺术的科学》，我不过选了个书名，改写了书首的那封致您6位的信而已；是您做了大量编辑审版工作，而且在暑天多次从城西跑到城东！您怎么能只得1 000余元而我得4 698.94元！这怎么是社会主义的按劳分配？太不公平！我心里受不了呵！

因此我随画送上3 700元，就作为我送给您的一个礼品，供您买件您称心的衣服，留个纪念吧！这样才让我安心，也有益于我的健康。

务恳、务恳！

十一、钱学森当选科协主席的“曲折经历”

——由钱学森拒当科协主席看他的权力地位观[②]

1986年6月，钱学森在中国科协第三次全国代表大会上当

---

① 李明主编：《钱学森书信补编（第5卷）》：“1995年6月4日致钱学敏”。国防工业出版社2012年版。

② 顾吉环，李明，涂元季编著：《科学道德——钱学森的言与行》，国防工业出版社2015年版。

选为科协主席，至1991年5月在中国科协第四次全国代表大会上辞去主席，当选为名誉主席，任期一届，5年时间。

2007年，国防工业出版社出版了10卷本《钱学森书信》。钱学森1984年9月28日给时任中国科协书记处书记鲍奕珊同志的信，令涂秘书回忆起钱老出任科协主席并不那么“顺利”的过程。

科协“二大”是1980年召开的，当时钱学森是科协下属的中国力学学会理事长和中国自动化学会理事长，并被推选为中国科协第二次全国代表大会的代表，出席了会议。大会结束时当选为副主席，周培源为主席。第二届副主席还有严济慈、茅以升、钱三强等。

按科协章程规定，5年一届。所以从二届第四个年头，即1984年初就开始酝酿科协换届事宜。涂元季因担任钱学森的秘书，常常随他到科学会堂参加科协的会议，经历了换届的主要过程。

“这钱老爷子是真不想当主席，他在会上发火了”

1984年初，中国科协在周培源主持下开过主席会议、常委会等，这些会议都谈到换届问题，大家一致推荐钱学森为下届主席候选人，但钱学森本人坚决不同意。他甚至在会上和别人争得面红耳赤，决不退让。弄得周培源和其他副主席十分难办。涂秘书作为钱学森的秘书列席这些会议，在讨论人事安排问题时便“自觉地”退出会场，坐在走廊的长椅上休息。但会议室激烈争论的声音还是听得见的。科学会堂的服务员进去上茶，出来后对涂秘书说：“这钱老爷子是真不想当主席，他在会上发火了，我在这儿当了这么多年服务员，还从没见过这种阵式。”

1984 年底，中国科协在周培源主持下，召开二届五次全国委员会会议。大会在京丰宾馆召开。会议安排的主要议程是由副主席钱三强致开幕词，主席周培源作工作报告，副主席钱学森致闭幕词。开会前夕，主持科协日常工作的书记处书记裴丽生（他也是二届副主席之一）带领科协工作人员来钱学森办公室，把闭幕词的讲稿拿给他看，征求他的意见，涂秘书则坐在一边作记录。

稿子不长，钱学森很快看完后说：“这个稿子我没意见，但我建议最后加一段话，说明我钱学森不适合担任下届科协主席。你们要是同意加上，这个稿子我念。你们要是不同意，那我就不念，你们另请高明。”谈话的气氛一时有点尴尬。但像裴丽生这样的老革命家，长期做领导工作，还是很会协调这种难题的。裴丽生略微思考后说：“学森同志，你看可不可以这么办：你要讲的那段话，不要正式写在文件上。念完闭幕词，你可以在会上讲一段你要说的话。”钱学森听后点头同意，这件事就定下来了。

等到闭幕会这一天，钱学森致闭幕词。当他念完闭幕词的稿子，开口说：“我要补充一点，说明我本人不适合担任下届科协主席……”他下面的话刚一说出口，台下一片掌声。他再张口讲话，又是一阵热烈掌声，几个回合的“倒彩”使他无法讲下去，就在他又要开口讲话时，突然台下一个人举手，要求发言，主持会议的周培源主席表示同意。发言者说：“钱老，关于您个人的事情，就不要在大会上讲了。”他的发言又迎来一片更为持久的热烈掌声。钱学森讲不下去了，周培源立即宣布大会结束。

由于钱学森决意不当科协主席，使换届工作进行不下去了，以至于科协第三次全国代表大会不得不推迟召开，80 多岁的周培源老先生按章程届满以后还不能退下来，又多当了一年主席。

然后，钱学森 1984 年 9 月 28 日给二届科协书记处书记鲍奕珊写的信，说他不能当科协“三大”代表的原因。

一般读者看了这封信会不明白一个科协三次全国代表大会的代表是什么大事，值得钱学森亲自写信请辞？殊不知，他若同意当“三大”代表，必会被选为三届常委，又必会被选为三届主席。接着他会在全国政协接替周培源，成为全国政协副主席，而这，正是他不愿意干的。他常说自己只是一名科技人员，不是一块“当官”的料。如果不是工作需要，他不会同意担任力学所所长，也不会同意担任国防部第五研究院院长、七机部副部长和国防科委副主任等一系列职务。这些职务都是后来在他主动而坚决要求下辞去的。即便当上全国政协副主席能享受“四副两高”党和国家领导人待遇，他也毫不在意。

科协换届终于提上了中共中央书记处的会议议程

科协换届的问题成了个大难题。这个问题终于提到中共中央书记处的会议议程。中央书记处根据广大科技人员的意见，“建议”钱学森出任中国科协三届主席。中央书记处的“建议”是什么意思？实际上就是告诉身为中共党员的钱学森，这是中央的决定。但钱学森是一位受人尊敬的科学家，中央书记处自然不会简单从事。于是，中央书记处派主管科技工作的方毅同志找钱学森谈话，同时，钱学森在军内的上级、中央军委副主席兼秘书长杨尚昆也找钱学森谈话。中央在这个工作上的周到细致，由此可见一斑。

涂秘书也是旁听了方毅与钱学森在钱学森办公室的谈话才知道这个情况的，并在后来记录了下来。杨尚昆与钱学森谈话，地点在三座门中央军委杨尚昆的办公室。谈完话，钱学森回到国防科工委，把情况简单向涂秘书说了说。

据涂秘书回忆，方、杨二位中央首长和钱学森谈话的主要精神是："钱老啊（这是方毅的口气，而杨尚昆是称他学森同志），你当下届科协主席是众望所归，不是中央强迫你当，我们中央书记处也不能违背广大科技人员的意愿啊！我知道你的态度，书记处派我来做通你的思想工作，我觉得是件难办的差事。今天要是完不成任务，我没法回去向书记交差。"方毅的话说得恳切而又坚定，但钱学森还是重申了他不当科协主席的理由："我长期在国防部门工作，习惯了军队的一套。而科协是个'群众团体'，不好管，当主席麻烦事太多。我年纪不小了，刚刚从国防科研第一线退下来，我想集中余生有限的精力，从事学术研究，这是我的所长。我不是块'当官'的料，把我推上去也完不成组织上交给的任务。与其如此，还不如考虑其他人选为好。"他向方毅推荐了另外两位科学家的名字，说"他们都比我更合适"。

方毅针对钱学森的意见说："你想集中精力研究学术，这是好事，我支持。可以这么办，科协下届书记处的组成名单由你提出，成立一个强有力的办事机构。日常事务都由他们处理，不许他们拿那些杂七杂八的事来干扰你，你只需把把方向。你看这么办好吗？”

钱学森还想说话，方毅没让他接话茬儿，随之便用一位中央领导人的口气说：“学森同志，你有什么困难，尽管提，所有的困难我们都为你解决，只是有一条，科协主席的名儿你必须挂。就算是挂名你也得挂。”

话说到这个份上，钱学森似乎不好再说什么，迟疑的瞬间，方毅起身说：“我的任务完成了。”钱学森连头还没来得及点，方毅便握手告辞了。

连邓颖超大姐也亲自来做思想工作

知道钱学森思想并未通，杨尚昆又约他到三座门谈话。谈话回来，钱学森简单对涂秘书说：“还是那件事，看来不答应是不行了。杨尚昆问我有什么要求，我就提了一件事，不当《中国军事百科全书》编委会副主任。”① 接着要编《中国军事百科全书》，也要他当编委会副主任。杨尚昆说：“这是我们军队的事，好办。”他拿起一号台电话，要通了军事科学院院长宋时轮（他是《中国军事百科全书》编委会主任）。从杨尚昆的电话听出，宋时轮不同意，杨尚昆说：“你不要再说什么，就这么定了，让学森同志给你推荐合适人选。”杨尚昆虽然说定了，但宋时轮仍不想放弃。军事百科开会，还要通知钱学森参加。到了 1986 年 3 月 15 日钱学森又亲笔给宋时轮写信，推

---

① 钱学森是第一版《中国大百科全书》编委会副主任，又兼《中国大百科全书》军事卷副主任。

荐朱光亚接替他的工作，并说明拒不出席军事百科会议的原因（原信见国防工业出版社 2007 年 5 月版《钱学森书信》第 3 卷第 99 页）。

经过这两轮谈话，中央领导同志仍不放心，于是又请出邓颖超同志做钱学森的思想工作。邓大姐不仅德高望重，还是钱学森在北京师大附小念书时的老师，二人常常以师生相称。邓大姐约钱学森到中南海谈话，这个面子钱学森就不能不给了。说到将要担任全国政协副主席的事，邓大姐说："这好办，我告诉政协机关，叫他们平时不找你的麻烦。"这也是钱学森回去对涂秘书说的。

当完一届科协主席，第三届中国科协到 1991 年换届，由于钱学森坚持不连任，大会选举朱光亚为中国科协第四届主席。朱光亚也只任一届，到 1996 年选周光召为第五届主席。2002 年科协又要换届，中央组织部的人员去钱学森家，征求这位年已 91 岁高龄的老科学家的意见。

中组部的同志说："钱老，听说你当中国科协主席时有个规定，科协主席只干一届，是这样吗？"91 岁高龄的钱学森仍头脑清晰，思维敏捷，他幽默地说："没这回事，我从来不搞'土政策'，我那时说的是指我自己。"一句话，把中组部的年轻同志逗乐了。

第七章　对待同事　平易近人

一、不耻下问的大科学家[①]

钱学森是一位不耻下问的大科学家

张宏显

我曾经在工作中接触到钱老，有两件事至今难忘。

第一件事：钱老与我们讨论弹头的技术发展问题

那已经是46年前的事情了。1965年仲夏一个星期四的下午，天气非常炎热，静坐在一部一楼阴凉办公室里看书，还要不停地扇着扇子。突然听到技术助理通知：大家到室里开会。进去一看，钱学森在部科研局助理员刘九皋陪同下静静地坐着，前面放着杯白开水。据说钱学森是下211厂参加劳动来的，借此机会和我们一部四室讨论弹头的技术发展方向问题。

记得当时他说导弹技术发展文章主要是在弹头，将来的突防技术、反拦截技术、隐身技术、防热技术、姿态控制、释放

① “钱学森与中国航天”课题组成员。

诱饵、机动弹头……这些都是要好好研究的课题，一个研究室是远远不够的，是研究所还是研究院，还需要研究，大家可以提提建议。

会议中间，大家都感到天太热了，说了那么多话，应该请他喝点水，但是他不喝。可能刘九皋意识到了，自己拿了一个杯子，从暖瓶里倒了一杯水先喝，并且把为钱学森准备好的那杯水倒了，重新倒了一杯，过了一会，示意钱学森，请他喝水，这时钱学森才喝。后来才知道中央有规定，他不能随意吃别人准备好的东西。

当时我都有点不太相信自己的眼睛，在空气动力学课中提到的“卡门－钱近似公式”的这位世界著名大科学家就在我面前，一身普普通通的衣服，那么平和、和蔼可亲、平易近人。

这样的座谈大约连续了四五次。我也就在他的指引下进行了弹头姿态控制必要性研究，室里也成立了姿态控制组。按钱学森在座谈时谈到的意见，1971 年，四室从一部分出来，成立了弹头技术研究所。

第二件事：钱老向我们征询弹头试验问题

1975 年，张爱萍主任受小平同志和中央军委的委托到七机部拨乱反正，抓远程洲际导弹的研制工作。当时远程洲际导弹弹头研制中存在着空气动力学上两大技术难题。一是洲际导弹弹头防热问题，二是洲际导弹弹头再入飞行稳定性问题。尽管我们对这两个难题做了大量的研究工作，但是我们的方案、解决途径、措施是否有效，尚无把握。

这个关键技术同样引起张爱萍主任、国防科委、七机部领导和上级机关的重视。1975 年 9 月 10 日，由钱学森挂帅，庄逢甘主持，组织、集中全国各有关工业部门、科学院、高校空气动力的研究所、研究中心、实验室专家和技术人员进行了一场攻克洲际导弹再入防热和飞行稳定性的大会战，钱学森在动员会上称这是一次空气动力学界的“淮海战役”（代号为“910”）。有幸我是弹头所主管气动专业的一员，并负责会务，起草会议纪要，会后负责课题的协调、落实和检查工作。

会战按照钱学森主张的系统工程的方法，把两个关键技术分解成若干专题，按空气动力学特点，分三大手段（理论计算、气动实验、飞行试验）进行攻关。项目下再设专题、课题。又照顾到气动计算、试验结果各家差异可能较大的特点，每个题目起码由两个以上单位同时承担，尽可能用不同的方法进行研究，以确保结论的正确性。对项目的进度、质量实行集中调度，及时检查、协调、总结和交流，然后再逐项综合集成，提出结论性意见，并组织专家评定。

经过一年多的共同努力，再次召开了“910”会议。钱学森拨冗参加会议，听取了一年来工作汇报和结论。经过专家评议，一致认为两个关键技术基本突破，但是，是否真正解决，必须经过模拟洲际导弹再入环境的低弹道飞行试验才能最后确定。

钱学森的治学作风从来是严谨认真、一竿子插到底，不见到确切的结论绝不罢休。为了检验“910”会议的结论，国防科委还专门组织了考核弹头真实再入环境的低弹道飞行试验，决定在 1977 年 9 月进行试验。弹头落点选择在新疆马兰附近的 935 场区。

1977 年 9 月 5 日，国防科委政委李耀文、副主任钱学森乘专机亲赴弹头落点。七机部机关、二院、上海机电二局、绵阳气动中心、中国科学院力学所和一院弹头研究所有关科技人员随专机奔赴现场。

专机起飞不久，钱学森从前舱来到陪同人员的座舱，问："谁是七机部的同志，我有些问题需要和你们商量。"在座的人说，这里大多数是七机部的，这几位是弹头所的。钱学森说："我就是要找弹头所的，想问你们能不能在没有遥测数据也没有去实地勘察的情况下，凭目测就回答弹头经受了再入环境的考验，再入飞行试验是成功的？"在座的弹头所的几位同志们商量了一下，回答是可以的。据吴兆宗同志回忆，当时是由他代表大家回答的：只要再入飞行过程中满足"三个一"，便可知是成功的。第一，在预定的再入时间，空中再入轨道上只出现一个亮点（弹头和弹体分离后，弹头飞行速度最快，在最前方，弹头再入烧蚀发出的光最亮）；第二，空中形成一条亮线；第三，听到落地一声巨响。如果在白天，有另外"三个一"来判断：落点只见一股尘烟直上云霄；听到落地一声巨响；落点只见一个大弹坑。"三个一"证明弹头飞行姿态是稳定的、结构没有散架、防热是有效的。钱学森和大家讨论后，很满意地回到前舱。

经过半天多的飞行和戈壁滩上几个小时汽车的颠簸，随行人员到落点半地下窝子的宿舍刚坐下，随即听到钱学森秘书通知：钱副主任马上就到。很快他便低着头（因为在半地下，进门必须低头才能进来）来到半地下窝子的临时宿舍，并和技术人员一起坐在通铺上，讨论起低弹道飞行弹头气动试验成功的标准，再次确认无误后，才放心地回去休息。

钱学森作为世界著名大科学家，如此严格，如此谦虚，如此平易近人，不耻下问，决不装懂，使得在座的所有科技工作者都十分感动和敬佩。

二、平等亲切　处事风度

我钦佩钱院长平等亲切的处事风度[①]

姜延斌

一跟他接触，我就发现钱学森这个人不简单，对人非常谦虚，他对任何人态度都是一样的，领导也好，群众也好，都一视同仁，对我也非常客气，我一来他就叫我姜部长，我说不，你叫我姜延斌就行。我说请坐，给他弄杯水，他就说你别客气，你办你的，我办我的。很多人展开图在那儿看，折腾。我就观察，这个人不简单，我对钱学森有印象在哪儿呢？他回国的时候，内部都有通知，钱学森回来了，周恩来怎么做工作的，怎么和美国人交涉的，怎么回到中国的，这个我都知道，我对钱学森很钦佩，我很敬重他。

他来了以后，戴的眼镜上面是花镜，下面是平光，看书的时候一个样，看人的时候又是一个样。我还不明白，我说："钱院长你的眼镜怎么两块？"他说："你不懂，我的眼花了。"这个时候我才明白，他比我大 12 岁，我心想眼怎么能花呢？

① 顾吉环，李明，涂元季编著：《科学道德——钱学森的言与行》，国防工业出版社 2015 年版。

不懂这个道理。我问王秉璋，他说："我的眼也花了。"我说："没发现你戴镜子。"他说："不厉害，你不懂，你也会花的。"我就很照顾钱学森。钱学森的椅子是一个硬椅子，我专门叫我的管理员给他做了一个棉垫子，他发现这个好，问："谁给我弄的？"我说："我请管理员给你做了一个棉垫子。"他说："你很体贴人呀！"我说："不，我应该帮助你，我得想一切办法帮助你，你在这儿别感冒，别累着了。"中午吃饭他回家，不在这儿吃，我说："你在这儿吃饭。"他说："不，我要回去。"忙到12点半他走了我才下班。

前前后后接触了若干次以后，我觉得钱院长对人谦虚、耐心，批评人的时候也是这样。有一次开会，我们有一个副所长，8点半开会，9点也没来。我头一天就宣布了，谁再来晚，出去站10分钟。钱院长说："别！"我说："不，钱院长，不立这个规矩，这支队伍永远不行，8点半开会，9点还没来几个。"罗副所长来了。我说："老罗，你为什么来晚了？"他哼哼唧唧地。我说："出去站10分钟！"他是中校。钱院长觉得太过分了。我说："不，这支队伍非整顿不行。"站了10分钟以后，我们开会，我说："请进来吧！"他难受得不得了。12点半才散会，钱院长也走了，我对罗副所长说："老罗，你坐下，年龄你比我大，你是工程师，我今天很对不住你。我要不这样做，八点半开会，九点钟十几个都没到，能行吗？"他说："我错了！"就哭起来了。我说："别，但是你得注意，咱们没纪律是不行的。"老罗说："哎呀，我错了！"我说："咱们注点意。"以后他每次开会都提前好几分钟到，以后这支队伍就很整齐。钱学森说："老姜可以，现在这支队伍开会是整齐了，我开会原来就是流水席，愿意来就来，不愿意来就走了。”林副院长也说：“这支队伍行了。”林爽开会也好，张钧开会也好，都是我召集，我给他们组织，组织好以后，大家都整整齐齐的，也怕我，说姜部长可凶了。我说工作就得有原则和纪律，谁不遵守也不行，咱们“遇事就办，一办到底，风雨无阻，马不停蹄”。我们当时的口号就是这个，钱学森对我的口号非常感兴趣。当时，因为我们的处长下基层的事很多，下去以后，遇到办不了的事就带回来。所以，那时我还有一个口号就是：“下边是一大片，回来是一条线。”意思是说，机关下去的同志回来时有很多人写的条，是别人托办的事，就要转给别人；有的不是你办的，是机动处办的，这个条转给机动处办；有计划处的，都转过去。那时候机关可好了，这支队伍很快整齐了，标准化问题、配套问题、经济管理制度，都是重新建立的。

钱学森对人平易近人，真是合乎孔夫子说的：“非礼勿言，非礼勿食，非礼勿看。”钱学森对人“非礼勿言”，只要一说话都非常有礼貌，我跟钱学森接触毫无顾虑，一见面非常友好，非常亲热。

我老是拿钱学森来比，钱学森在我们这儿是一个榜样，他对人友好，礼貌。人啊，平等待人，以礼待人，人家不会忘的，人家会感激你的，所以现在中央提倡要和谐，要容忍，要宽厚，人应该这样，应该提倡这种精神，钱学森的表现符合我们提的这一系列的倡议。

“文化大革命”开始后，1966 年下半年，群众组织在空军礼堂开了一次大会，也叫我参加大会，我说我不去了，他们说不行，非去不行。我去一看，钱学森也在那儿坐着，我问："你怎么也来了？"钱学森说："叶正光（群众组织头头）让我讲话。"我说："你别讲，千万别讲，你说你感冒了，鼻子都哼哼，别累着了，把老头累着还行啊！"

叶正光说那你讲，我说："你让我讲什么，现在都12点了，我讲什么，我们得回去休息了，别把我们累着，我不讲了。"他说："好了好了，算了，不愿意讲算了。"就这样，我们都没讲话。我说："老钱，赶快走！"我又对他们说："赶快让钱院长走，他身体不行。我说叶正光，对钱院长可不能这样，你不能动不动把他拉来，他是一个学者，钱学森是咱们航天工程的奠基人之一，是咱们的一杆旗帜，你要把他弄病了不得了，无论如何你得保护他，你得注意他的身体。"叶正光说："对，不能再找他了。"这之后周总理采取措施了，把他保护起来，不能再找他了。

后来到"三线"，我还接触过钱学森。138工程，就是发射"东五"的那个发射塔架，原来是建在"三线"山沟里面的，就在廖家沟那儿，挖了一个山洞，已经挖了一年多了，挖得很大。那时候我还没有去"三线"，是在科技部，去检查工作，我回来跟钱副院长汇报，说是那个山洞面积太小，将来弄一些导弹往哪搁？你要在那儿做全弹试验，你把它定在那儿不行。钱学森没去过那里，我给他画了一个图，展示展示，他说有道理。经过好几次讨论，刘秉彦、王诤当时都认为在那儿不合适，最后讨论的结果，把它挪到20基地。138工程不是国防科委修的，也不是二炮修的，是我们建的，那个工程是"三线"总装厂102的投资，在那儿修的塔架，后来发射"东五"。

这也是由于钱学森当时听取下面意见，不固执，他觉得有道理，就按大家的意见办。

以上就是钱学森平易近人的典型事例，他虽然是大科学家、大首长，却从来不摆架子、不以权威自居，待人像冬天的一把火，给人亲切、和蔼、慈祥的长者的平等的感觉。

第四部分

思想的先驱

第一章　沙草产业　永续新篇

一、沙草产业

当我们论述一位科学家的伟大贡献时，最常提及的必然是那些最能彰显其思想性与创建性的伟业。与钱学森在物理力学学科建设、火箭导弹研制、系统科学等领域理论架构、实践探索方面彰明较著的贡献相比，他在沙产业、草产业、林产业学科的影响不像前几项功勋那样妇孺皆知，但也与前者一样不能简单描述——究其原因，既有大众对沙产业目情况的不了解，也有人们对沙产业在钱学森科学思想中定位的误读。

沙产业、草产业、林产业在实践地区、物种、手段上各有侧重，但究其根本，方法论是一致的，都是运用系统理念，通过生物利用太阳能而发展起来的农业型知识密集产业。“系统方法”、“能源利用”、“知识密集”、“农业产业”，留心这些关键词，钱学森对沙产业等新兴产业类型的着眼点会越来越清晰。

沙漠治理专家刘恕再三强调，如果把沙产业仅仅看作是防沙治沙、因地制宜选择植被、维持生态平衡之类的环境保护，不但失之平面与肤浅，而且低估了钱学森科学思想的深度。钱学森不是环境保护、沙漠治理方面的专家，而比起一般的环境科学家，他的着眼点在于更广阔的领域。环境的治理与收益只是沙产业理论的一部分，沙产业也只是钱学森对第六次产业革命整体构想的一部分。不过从他对沙产业的关注度之高，可以看出钱学森对这一新兴产业寄予的希望之大。在 1983 年到 1999 年的 16 年时间里，钱学森 186 封有关“第六次产业革命”的书信中论及沙草产业的占到了 47 封，致信对象既有李鹏、宋平、田纪云等国家领导人，也包括钱正英、任继周、刘恕、田裕利等专家学者和科研人员，还有在基层工作的普通同志乃至编辑记者。不妨把解读沙产业的过程看作第六次产业革命的小切口，从其间管中窥豹，领略钱学森的科学思想有着怎样的高度与情怀。

缘 起

一位物理力学家、火箭科学家，在逐渐淡出国家各项大型军事科学项目之后，创建系统学可以说是将自己的学术理论进行系统化的过程，但研究沙产业以及草产业、林产业这些农林项目，又是出于什么样的缘由？

1991 年钱学森在沙产业研讨会上做过一次讲话，将自己对沙产业的认识追溯到 20 年代 60 年代初研制火箭、导弹工作的偶然契机。当时的发射试验场位于内蒙古自治区巴丹吉林沙漠西北、额济纳旗附近的戈壁之中。在火箭导弹发射研究工作之余，他会到戈壁滩上走走，见识沙漠地区的风土景致，因而曾到过额济纳河流域。那里一人多高的梭梭树根很大，堆积在部队伙房门外，据说烧起火来比煤炭还要旺。后来有发展生产的需要，部队便到戈壁滩上挖寸草、肉苁蓉等，运到内地能卖上好价钱。他敏锐地发现，戈壁滩动植物的多样性与以往从书本上得来的知识不同，沙漠戈壁地区有其独特的物种与生物链。沙漠物产之丰富，并不输于鱼米之乡。这样苍茫寥廓的广袤大漠并不是不毛之地，人在这种生态环境下可以有所作为，这是钱学森在戈壁沙滩得到的最初启示。

从国防科工委科技委副主任退居第二线后，钱学森终于有较为充裕的时间和精力，梳理广博兴趣见解中比较边缘的部分。1984 年初他读到有关内蒙古自治区草原问题的相关材料，建国以后当地草原的低产能令钱学森感到十分震撼。恰好当时《内蒙古日报》科学副刊责任编辑郝诚之写来一封约稿信，恳请钱学森为他们撰写文章。半个月后，《内蒙古日报》收到了钱学森撰写的《草原、草业和新技术革命》这篇文章。主要针对内蒙古 13 亿亩草场的亩产值平均只有 0.20 元的现实问题，钱学森指出原因在于新技术用得不够，转化得不够，没有系统工程的思想，并在文中首次提出了“草产业”的概念。在他看来，依靠太阳光照能量运作的农业发展潜力很大，可以通过生物来利用太阳能，用科学方法种草提高产量和质量。而这些设想在已有的科学成就背景下完全行得通。在他的思考中，这会是一项知识密集型的综合利用产业，需要运用到系统工程，而系统学、系统工程，而这恰恰是他多年实际工作的心得。

1984 年 5 月，钱学森应邀到农科院科技委员会会议上作了一次报告。农科院院长卢良恕之所以邀请“导弹之父”到农科院去讲农业产业新理念，正是因为看到了他的文章中所提及的发展农业的创新思想。面对钱学森对自身农业知识的谦逊，卢良恕说道：“你就讲讲你的产业概念吧！”于是钱学森到农科院发表了万言讲话《创建农业型的知识密集产业——农业、林业、草业、海业和沙业》。在农科院的报告中，草产业不再是一个单门别类的产业科学分支，钱学森把由草原开发、草产业生发的概念扩展了。考虑到中国还有约16亿亩的沙漠戈壁，与我国18亿亩耕地面积相差无几，而沙漠戈壁在接受太阳光方面具有优势，于是钱学森提出了“沙产业”的概念。如果能把包括物理、化学、生物学这些基础科学在内的所有的现代科学技术全部运用到沙产业中，16亿亩的沙漠戈壁能否提供与耕地差不多的产值？

沙产业的学科创建和实践进展并不是钱学森一人一时的贡献，钱学森提到自己从1988年开始陆续从报刊上读到我国科学工作者在治沙、防沙、制止沙化方面的研究与成绩时，惊喜与鼓舞溢于言表。在他提出沙产业、草产业之前，已经有不少科学家在治理沙漠问题上下了很多功夫。钱学森是导弹、火箭方面的专家，没有从事治沙基层工作的实践经验，他提供的是自己的思想高度和学科敏感。他的创见是对生产方式的总结、预见，以及一些具体的生产建议。正是在农科院的这次报告中，他预言了一次新的产业革命将在古老的中国上演，这就是第六次产业革命。沙产业作为这次产业革命中的一个小环节，将对中国能源、人口、资源、环境产生深远影响。对沙产业的侧重发展，也正是第六次产业革命的重点所在。

二、何为第六次产业革命

如果不能理解钱学森第六次产业革命的构架，也便不能理解他科学思想的系统学思考方式。

人们日常熟知的“产业革命”（The Industrial Revolution）概念，在恩格斯1845年出版的《英国工人阶级状况》一书中首次使用。产业革命既是生产技术的巨大革命，也是生产关系的深刻变革。产业革命不是指哪一个局部的变化，不是单个领域生产技术应用带来的变化，而是全局性的生产体系、组织结构以及经济结构的变化，带来整个生产体系的飞跃与变化，工业、农业、交通、运输、经济关系等诸多方面的变化。比产业革命更常见的翻译是“工业革命”。第一次工业革命是资本主义的早期历程，也就是资本主义生产完成从工场手工业向机器大工业过渡的阶段。在这一过程中，机器生产逐步取代了手工劳动，在这场规模宏大的工厂化生产取代个体工场手工生产的进程中出现了生产与技术的革命，随后又扩充到其他行业。出现于英格兰的第一次工业革命带来了“日不落帝国”兴盛和全球市场的形成，促进了科学的进步，引发了自由主义思潮，带来了世界格局的变化。詹姆斯·哈格里夫斯和珍妮纺织机，詹姆斯·瓦特和改良式蒸汽机，这些耳熟能详的人物、机器和大时代一起，共同建构了第一次工业革命。

然而钱学森对产业革命的断代，与带来西方文明发展扩张的工业革命不同。在钱学森看来，约一万年前农牧业生产在中国出现和兴起，是世界历史上的第一次产业革命，以可持续的种植、繁育取代了偶然性的采集、狩猎。第一次产业革命的社会形态持续到大约 3 000 年前，仍然是在中国出现了世界历史上的第二次产业革命，出现了商品流通的盈利模式。而在 18 世纪末、19 世纪初英国出现的大工业生产，即人们常说的“第一次工业革命”，钱学森将它定义为世界历史上的第三次产业革命。于是出现在 19 世纪末 20 世纪初西方发达国家和国际产业组织体系，以电力的广泛运用为标志，也就是“第二次工业革命”，在钱学森划分的框架体系内，是世界历史上的第四次产业革命，也是钱学森看来我们还需要补课的一次产业革命。我们身处的当代，由于新的技术革命引起世界范围的生产变革，电子计算机、信息组织起来的生产体系，是世界历史上的第五次产业革命，仍然处在进行时态。而在 21 世纪中叶，曾经产生两次产业革命的古老中国，会再一次出现新的产业革命，即第六次产业革命。这些划分是钱学森运用历史唯物主义的观点分析问题得到的答案。

在这次产业革命中人们的目光再次回归农业，但不是靠天吃饭的传统农业模式，而是农业型的产业。与传统农业相同的是，农业型产业还是以太阳为直接能源，靠地面上植物的光合作用来进行生产，利用生物本能。不同的是，农业型产业是一个产品生产的体系，高新技术的加入将使农业生产变成工业化可操作的过程。以微生物、酶、细胞、基因为代表的生物工程，到 21 世纪将发展为以动植物工程、药物和疫苗、蛋白质工程、细胞融合、基因重组等为核心的生物工程产业，它的产业化将创造出高效益的生物物质，从而引发一次新的产业革命。这次产业革命的实质是以太阳光为能源，利用生物（动物、植物、菌类），水和大气，通过农、林、草、畜、禽、菌、药、鱼，加上工、贸等，形成新的知识密集型产业。创立农业型的知识密集产业，一定会引起生产体系和经济结构的变革，第六次产业革命在工业化、科学化的农业生产变革中呼之欲出。

包括农产业、林产业、草产业、海产业、沙产业在内的第六次产业革命，是在大历史观念中产生的大农业产业，这其中贯穿着钱学森晚年着力最多的系统学思想。不同于普遍的工业革命的观点，钱学森大胆提出了六次产业革命的格局划分。在这一体系中，第六次产业革命不仅是人类生产方式的飞跃式回归，也是历史悠久的古老国度的再次复兴。然而产业革命要被人接受，需要一个复杂漫长的过程，并非三言两语可以解释明白。而略具第六次产业革命生产方式雏形的沙产业，在现实中国可操作性已经得到经验。那么大力发展沙产业，让人们看到沙产业的成果，看到这一生产方式中蕴藏的无限潜力，相信知识与科学的力量，就是在为第六次产业革命正名和铺平道路。钱学森对沙产业的发展无疑寄予了很高的期望，这是对未来信心满满的展望，是对一个在历史长河中即将到来、但在个人生命中不及触摸的伟大时代的热切关注。

1989 年 10 月 12 日，担任中国科协主席的钱学森写信给刘恕，让这位刚刚调任中国科协书记处书记的沙漠治理专家，写一篇建设社会主义中国沙业的论文。1993 年 2 月 17 日，《人民日报》刊登《建立沙产业的思考——钱学森致刘恕信件摘录》，并开办了“治沙工程与沙业展望”栏目，《用另一种思维认识沙漠》、《治沙需要科学和智慧》等系列报道相继见报。1995 年，《中外产业技术》第一期刊登钱学森标题为“发展沙产业开拓食品新来源”的讲话时，以“sand industry”作为“沙产业”的英译，钱学森认为这种译法很不妥，他给出的翻译是“Deserticulture”，并解释说这一个组合词由产业生产的地域和产业生产方式组合而成。“Culture”即文化、知识，没有知识的介入，沙产业不可能成为一类新型产业。

值得注意的是，钱学森指出，第六次产业革命并非是一场一业产业发展的独幕剧，而是与第五次产业革命交错进行着，计算机、网络通讯、集成电路等领域的发展在21世纪仍将继续腾飞。这些科学技术大大提高了物质生产力，也改变了人们的生产方式和工作方式，还将推动思维科学的发展，改变人们的研究方式、学习方式、生活方式和娱乐方式。这是一次旨在“最终消灭人类历史上形成的体力劳动和脑力劳动的差别”的产业革命。

而与第五次产业革命迭现的第六次产业革命，其主要舞台不是资源高度集中的大城市，而会在农村、山村、渔村和边远荒漠地带发生。与之前几次产业革命带来的城市化进程相比，第六次产业革命将大大促进人与自然之间的协调发展，人口、经济、社会、资源和生态环境之间的关系将从对峙走向和谐并存，而中国也将借由这次变革迅速进入可持续发展的崭新阶段。在对第六次产业革命的构想中尤其值得一提的是，它很可能在21世纪的中国消灭“三大差别”，这是钱学森在谈话、书信中反复提到的。

“三大差别”即工农差别、城乡差别、体力劳动和脑力劳动的差别。在一个大多数人已经接受了生而平等的普世价值的社会中，“三大差别”带来了实际生活的种种不平等。尤其是消灭几千年来人类历史上形成的城市和乡村的差别，对今日中国而言具有极其实际的意义。一个人口众多的大国的发展，不应该也不可能仅仅依靠几座超级城市的规模扩张，解决农民生活困境的出路，最终还是在于农村自身的发展。每年之所以有无数人“逃离北上广”，又有更多人涌入大城市希望谋得生存的一席之地，其根本原因无外乎资源分布的不均等。这种不均等会因“三大差别”的消灭逐渐淡化，出生地不再成为影响一个人发展轨迹的决定因素。由于科学技术的进步，工业、农业、交通运输等都一步步从劳动密集走向知识密集，劳动也逐步成为脑力劳动为主、体力劳动为辅。这是发展趋势。农业将成为“知识最密集”的产业，农业型产业所能达到的产值，一定能唤起群众的积极性，一万人左右的农村小集镇，将成为产业型农业大系统中的基本单位。

对于初次接触沙产业概念和第六次产业革命预言的读者来说，也许如此激昂慷慨的构想显得过于乐观，不过参照第五次产业革命给我们带来的实实在在的转变，未来的剧变是难以预见的，但并不代表不会发生。回想起来，网络进入中国要晚于许多“80 后”青年的出生。1987 年 9 月 14 日，北京计算机应用技术研究所钱天白教授发出了中国第一封电子邮件“Across the Great Wall we can reach every corner in the world.”中国的第一个网络名称是 1994 年 4 月 20 日创建的 NCFG，而门户网站的出现只能追溯到 1996 年。但网络对社会分工、交流平台、语言、娱乐乃至思维方式等方面产生的影响，用“巨大”来形容毫不为过。网络在最初进入中国的时期，还只是部分专业人士书斋案头的研究工具，没有人能想象到这种无形无影的新技术门类，能如此迅速地影响普通人的生活。而“小荷才露尖尖角”的沙产业，正像是中国的第一封电邮，“越过长城，邂逅世界”，是一场大变革的前奏。只不过这次会是世界来邂逅中国，分享农业型产业的果实。

第二章　建筑科学　山水城市

一、论钱学森关于建筑科学的五个理论

顾孟潮（代序摘录）①

钱学森，20世纪的科学巨匠，他在建筑科学领域也颇有建树，他为建筑科学做出了开拓性的贡献。

钱学森明确地为建筑科学大部门定位，为建筑科学体系定位；他为建筑科学贡献了一种未来城市的发展模式——山水城市；他为建筑科学确立了三个领头学科——建筑哲学、城市学和园林学。

追溯钱学森建筑科学思想发展的历程，笔者将其分为四个阶段，即思想孕育阶段（1958～1990年），概念形成阶段（1990～1993年），理论发展和推动实施阶段（1993～1996年），理论升华阶段（1996年至今）。

钱学森十分重视基础理论，十分重视领头学科对于整个学科的理论创新、源头创新的带头作用。在钱学森科学活动的每

① 顾孟潮著：《论钱学森关于建筑科学的五个理论》，中国建筑工业出版社2010年版。

一个时期，对研究的每一个科学对象，他始终如一地都是按照实践—理论—实践的思维规律进行的。

笔者曾将6 000年的建筑价值观念变迁过程划分为六个里程碑时代，即实用建筑学时代、艺术建筑学时代、机器建筑学时代、空间建筑学时代、环境建筑学时代和生态建筑学时代。其中每一个时代都有其突出代表人物，如实用建筑学时代的维特鲁威，艺术建筑学时代的米开朗琪罗、拉斐尔、达·芬奇，机器建筑学时代的勒柯布西耶，空间建筑学时代的布鲁诺·赛维等。

这些时代的代表人物以及代表时代的建筑哲学思想或作品，为建筑科学的发展做出了里程碑式的贡献，在各个时代推动了建筑科学技术与艺术的发展。杰出科学家钱学森以其对建筑科学的卓越贡献，在20世纪的建筑科学发展史上也书写了他的精彩华章。

二、建立一个大科学部门——建筑科学

钱学森说："要迅速建立建筑科学这一现代科学技术大部门，并用马克思主义哲学为指导，以求达到豁然开朗的境地。我想这是社会主义中国建筑界、城市科学界同志的不可推卸的责任。请考虑。"他呼吁："现代科学技术体系中再加一个新的大部门，第十一个大部门：建筑科学。"

钱学森详细论述了建筑科学体系的层次结构，他说建筑科学"要包括的第一层次是真正的建筑学，第二层次是建筑技术性理论，包括城市学，第三层次是工程技术，包括城市规划。三个层次，最后是哲学的概括"。

钱学森认为，在建筑科学特有的结构层次中，建筑哲学（包括宏观建筑与微观建筑）是通向马克思主义哲学的桥梁。

钱学森主张："我们有 5 000 年的文明史，一定要用历史的观点来看问题，要看到人以及人所需要的建筑。建立一个大的科学部，不只是一两门学科。"

钱学森的这一理论是他总览科学历史文化，经过多年思考与探索逐步完成的。

1982 年，钱学森提出将建筑列入文学艺术大部门；1983 年，钱学森提出在我国建立园林学；1985 年，钱学森提出建立城市学；1990 年，钱学森提出未来城市发展模式——山水城市；1994 年，钱学森提出要重视建筑哲学在建筑科学体系中的领头作用；1996 年，钱学森提出建筑科学技术体系及建立建筑科学大部门的问题；1998 年，钱学森提出宏观建筑与微观建筑概念。

在此之前，钱学森对现代科学技术体系曾有一个构想，他认为这个体系应包括：马克思主义哲学及十架桥梁和十大科学技术部门：自然科学、社会科学、系统科学、数学科学、思维科学、人体科学、行为科学、军事科学、地理科学、文艺理论等。1996 年，钱学森正式将建筑科学列入他的现代科学技术体系的整体构想图中，成为第十一个大科学部门。

三、建筑科学的"最高台阶"
——钱学森为建筑哲学定位

明确建筑哲学在建筑科学的领头地位，用建筑哲学带动建筑科学的进步，是钱学森建筑科学思想的又一重要理论。

分析钱学森的建筑科学思想可以看到，建筑哲学、城市学和园林学，这三者是钱学森为建筑科学大部门定位的三大理论基石。认识和把握这三大理论基石，认识和把握钱学森建筑科学体系的整体构思，是达到钱学森所说的“对建筑科学认识的豁然开朗的境界”的前提。

今天建筑界的现状离钱学森的愿望相距甚远，建筑理论被普遍忽视。不少人认为，建筑不就是盖盖房子吗？砖瓦泥沙石里有什么建筑哲学？这种见物不见人、见技术不见思想的观念也是建筑界长期裹足不前的原因。

因此，长期以来，我国并未形成自己的建筑理论，有人把建筑当作房子，有人把建筑当作绘画，有人把建筑当作雕塑，有人把建筑当作住人的机器，有人把建筑当作空间艺术等等，对建筑有各种解释，就是不把建筑当作“建筑”。

钱学森一针见血地指出：“建筑真正的科学基础要讲环境。”

这符合“华沙宣言”的精神。1981 年国际建筑师协会第 14 次世界建筑师大会通过的“华沙宣言”就曾明确指出：“建筑学是为人类建立生活环境的综合艺术和科学。”

强调建筑哲学的领头地位会对建筑科学起到什么样的作用？建筑哲学是对建筑科学技术的哲学的概括，它从总体上把握着建筑科学的本质和特点。建筑哲学又是马克思主义哲学在建筑科学中的具体应用，它体现着哲学对各大科学部门的指导作用和带头作用。

四、开放的复杂巨系统
——钱学森城市学理论

“城市学”（urbanology）这一术语，最早由先驱城市思想家、苏格兰生物学家格迪斯（Patrck Geddes）所创。1915 年他的杰出著作《进化中的城市》（Cities in Evolution）出版。城市科学是自然科学和社会科学、基础科学和应用科学的有机结合，是以城市为研究对象的综合性学科。城市科学主要研究城市发展中宏观的、战略的综合性问题，现阶段则着重研究城市发展规律和道路，研究城市在国民经济中的地位和作用等重大问题。

数十年来，国内外学术界对于是否建立城市学是存在争议的。有人认为，城市学作为一门以研究城市为对象的明确的独立学科业已形成。也有人认为，对城市学目前还只能进行多学科的综合研究；如果要成为一门独立的学科，除对象明确之外，还需要有本学科的基本理论、研究方向和研究方法，而城市学在这些方面都还不具备，或说不成熟。还有人认为，城市学本质上是不断变化的，不存在终极真理，单一学科无法揭示其内在规律。

钱学森认为：“城市科学研究会要研究全部有关城市的科学。这里学科繁多，城市建筑学、城市道路学、城市通信学、城市环境美学等等。各方专家可以分头去研究，但应当有个牵头的理论学科，不然怎么汇总？”“这门理论学科是我以前提出的‘城市学’，研究一个大城市、一个小城市以及一个乡镇的整体功能和发展的学问。”

钱学森在其“关于建立城市学的设想”一文中，提出他设想的城市科学体系。他写道：“所有的科学技术都是这样分为三个层次，一个层次是直接改造世界的，另一个层次是指导这些改造客观世界的技术，再有一个是更基础的理论。在我们这方面就是从城市规划到城市学到数量地理学这样一个城市的科学体系，我们要搞好城市建设规划发展战略就有必要建立这样一个科学体系。”

五、“不到园林，怎知春色如许”
——钱学森园林学理论

1958 年 3 月 1 日，钱学森归国不久，便在《人民日报》发表题为《不到园林，怎知春色如许——谈园林学》的文章，称赞“我国的园林学是祖国文化遗产里的一颗明珠”，“我们应该更广泛地和更深刻地来考虑发展我国园林学的问题”。

25 年后的 1983 年 6 月，钱学森又发表了《再谈园林学》的文章，把我国园林空间分成不同的观赏层次，对不同的观赏层次空间他都给以定性定量的科学分析，这些创造性的论述令人惊叹。

钱学森曾将他在建设部第一期市长研究班上的讲话内容整理成文，用“园林艺术是我国创立的独特艺术部门”的题目发表。显然，钱学森寄希望于中国分管城市建设的市长们，希望他们都能参与和推动中国的园林研究与建设。

1990 年，钱学森又提出“中国的山水诗词，中国古典园林

建筑和中国的山水画融合在一起，创立山水城市的概念”，提出“把整个城市建成为一座超大型园林”，这是钱学森的美好愿望，也是我们的美好愿望。

六、把整个城市建成为一座超大型园林
——钱学森山水城市理论

山水城市是钱学森构筑的 21 世纪中国未来城市的模式。多年来，山水城市的概念引起了国内外城市规划界、建筑界、园林界的广泛重视和讨论，山水城市的理论内涵和外延不断地扩展、不断地深化，钱学森本人对这一理论也不断地有所补充。

钱学森说：“山水城市的设想是中外文化的有机结合，是城市园林与城市森林的结合。山水城市不该是 21 世纪的社会主义中国城市构筑的模型吗？我提请我国的城市科学家们和我国的建筑师们考虑。”

钱学森在一次山水城市讨论会上阐述了他的山水城市概念，他说：“我想，既然是社会主义中国的城市，就应该第一，有中国文化风格；第二，美；第三，科学地组织市民生活、工作、学习和娱乐。所谓中国的文化风格就是吸取传统中的优秀建筑经验，例如吴良镛教授主持的北京菊儿胡同危旧房改建，就吸取旧‘四合院’的合理部分，又结合楼房建筑，成为‘楼式四合院’。我们可以想象，‘楼式四合院’再布上些‘老北京’的花卉盆，荷花缸、养鱼缸等等，那该是多么美的庭院啊！”

“如果说现代高度集中的工作和生活要求高楼大厦，就只有‘方盒子’一条出路吗？为什么不能把中国古代园林建筑的手法借鉴过来，让高楼也有台阶，中间布置些高层露天树木花卉？不要让高楼中人向外一望，只见一片灰黄，楼群也应参差有致，其中有楼上绿地园林，这样一个小区就可以是城市的一级组成，生活在小区，工作在小区，有学校，有商场，有饮食店，有娱乐场所，日常生活工作都可以步行来往，又有绿地园林可以休息，这是把古代帝王所享受的建筑、园林，让现代中国的居民百姓也享受到。这也是苏扬地区一家一户园林构筑的扩大，是皇家园林的提高。中国唐代李思训的金碧山水就要实现了！这样的山水城市将在社会主义中国建起来！”

钱学森在建筑科学领域开创性的理论贡献，主要表现为五个方面：建筑科学定位理论，建筑哲学定位理论，建立园林学理论，建立城市学理论，建设山水城市理论。

“建筑是科学的艺术，也是艺术的科学，所以搞建筑是了不起的，这是伟大的任务。”——钱学森热情地激励着我们。

“我们中国人要把这个搞清楚了，也是对人类的贡献。”——钱学森殷切地期望着我们。

第三章　系统科学　系统工程

一、被广泛应用的系统工程

1978 年 9 月 27 日，钱学森等人在《文汇报》发表《组织管理的技术——系统工程》一文。正如列宁所说，管理的艺术并不是人们生来就有，而是从经验中得来的。系统工程来源于千百年来人们的生产实践，是点点滴滴经验的总结，是逐步形成的，在近年才上升为比较完整的一门科学技术。而系统工程在我国的最初运用，就是在国防科研领域。这篇论文在促进系统工程在我国的发展方面影响很大，指出了系统工程不仅可以用在国防科研领域，还可以运用到多个领域，普及推广系统工程也进入一个新阶段。钱学森早在 1956 年就在中科院力学所建立了中国第一个运筹室，招了第一批由三个数学专业、三个经济专业和三个电子工程专业的学生组成的具有交叉学科能力的队伍，在国内推行国际上通行的运筹学原理及其应用。钱学森在《周总理让我搞导弹》中说："组织领导'两弹'工作的方法，在新时代有很大意义。有一次专委会上，周总理讲了这么一句话。他说：'我们这套东西，将来也可以民用嘛！三峡工程就可以用这个。'我记得很清楚，他这句话我很赞成。这就是那套组织、指挥大规模科学技术研究、生产的方法，可以应用并推广。”钱学森在《论系统工程》一书中说过：“要完成新时期的总任务，在本世纪末实现农业现代化、工业现代化、国防现代化和科学技术现代化，把我国建设成为社会主义强国，必须大大地提高我国科学技术水平，这是大家所认识了的。中央领导同志多次指出，我们现在不但科学技术水平低，而且组织管理水平也低，后者也影响前者，要解决组织管理水平低的问题，首先要认识这个问题，要认识这个问题的严重性。只有充分认识我们的管理水平低、管理工作存在混乱的情况，我们才能够切实地总结经验、教训，不但学习和掌握先进的科学技术，而且要学习和掌握合乎科学的先进的组织管理方法。否则，我们就会继续浪费时间、人力和资金，就不能完成我们在本世纪内要完成的宏伟任务。系统工程在总体优化组织管理人力、财力、物力方面有如此显著的优势，所以在各个领域推广并应用系统工程思想，是一项迫切的工作。”1978 年以后，卸去了国防科技战线领导职务的钱学森，终于有时间去总结我国航天事业的丰富实践经验。以《文汇报》的文章为起点，他发表了一系列文章和讲演，关于系统工程的论述主要集中在《论系统工程》一书里。

1979 年 10 月 11 日至 17 日，北京系统工程学术讨论会在北京京西宾馆举行。会议由国防科委发起，联合中国科学院、教育部、中国社会科学院、各工业部门、总参、总后、各军兵种、军事科学院等单位共同召开。在这次大会上，钱学森、关肇直、许国志、宋健、张钟俊、李国平、刘豹、陈瑾、刘源张等 21 位专家发起倡议成立全国的系统工程学术团体，并组建中国系统工程学会筹委会。在会上钱学森作了讲演，列出十四门系统工程和与之对应的特有学科基础。钱学森说："系统工程的理论基础，除了共同性的基础之外，每门系统工程又有其各自的专业基础。这是因为对象不同，当然要掌握不同对象本身的规律。"钱学森又说："在现代这样一个高度组织起来的社会里，复杂的系统几乎无所不在的，任何一种社会活动都会形成一个系统，这个系统的组织建立、有效运转就成为一项系统工程。"钱学森看准了系统工程在社会主义建设各个领域的巨大作用，所以才推广宣传。

在钱学森周围，聚集了一批懂系统工程的人才。1980 年春，中央人民广播电台举办系统工程系列普及讲座，钱学森同一批学者参加了主讲（见图 10）。当年 10 月份中央电视台和中

图 10　1980 年初，钱学森大力推广系统工程理论，为推动多门类系统工程的建立和应用，钱学森作了大量的演讲和报告

国科协等组织了“系统工程普及讲座”，钱学森等学者参与了讲座，当时印刷的讲座教材发行量高达 16 万册，我国系统工程的普及和推广轰轰烈烈拉开了序幕。

在中国系统工程学会成立以后，钱学森一直担任着学会名誉理事长一职。他对涉及系统工程的各个门类领域都有研究。例如在军事系统工程方面，指出军事系统工程在参谋业务方面、在武器使用方面、在后勤业务方面、在组织建立指挥体系方面、在战略研究方面的应用，试图说明系统工程对我军现代化的重要意义。钱学森于 1979 年 7 月 24 日在中国人民解放军总部机关领导同志学习会上的讲演稿《军事系统工程》一文中说：“第二次世界大战是现代参谋组织和现代参谋科学技术发展的重要里程碑，这是经历了千百年战争的实践，有了丰富的经验，才有可能进一步整理人们的感性认识，开始提高到定量的科学。这次规模空前的战争以极大的力量把一大批有才干的科学工作者吸引到拟订与评价战争计划、改进作战技术与技术装备的研究工作中。不同行业的科学工作者结合在一起，用电子计算机和其他新科学技术作为工具，研究分析作战技术、装备运用、组织指挥、后勤保障等方面的问题，并且提出建议，供军事决策机关参考。这种有组织的科学活动，产生了两个有深远意义的结果：一是使作战技术、装备运用、组织指挥和后勤保障方面的参谋技巧发展成为可以传授的科学技术，即可以系统地讲出道理的知识；另一个是利用这门参谋科学技术为作战技术、装备运用、组织指挥和后勤保障服务的研究组织的迅速发展。现代参谋科学技术和现代参谋组织，形成了军事系统工程，它在当前非常庞大而又极为复杂的军事工作中是有重要的位置的，因而它也是一支现代化军队所必须掌握的。”

20 世纪 80 年代全民对知识的渴望形成了一股学习浪潮，国防科技作为我国科学研究的重要领域，作为系统工程思想尖端的领域，钱学森与其系统工程理论更加被人们了解和重视。1982 年 5 月钱学森在一次海军军事科学学术报告会上作了《关于运用现代科学的新发展，建设强大的人民海军》的专题演讲，1986 年应邀在中央党校作了《军事科学》的专题报告等。因为在军事系统工程的贡献，1998 年 3 月 31 日，国防科工委科技委主办的“军事系统工程研究发展 20 年报告会”在京举行，纪念钱学森提出建立与发展军事系统工程学科 20 周年。钱学森为会议发来了书面发言，在发言里钱学森说，基础理论层次是军事学，技术理论层次是军事运筹学，应用技术层次是军事系统工程。应用技术层次的军事系统是一个学科群，包括方方面面，例如国家安全系统工程、作战系统工程、组织系统工程、法规条令系统工程、武器装备建设系统工程、指挥自动化系统工程等等，研究的不是军事学思想，而是军事学中的技术性问题。钱学森突出了运筹学在军事科学中的重要地位，他关于在军事体系内建立军事运筹学和军事系统工程的建议，受到了广泛的关注。

在作战模拟和从定量到综合集成方法方面，钱学森也提出了一系列具有创见的建议。钱学森曾经说过：“要用现代科学技术来研究战争规律，研究战争这门科学，这就形成了现代军事科学。”在《军事系统工程》一文中钱学森说：“恩格斯关于作战方式的一个著名论断是：‘一旦技术上的进步可以用于军事目的并且已经用于军事目的，它们便立刻几乎强制地、而且往往是违反指挥官的意志而引起作战方式的改变甚至变革。’从原始的部落战争出现，一直到整个中世纪，由于技术的发展，17 世纪末叶欧洲资本主义强国相继建立了新式的海军和陆军，新的武器带来了新作战方法，而新的作战方式提出了训练军事指挥和参谋人员的需要。从 20 世纪开始，机关枪、飞机、坦克、化学和生物战剂、潜艇、无线电通信、雷达、直升机、喷气飞机、惯性导航、电子对抗、核武器、核潜艇、远程导弹、电子计算机、巡航导弹、精确制导武器、航天技术等等，一个接一个地出现在军事舞台上，一次又一次地促进了战争的战术形式甚至战略思想的演变。处在这样一种军事技术急速变革的进程中，一个突出的问题是如何使军队在和平时期紧紧跟上这种变革的步伐，以避免在一次新的战争开始之后，由于不适应作战方式的变化而不得不付出的生命和物质代价。这是各国军队面临的课题，也是我军实现现代化建设所面临的一个研究课题。解决这一课题的途径是模拟实际战争的实验室演习，它常常要用电子计算机。这是参谋业务的现代化。”

计算机作战模拟技术在我国初期的发展大致如下：1979 年至 1982 年是提倡和引进知识的时期，1983 年开始了应用研究阶段。为了推动作战模拟的研究，中国系统工程学会在 1980 年 11 月成立时，就组建了军事系统工程专业委员会。1981 年 5 月，该委员会在北京召开了全国首届计算机作战模拟学术会议。近年来中国计算机作战模拟研究成果主要有海军航空兵和导弹艇攻击巡洋舰编队作战数学模型（1983 年 1 月），陆军师坚固阵地防御地面炮兵作战模拟模型（1985 年 2 月），陆军师野战高炮群战斗模拟模型（1985 年 2 月），“长城一号”分队战术模型（1985年3月），“长江二号”合成军师团作战模型（1986年12月），地面防空火力群反空袭战斗模拟系统（1987年4月）。中国人民解放军第一届作战模拟经验交流会1985年3月在北京召开。武器装备、作战条令、部队结构、部队训练这四种力量要素的辩证关系，正是军事系统工程研究的对象。钱学森的《军事系统工程》对此的说明可谓前瞻且深刻。1985年，钱学森在全国第一次作战模拟交流会上，作了《作战模拟是一门重要的科学技术》的报告，阐述军事科学的重要性。此外针对军事系统工程，他还有许多谈话和讲演，在军事组织管理、战略与战役理论、信息化战争与信息化军队、军事科学与军事科学体系、科技情报现代化等方面也有深刻的论述。钱学森关于军事系统的研究可运用于我军的多个方面，如参谋业务、新武器的使用、后勤业务、组织建立指挥体系、战略研究等。这些内容，也大大拓展了军事科学的内涵。

二、系统科学：将知识锤炼为智慧

在系统科学方面的认识，钱学森达到了工程科学和其他各部类科学综合应用的一个新高度。何谓系统科学？钱学森的界定是：“系统科学的特征是系统的观点，或者说系统科学是从系统的着眼点或角度去看整个客观世界。”小到一个简单机械可以是一个系统，大到制造卫星、火箭等大型精密装置的工程也可以是一个系统。而再精密复杂的装置或工程，其复杂性也无法与包括人类思维行动在内的社会系统比肩。在钱学森的系统科学框架内，社会系统是特殊复杂的巨系统。与日常生活息息相关的经济、交通等，作为社会系统的一部分，同样是可以操作的系统。延续工程科学的理念，他定义的系统科学是为了集中国家的人力、财力、物力解决具体问题。以交通这个困扰各大城市多年的命题为例，车流、人流也是一种流体运动，红绿灯可以视为流体运动中的外部因素。如果将一定时间一定区域内的交通情况记录下来，通过流体力学研究手段可以找到更优的交通设计方案，疏导堵塞现象。

三、完备一个体系的“三维科学家”

于景元研究员提到钱学森，必称“钱老”，在他看来，钱老是“三维科学家”。某个特定领域的专家是一维科学家，他的知识和思想有深度，但仅局限在一个地方，是一得之见。复合型人才是二维的，能跨学科跨领域，有创新能力。钱老既有学科理论深度，又有跨学科跨领域的广度，还有一个跨层次的高度。因此说钱老是一个“三维科学家”，我们现在的科学家大部分是“一维”、“二维”，“三维”的只有钱老一位。

20 世纪 70 年代末，从国防科技事业退下来的钱学森，仍以饱满的精力活跃于各个科学领域。而耗费心血最多、影响最大的，是他的系统科学思想。但钱学森系统科学思想并非源自卸任后的单纯学术兴趣，而是发轫于 1955 年出版的《工程控制论》。工程控制论的研究目标，是设计稳定工作的自动化系统。为完成预定目标，在多种控制策略中，如何在最小代价、最好效果等诸多要求中权衡利弊，选出最优方案，特别是像导弹、卫星这样一经发射便难以更改运转方式的装置，如何使脱离人控制的系统内部自洽，能按预定目标运作。《工程控制论》完成后，研究思维跳脱的钱学森进一步想到，不仅火箭导弹等工程系统需要反馈与控制，其他行业也需要控制。也有人认为钱学森关于系统科学的探索，始于美国加州理工大学求学之时，由于航空科技属于典型的大科学、高技术，需要成千上万的科技人员在他导师冯·卡门的有效组织下通力合作才能完成既定任务，因而启发了钱学森对系统工程这种组织管理技术的经验和兴趣。无论系统科学的萌芽蕴于何时，这些关于系统的科学思想灵光已与20世纪40年代开始发展的运筹学有所关联。

1955年归国途中，钱学森在船上遇到了数学家许国志，两人兴奋地谈论起当时发萌于英美的运筹学。运筹学本来以研究经济活动和军事活动中能用数量来表达的有关策划、管理方面的问题为主，通过数学上的分析、运算，得出优化的结果，最后做出综合性的合理安排。运筹学从确定目标开始，制订方案、建立模型、完成解法的过程，完全可以用以解决日常生活问题。在交流中，两人进一步相信，交通运输、经济等都是大系统，应该可以协调、计划，找出许多方案中最优的一个。船上的讨论导致钱学森将新兴的运筹学引入国内，成为钱学森为新中国规划建立的学科目标之一。

1956年力学所成立后，由许国志负责筹建运筹学研究室。许国志对运输问题很感兴趣，作为运筹学子学科——线性规划，首先的研究项目便是运输规划，力图运用线性代数工具，通过图表计算出优化的规划方案来。这些实验与计算为此后系统科学的完善打下了初步的基础。1978年，钱学森等发表在《文汇报》的文章《组织管理的技术——系统工程》，是国内研究系统科学的第一篇论述。这篇文章以小见大，以一个泥瓦匠的工作包含一个工厂工作的六个要素为例，证明系统的普遍存在和系统工程的普遍适用。

工程控制论本身已经不完全属于自然科学范畴，而进入了系统科学的领域。自然科学的研究对象是物质，通过研究物质在时空中的运动进而研究客观世界。而工程控制论已经把研究对象扩大到了物质之外，研究代表物质运动的事物之间的关系，以及这种关系的系统性质。这一研究对象、研究角度的转变，可以用《工程控制论》序言中的一段话来概括："这门新科学的一个非常突出的特点就是完全不考虑能量、热量和效率等因素，可是在其他各门自然科学中这些因素都是十分重要的。控制论所讨论的主要问题是一个系统的各个不同部分之间的相互作用的定性性质以及整个系统的总的运动状态。"

系统和系统控制是工程控制论所要研究的基本问题，因此，在工程控制论和运筹学等科学思想基础上，在各门学科的交叉研究中，钱学森提炼出了系统工程的概念，提出了从总体上把握众多学科部类的系统科学。今天人们熟悉的"从定性到定量综合集成"等概念，是在20世纪80年代的系统学讨论班上经反复研究，由钱学森概括出来的。从科学理论科学思想的广度、深度、高度来看，钱学森无疑是三维科学家，此时他已年过七十，这种创造力的表现在这一年龄段是惊人的。

从工程科学到控制论，再到系统科学建立的过程，正是完善一个多层次的学科体系。从对系统和系统控制有所感触的那一刻起，系统学的概念已然成为钱学森思想跨越的一点薪火。尽管钱学森在回国后的二十多年大都在做工程师的工作，但他在丰富的实践经验的基础上有意识地不断完备系统论的认识，使系统科学的形成和发展具有连贯性和明确性。他与经典数学和经典物理学家瑞利一样，能够在进入老年后依旧焕发出精神和智识上的活力，更进一步发展出完备的科学体系，其创造模式是有别于其他同仁的。如果说牛顿和爱因斯坦的伟大在于是一个从未被发现、后来被证实全新思想世界的开天盘古，钱学森则是以一贯的审慎和热情继续他以系统思想重塑现代科学这一命题的思维高度的跨越。这是两种不同的思维与创造路径。

第四章 大成智慧 意义深远

“量性双悟智，天人一贯才”，这是新加坡一位 80 多岁的华侨潘受先生在 1996 年初春为钱学森所写的一副楹联。

钱学森与潘受素昧平生，远在新加坡的潘受先生，怎么会托人把亲笔书写的楹联送到钱学森家中的呢？

据中国人民大学教授钱学敏称，这是她在《人民日报（海外版）》上发表《钱学森的艺术情趣》一文所引发的事情。新加坡的《联合早报》转载了钱学敏的文章，潘受先生读了之后，便写了那幅楹联，附上一信，寄往北京钱学森的工作单位——国防科工委。足见钱学森的大成智慧学的广泛影响。

“大成智慧学”，是钱学森思想体系中的重要组成部分。钱学敏用一句话加以概括，那就是“集大成，得智慧”，是引导人们如何尽快获得聪明才智与创新能力的学问。

钱学森曾经给钱学敏写过很多信。钱学森关于“大成智慧学”的论述，很多是写在致钱学敏的信中。这样，钱学敏也就成了钱学森“大成智慧学”的最主要研究者和宣讲者。

钱学敏的父亲钱家骥与钱学森是北京师大附中的先后同学。钱学敏比钱学森小 22 岁，出生在天津，是钱学森的堂妹。

1955 年 10 月钱学森回国之后，钱学森与钱学敏都住在北京，彼此间来往并不多。钱学敏在中国人民大学教哲学多年，参与撰写和翻译多部专业学术著作。她跟钱学森有过几次见面，钱学森给她的印象是不苟言笑，非常严肃。1989 年，钱学敏参加钱学森学术讨论班，见到钱学森。她在这位大科学家面前不敢提问。钱学森对她说："你不要害怕，有问题就问我。"从那以后，钱学敏只要工作中遇到问题，就主动写信或见面请教钱学森。

有一回钱学敏在信中除了与钱学森讨论科学话题外，还提起了小的时候，父亲教自己演唱电影《城南旧事》主题曲《送别》。出乎意料，几天之后钱学森在回信中说，那个《城南旧事》里边唱的歌，他自己小时候也会唱。这件事让钱学敏觉得钱学森的情感世界也是很丰富的，她的堂兄并非只谈科学、严肃有余的那种人。

由于钱学敏在大学里教书，所以钱学森在信中常常跟她讨论教育问题，谈及"大成智慧学"。

关于钱学森的"大成智慧学"思想的形成过程，钱学敏在 2005 年 3 月 24 日回答赵泽宗教授的提问时，这样谈及：

钱学森形成"大成智慧学"思想的时间是 20 世纪 70 年代末 80 年代初，与思维科学形成时间大体同步，稍后一点。这个时期是他总结自己一生科学思想结晶的时期。这个时期已提出科学与艺术体系的 11 门科学的框架。

"大成智慧学"这个概念的正式提出是在 1992 年 11 月 13 日钱学森与王寿云、于景元、戴汝为、汪成为、钱学敏、涂元季的谈话中第一次提出的（见图 11）。

图 11 20 世纪 90 年代，钱学森（中坐者）与学术讨论小组成员合影（从左至右依次为涂元季、钱学敏、戴汝为、于景元、汪成为、王寿云）

钱学森“大成智慧教育”这个概念的正式提出，是钱学森于 1993 年 10 月 7 日给钱学敏的一封信，谈到 18 岁的硕士是“大成智慧教育的硕士”。

钱学敏以为，钱学森提出的“大成智慧学”，是把人的思维、思维的结果，人的知识、智慧及各种资料和信息，用现代化的手段集成。钱学森说：“大成智慧学是古老的‘爱、智、慧’概念的更进一步，更具体化。”

“大成智慧学”的研究者余华东指出，钱学森借鉴北京大学老哲学家熊十力教授把智慧分为“性智”、“量智”的观点，并对其加以唯物主义的解释与发挥。钱学森说：“人的智慧是两大部分——量智和性智。缺一不成智慧！此为‘大成智慧学'，是辩证唯物主义的。"他认为，数学科学、自然科学、系统科学、思维科学、军事科学等十大科学技术部门的知识是性智、量智的结合，主要表现为量智；而文艺创作、文艺理论、美学以及各种文艺实践活动，也是性智与量智的结合，但主要表现为性智。性智、量智是相通的。

余华东还指出，钱学森的性智主要指形象思维，量智主要指逻辑思维。

钱学森对于形象思维和逻辑思维有着精辟的分析：

"从思维科学角度看科学工作总是从一个猜想开始的，然后才是科学论证。换言之，科学工作是源于形象思维，终于逻辑思维。

人的创造需要把形象思维的结果再加逻辑论证，是两种思维的辩证统一，是更高层次的思维，应取名为创造思维，这是智慧之花。

逻辑思维，微观法形象思维，宏观法，创造思维，微观与宏观相结合。创造思维才是智慧的源泉，逻辑思维和形象思维都是手段。"

关于"大成智慧教育"，钱学森在 1993 年 10 月 7 日致钱学敏的信中，详细论及：

"我在这几天又在想中国 21 世纪的教育，我 1989 年的那篇东西不够了；是要人人大学毕业成硕士，18 岁的硕士，但什么样的硕士？现在我想是大成智慧学的硕士。具体讲：熟悉科学技术的体系，熟悉马克思主义哲学；自理、工、文、艺结合有智慧；熟悉信息网络，善于用电子计算机处理知识。

这样的人是全才。我们从西方文艺复兴时期的全才伟人，走到19世纪中叶的理、工、文、艺分家的专家教育，再走到20世纪40年代的理工结合加文、艺的教育体制，再走到今天的理工文（理、工、社科）结合的萌芽，到21世纪我们又回到像西方文艺复兴时期的全才了；但有一个不同于21世纪的全才，并不否定专家，只是他这位全才大约只需一个星期的学习和锻炼就可以从一个专业转入另一个不同的专业。这是全与专的辩证统一。

大致可以作为下面这几段教育：8年一贯制的初级教育，4岁到12岁，是打基础。接着的5年（高中加大学），12岁到17岁，是完成大成智慧的学习。后1年是'实习'，学成一个行业的专家写出毕业论文。

这样的大成智慧硕士，可以进入任何一项工作，如不在行，弄一个星期就可以成为行家。以后如工作需要，改行也毫无困难。当然，他也可以再深造为博士，那主要是搞科学技术研究，开拓知识领域。

这个大胆设想，您看如何？新一次的'文艺复兴'呵！”

钱学森晚年提出了著名的“钱学森之问”。他对温家宝总理说：“现在中国没有完全发展起来，一个重要原因是没有一所大学能够按照培养科学技术发明创造人才的模式去办学，没有自己独特的创新的东西，老是'冒'不出杰出人才。这是很大的问题。”

2010年5月4日，温家宝总理在北京大学与大学生谈及“钱学森之问”时，这样说道：

“钱学森之问对我们是个很大的刺痛，也是很大的鞭策。钱学森先生对我讲过两点意见，我觉得对同学们会有用，一是要让学生去想去做那些前人没有想过和做过的事情，没有创新，就不会成为杰出人才；二是学文科的要懂一些理工知识，学理工的要学一点文史知识。

大学改革要为学生创造独立思考、勇于创新的环境。大学还是应该由懂教育的人来办。教育家办教育不是干一阵子，而是干一辈子。大学还应该逐步改变行政化，按照教育规律办学。大学应该以教学为中心，使学生德智体美全面发展。学生作为学校的主体在教育改革中处于重要地位。”

“钱学森之问”引起了热烈的讨论。其实，钱学森在论及“大成智慧教育”时，就对培养杰出人才——“神童”提出过自己的见解：

“信息革命的主要影响在于，它把人脑从记忆前人的知识和经验这一繁重的工作中解放了。从前有个词，叫‘皓首穷经’，就是说要读一辈子的书，来学习前人的知识和经验。现在不必了，都在计算机中存着，只要你学会操作办法，去查就是了。怎么查？那就用我们过去说的科学技术体系，按这个体系去找……自古就有培养‘神童’的说法，但在怎么培养的问题上，各说各的，并没有找到一个有效的办法。今天有了信息革命这套东西，在培养‘神童’问题上就有了一个可操作的路线，这就是我说的大成智慧教育。”

钱学森所说的大成智慧教育，是培养杰出人才的一把钥匙，对于我们现在的教育改革具有非常重要的指导意义。

第五章　科技体系　助国建设[①]

1991 年 10 月，在国务院、中央军委授予钱学森“国家杰出贡献科学家”荣誉称号仪式上，钱学森在讲话中说：“我认为今天的科学技术不仅仅是自然科学工程技术，而是人类认识客观世界、改造客观世界的整个知识体系，这个体系的最高概括是马克思主义哲学。我们完全可以建立起一个科学体系，而且运用这个体系去解决我们中国社会主义建设中的问题。”

这里所说的科学体系，就是包括自然科学、社会科学、数学科学、思维科学、军事科学、地理科学、系统科学等构成的现代科学技术体系。现代科学技术体系为国家管理和建设提供了宝贵的知识资源和智慧源泉，我们应充分运用和挖掘这些知识和智慧，以集大成得智慧。而系统科学中的综合集成方法和大成智慧工程又为我们提供了有效的科学方法和有力的技术手段，以实现综合集成，大成智慧。这就是钱学森把系统科学特别是复杂巨系统科学和社会系统工程技术，运用到国家宏观层次组织管理的科学技术基础。为了把社会系统工程应用到国家层次上的组织管理，钱学森曾多次提出建立国家总体设计部的建议。1991 年 3 月 8 日，钱学森向当时的中央政治局常委集体汇报了关于建立国家

① 景元研究员：“现代科学技术体系助力社会主义建设”，载于中国航天系统科学与工程研究院：《口述钱学森工程》。

总体设计部的建议，受到中央领导的高度重视和充分肯定……

目前国内还没有这样的研究实体，有的部门有点像，但研究方法还是传统的方法。总体设计部也不同于目前存在的各种专家委员会，它不仅是个常设的研究实体，而且以综合集成方法为其基本研究方法，并用其研究成果为决策机构服务，发挥决策支持作用。

从现代决策体制来看，在决策机构下面不仅有决策执行体系，还有决策支持体系。前者以权力为基础，力求决策和决策执行的高效率和低成本；后者则以科学为基础，力求决策科学化、民主化和程序化。两个体系无论在结构、功能和作用上，还是在体制、机制和运作上都是不同的，但又是相互联系、相互协调和协同的，且两者优势互补，共同为决策机构服务。决策机构则把权力和科学结合起来，形成改造客观世界的力量和行动。

从我国实际情况来看，多数部门是把两者合二为一了。一个部门既要做决策执行又要做决策支持，结果两者都可能做不好，而且还助长了部门利益。如果有了总体设计部和总体设计部体系，建立起一套决策支持体系，那将是我们在决策与管理上的体制机制创新和组织管理创新，其意义和影响将是重大而深远的。

一个单位、一个部门甚至一个国家的管理，都是不同类型系统的管理，系统管理的首要问题是从整体上去研究和解决问题，这就是钱学森一直大力倡导的“要从整体上考虑并解决问题”。只有这样才能统揽全局，把所管理系统的整体优势发挥出来，收到 1 +1 >2 的效果，这就是基于系统论的系统管理方式，我国航天事业的发展就是成功地应用了系统管理方式。

但在现实中，从微观、中观直到宏观的不同层次上，都存在着部门分割条块分立，各自为政自行其是，只追求局部最优而置整体于不顾的问题。这里有体制机制问题，也有部门利益问题，还有还原论思维方式的深刻影响。这种基于还原论的分散管理方式，使得系统整体优势无法发挥出来，其最好的效果也就是 $1+1=2$，弄不好还可能是 $1+1<2$，而后一种情况可能是多数。

综合以上所述，总体设计部运用综合集成方法，应用系统工程技术，研究和解决系统实践的组织管理问题，也就是把系统整体和组成部分辩证统一起来的系统管理，这就是系统实践论，它具有广泛的应用性和有效性。运用系统方法论去研究和认识系统，建立系统的知识体系，如前述的系统科学体系和复杂巨系统科学体系，就是系统认识论。

系统方法论、系统认识论和系统实践论，就构成了钱学森系统论的主要内容，它不同于贝塔朗菲的一般系统论，后者还是整体论。系统认识论体现的是系统科学思想；系统实践论体现的是系统工程思想，也就是系统实践思想；系统方法论体现的是系统综合集成思想。这样，系统科学思想、系统工程思想和系统综合集成思想，就构成了钱学森系统思想的主要内容，钱学森系统思想是对辩证唯物主义系统思想的重要发展和丰富。

综合起来，钱学森从系统思想到系统实践，在哲学、科学、技术、工程的不同层次上都做出了开创性的系统贡献，这是钱学森留给后人的宝贵财富，我们应认真学习和研究并发扬光大。

第六章　钱老思想　永放光芒

现就钱学敏教授从钱老给她的书信及附件中读到的，以及钱老和她谈话中讲述到的一些有关他的科学与哲学思想、立国安邦之谋、经纶济世之策以及他循循善诱的大师风范等，大致罗列如下几项，以飨读者。

一、民主与法制建设加快“人治”过渡“法治”

1989 年 8 月，钱老最先让我研究和写作的题目是“行为哲学——社会论”，一见题目我就懵了，但又不敢交“白卷”，便硬着头皮，“乱扑腾”一阵，写出了一篇似是而非的八股文。没想到钱老看后不急不气只说了一句，你“想到许多有趣的问题”，然后，他就开始引导我“单刀直入”，从“德育与法治的统一观”开始入手研究……文章写成后与我联名发表，以资鼓励。

记得列宁曾说过：“专政是直接凭借暴力而不受任何法律限制的政权。”所以，我很佩服钱老在那改革开放初期，就敢大胆向国家提出要下大力气抓好社会主义民主与法制建设，从“人治”尽快过渡到“法治”，不搞“一言堂”！强调要充分发扬人民民主，重视人民群众的意见和要求，关心人、尊重人，保障全体人民享有各项公民权利。

他还主张在向人们进行道德思想教育时，要与实行法制和法治相辅相成，共同作为社会调控系统工程的内容；更要团结一心，坚决打击一切敌对力量和犯罪活动；也要勇于和一切不正确的社会思潮做斗争，既反对“全盘西化”，崇洋迷外，搞资本主义，也反对“复古”，“今不如昔”，搞封建主义……

二、信息技术革命对历史和社会之影响

20 世纪 90 年代初，邓小平提出“科学技术是第一生产力”。钱老对“科学技术是第一生产力”的提出十分赞赏，他立即给一起研究的同志们布置研究阐释和宣传这一理论的任务，并在多次指导他们研究这个课题时，详细而深刻地表达了自己独到的观点，发挥了“科学技术是第一生产力”的理论。

记得他曾以唯物史观回顾历史的发展时说：“产业革命是生产技术引起的生产力大发展，从而引起一场经济结构的大变化，最后导致社会结构的飞跃。所以第一次产业革命发生于大约一万年以前，人从采集、打猎为生变为靠种地放牧为生；原始公社的社会制度变为奴隶社会制度。第二次产业革命发生于中国大约 3 000 年前，即奴隶社会后期，商品交换出现了。第三次产业革命也就是发生于 18 世纪末、19 世纪初的西欧，所谓工业革命。第四次产业革命发生于 19 世纪末、20 世纪初，帝国主义开发了世界市场，生产体系也大为改观，出现世界规模的市场经济。列宁早逝，斯大林思想僵化，苏联未能及时进入社会主义市场经济，吃了大亏；也影响我国，损失了 40 年

时间！第五次产业革命是世界正在进入发展的又一次产业革命、信息革命，是由电子技术引起的。这在我国已引起重视。随着社会主义经济体制的改革，发展我国社会主义市场经济，我国企业进入世界市场竞争，第五次产业革命必将在今后开展起来。”

钱老反复告诫研究者们，当前要特别关注迎接新的科技革命浪潮（即第五次产业革命的浪潮），跟踪和研究以微电子信息技术为先导的科技革命对社会的经济发展、生产方式以至人们的生活方式、意识形态、思维方式等的深刻影响，努力在重大科技问题上有原始创新。

他常说，要“深入研究信息革命对社会的影响，这是重要的，我们要有预见”，并预言：“灵境技术（Virtual reality Engineering）是继计算机革命之后的又一项技术革命。它将引发一系列震撼全世界的变革，一定是人类历史中的大事。”

三、提出“世界社会形态”　关注世界风云变幻

钱学森认为中国的发展与整个世界的发展变化息息相关，经济是社会发展的基础，“现在和今后的市场经济是世界市场经济”，而经济一体化以及信息社会的到来，必然要求“世界社会形态”的出现。

后来，他陆陆续续给同志们讲了一些，例如他说：“（1）世界一体化和各国各地区的相互作用强化，到第一次世界大战即明显化，一战后出现了‘国联’。这发展到第二次世界大战就更加清楚了，组成了‘联合国’，是世界的‘国’了。（2）当然世界社会中的国与国、地区与地区矛盾、冲突不断……当今世界

各国各地区政治体制之‘五花八门’并不阻碍世界社会形态的出现……（3）当然，现在只是社会形态的第一阶段……再有一百年就是世界社会的第二阶段；最后是世界大同的共产主义世界社会。”

1999 年 5 月，科索沃问题、中国驻南斯拉夫大使馆被炸等国际大事风云激变，人们更加关注世界社会的发展变化。我向钱老再一次请教如何研究和掌握“世界社会形态”？他鼓励我们应该着重从世界交往中的政治斗争入手，其他方面如经济、文化、科学研究等才能不迷失方向。

我感到“世界社会形态”理念很前卫，含有深刻的哲理，也是一个国家制定基本国策的依据和出发点。我一直在思考，直到 2000 年 12 月 8 日我给钱老写的最后一封信里，还向他请教他的名言——“21 世纪是一个整体的世界”的理解。可惜那时他已不能久坐，写字也困难了……

当今我国提出的“一带一路”，为亚洲基础建设和世界经济发展发挥着作用，也是把中国与整个世界连在一起的科学的世界观吧！

四、“现代科学技术体系”解决社会主义建设问题

我来到钱老身边不久，他就有意让我研究他的“现代科学技术体系”，我故意“猫”着，并对他说：“我一门科学都没入门，这 11 大科学技术部门，我坐一辈子冷板凳也坐不出来……”钱老知道了我的“苦衷”和机械的思维方式，便笑着鼓励我说；“你已经走到门口了，再往前走一步就进来了……”

此后，他经常寄送给我大量有关的信件、书刊、资料、文稿作为“考题”，让我批判地学习与思考并立即写出“答卷”，有时间，他就直接和我谈。日久天长，我才逐渐读懂了“现代科学技术体系”这个“聚宝盆”，这是钱老系统思想、科学与哲学思想的核心。

他认真总结了现代科学技术和文学艺术发展的成就与趋势，从系统科学的角度揭示了现代科学技术发展的整体状况，建立起这个开放复杂的“现代科学技术体系”。这个体系包括人类通过实践认识世界和改造世界获得的所有信息、感受、经验和知识，因此，亦可称之为“人类知识体系”。这是个活的体系，是在全人类不断认识并改造客观世界的活动中发展变化的体系。为此，他还亲手绘制了一张现代科学技术体系图。

我发现，钱老提出的科学分类法独具慧眼：他主张各门科学之间只是从人们研究问题的着眼点不同，或看问题的角度之不同来加以区分，各门科学所研究的对象其实都是整个客观世界。这一分类法从根本上打开了各门学科的壁垒，便于知识共享。而人们的创造性成果，往往出现在不同学科的交叉点上，跨度越大，创新的程度也越大。

1991 年 10 月 16 日，钱老在国家授予他“杰出贡献科学家”奖励仪式上说：“我认为今天科学技术不仅仅是自然科学工程技术，而且是人类认识客观世界、改造客观世界的整个知识体系，而这个体系的最高概括是马克思主义哲学。我们完全可以建立起一个科学体系，而且运用这个科学体系去解决中国社会主义建设中的问题。”他最后还语重心长地表示：“我在今后的余生中就想促进一下这件事情。”

第七章　钱学森“世界大同+共产主义”思想研究

钱学森在科学技术领域的巨大贡献为世人所熟悉，但还有很多重大创新和贡献却鲜为人知。钱学森晚年在一次谈话中对此作了透露，他说：“……我多年来研究和探讨的这些问题与设想，才是我回国后开创性的、全新的观点和理念。它的社会意义和对现代科学技术发展的重要性，可能要远远超过我对中国‘两弹一星’的贡献。”这些可能远远超过“两弹一星”的贡献中，“23 世纪实现世界大同共产主义”是其核心。这一理想贯穿在钱学森所开创和参与的系统科学、思维科学、人体科学、复杂性科学等重要探索当中。对之进行全面梳理和深入研究，必将带来对社会历史阶段划分、全球一体化方向等重大问题的新认识新思考，深化和拓展钱学森为“世界大同共产主义”理想而进行的实践，也必将为丰富和发展科学社会主义理论，重新认识共产主义的时代性、现实性带来新的启示。

钱学森在如何建设社会主义，推动实现共产主义方面没有形成专著，但留下了大量分散的言论和书信，从不同角度、针对不同问题论及中国的社会主义建设和共产主义事业，提出了一系列重大理论创见和科学构想。归纳起来，其关于共产主义理想的核心思想和观点主要包括以下五个方面。

一、提出“世界社会形态”新思想

钱学森认为，要认识不断发展的中国社会主义事业的前景，要认识实现共产主义的历史必然性，必须对我们所处的不断演变的世界环境进行再认识。通过认识变化了的世界来认识社会主义的发展和演变，通过认识世界的基本形态和演进来预见世界的方向和未来前景。

钱学森对世界的全球化进程一直密切关注。20 世纪 80 年代，他从世界一体化的角度阐述了他对社会主义发展的新认识，他指出，“当今人类社会一个总的特征，就是经济结构、经济活动已经世界一体化了，全世界是一个整体”①，“世界已经逐渐形成一个大社会。世界一体化，经济、文化交流频繁”。1993 年，他援引马克思的社会形态理论分析世界的演变，提出了“世界社会形态”的概念，“从 19 世纪末期到 20 世纪中叶，是这个世界经济一体化的过渡时期。经济是社会的基础，所以这个时期又是世界社会的形成时期”，“今天加上第五次产业革命，世界社会已经形成。我们进入了社会形态的新阶段：世界社会”②。

钱学森提出，当今世界“在经济上有发达国家、发展中国家、不发达国家，在政治上有社会主义国家、资本主义国家、封建主义国家，在意识形态上有以马克思列宁主义居统

① 引自上海交通大学“钱学森图书馆”。

② 石磊等著：《钱学森的航天岁月》，中国宇航出版社 2011 年版。

治地位的国家、以各种不同宗教信仰居统治地位的国家等。这是资本主义社会形态之后，实现共产主义之前的一种过渡的世界社会形态。它将打破地区、国家的界限，在促进全球经济一体化的同时，也会一步一步地向政治一体化的方向发展"[①]。

钱学森先后多次对"世界社会"作过具体阐释：

（1）世界一体化和各国各地区的相互作用强化，到第一次世界大战即明显化。第一次世界大战后出现了"国联"。这发展到第二次世界大战就更加清楚了，（世界各国）组成了"联合国"，是世界的"国"了。

（2）世界社会中的国与国、地区与地区矛盾、冲突不断。中国古代的春秋、战国时代不就如此？但这是秦统一的准备。就是到了所谓封建一统的明、清王朝，少数民族地区不还停留在封建农奴制、奴隶制以至原始社会吗？所以当今世界各国各地区政治体制之五花八门并不阻碍世界社会形态的出现，经济一体化要求世界社会形态的出现……

（3）现在只是世界社会的第一阶段，就讲和平共处五项原则。但我们心中有数，再有一百年就是世界社会的第二阶段；最后是世界大同的共产主义世界社会[②]。

钱学森认为，"世界社会"的出现标志着人类"历史的新阶段"，"它是人类社会进入世界大同的共产主义时代之前所必须经历的一种社会形态"[③]。"以前的社会是一国一国的，到共产主义是世界大同，怎么过渡呢？现代社会实际上是一个世界

①②③　叶永烈著：《钱学森》，上海交通大学出版社2010年版。

社会”[①]。

他强调，“（类似现象）人类历史已出现过多次：从部落到邦国，又从邦国诸侯到统一的国家。而现在全世界有近200个独立国家和地区，但现在已有184个独立国家参加了联合国组织。谁也不能完全孤立在这个世界上。人类总要走向世界大同！”[②]

对于“世界社会形态”的历史定位，钱学森提出：“这是资本主义社会之后的社会形态”，也是“历史唯物主义的新内容”。他指出：“这是资本主义社会形态之后，实现共产主义之前的一种过渡的世界社会形态”，“这是过渡到人类大同的共产主义世界的必经阶段”，“是向将来人类大同的共产主义社会的过渡”[③]。“尽管国体不同，民族各异，经济水平大不一样，文化信仰也不同，……但（世界）又一体化。所以是一个前所未有的社会形态”[④]。

他说：“对这个提法（世界社会），我自认为是对马克思主义的发展。马克思提出人类社会形态为：原始社会→奴隶社会→封建社会→资本主义→共产主义。共产主义是世界大同。”[⑤]但是，“在资本主义社会制到共产主义社会制之间还缺一个大的阶段：前四个社会制都是限于一个国家或限于一个地区，而共产主义社会是全世界一体化的政治的社会形态。今天看，这个阶段可以补上了，就是当今世界的现实，世界已逐渐

①②③⑤ 中国航天系统科学与工程研究院编：《高山仰止　风范永存》，中共党史出版社、科学出版社2015年版。

④ 叶永烈著：《钱学森》，上海交通大学出版社2010年版。

成一个大社会了”[1]。

钱学森实际上提出了原始社会→奴隶社会→封建社会→资本主义→世界社会→共产主义的人类社会演进形态新的划分思想，对世界如何过渡到共产主义社会提出了新的理论观点。即资本主义到共产主义之间，还存在一个资本主义、社会主义与其他不同社会制度共存的“世界社会”的社会形态[2]。对此，钱学森强调，“历史唯物主义要加上这一新的篇章，被前苏联理论家丢失的重要篇章”[3]。

二、共产主义的必然实现及“第二次文艺复兴”

钱学森对共产主义的看法与长期以来党内主流的“实现共产主义是一个非常漫长的历史过程”，“需要几代人、十几代人、甚至几十代人的努力，从孔老夫子到现在也不过 70 代人”等认识有重大不同。与同时代哲学社会科学领域以及党内一些著名理论家“共产主义的目标由近变远，作为共产主义第一阶段（社会主义）不仅由短变长，社会主义时期是一个很长的历史时期，其成熟阶段现在还不能预见……”[4]等认识也截然相反。他不但坚信共产主义必然实现，而且在实现时间、经历阶段以及实现方式、途径上都有一名战略科学家独特的看法。

钱学森认为：“社会主义社会是个过渡阶段，目的是共产主义社会，那才是世界大同的社会高级发展阶段。”他对共产

① 王春河，陈大亚，刘登锐等编：《钱学森的大师风范》，中国宇航出版社 2011 年版。

②③④ 引自上海交通大学“钱学森图书馆”。

主义社会的基本形态作了比马克思、恩格斯等先驱更具体、更深入的分析、描绘和构想。他提出，“共产主义社会是全世界一体化的政治的社会形态”，“将来到 21 世纪中叶以后，社会主义的力量一定会加强，世界社会将进入第二阶段。再经过几个阶段，全世界将是共产主义社会了”，“共产主义社会是世界大同，不是一国一国自理”。

他坚信，“人类未来一定走向世界大同”①，并就实现共产主义的时间提出重大判断，认为 23 世纪人类社会能够进入世界大同的共产主义社会。

1991 年 8 月他在与钱学敏的通信中提出：“什么时候实现共产主义社会？”“23 世纪？”他明确提出，“到了大约 200 年后的共产主义社会，人类将进入世界大同，最终消灭了战争，国家没有了，国界没有了，全世界一体化。这就开始了人类社会的第二大阶段，人们完全自觉地利用自然规律和社会规律创造历史”②。

此后，他对“世界大同共产主义”的诸多论述，包括世界社会形态、世界政治一体化等也基本上是围绕着这个时间点展开。200 年，如果按 30 年或 40 年一代人计算，那就意味着大约五六代人的时间。这相对于“十几代、几十代人”的传统认识是一个巨大的颠覆。那么，这一大胆论断究竟从何而来？

钱学森对共产主义的认识，首先，基于前述他对人类社会发展历史阶段中“世界社会形态”的认识，也基于他对当今世

① 王春河，陈大亚，刘登锐等编：《钱学森的大师风范》，中国宇航出版社 2011 年版。

② 叶永烈著：《钱学森》，上海交通大学出版社 2010 年版。

界总体特征的认识。即“当今人类社会一个总的特征，就是经济结构、经济活动已经世界一体化了，全世界已经是一个整体。”[①] 他认为，在经济、交通、通讯、文化等一体化的基础上，世界“政治的一体化”是必然趋势，按照马克思主义经济基础决定上层建筑的基本原理，在世界经济政治统一的基础上，世界大同并不遥远。

其次，钱学森认为，世界大同本质上是通过社会革命来实现，而“社会革命，是指整个社会形态的飞跃”[②]。钱学森认为，中国社会的发展已经经历第一次社会革命（建立新中国和社会主义新型生产关系，是解放生产力的社会革命），正在经历第二次社会革命（以经济建设为中心的改革开放，到21世纪中叶基本实现社会主义现代化，是正在进行的发展生产力的社会革命），将要经历第三次社会革命（21世纪中叶以后，以新的产业革命为先导，创造生产力的社会革命）[③]。

对于21世纪中期将出现的第三次社会革命，钱学森视之为“中国历史上从未有过的繁荣和强大”，“社会主义战胜资本主义”的关键所在，以及进入世界大同共产主义的物质文明和精神文明基础。他认为：“21世纪，由于信息技术、生物工程和医学、人体科学的发展，将出现人类历史上三次新的产业革命以及由此引发现代中国的第三次社会革命。”三次产业革命分别是：

第五次产业革命：即“以微电子、信息技术为基础，以计

① 《人民日报》，2009年。

② 石磊等著：《钱学森的航天岁月》，中国宇航出版社2011年版。

③ 叶永烈著：《钱学森》，上海交通大学出版社2010年版。

算机、网络和通信等为核心的信息革命”。“由于计算机、网络和通信的发展与普及，将使劳动资料的信息化、智能化程度大大提高，这将开创新一代的人－机结合劳动体系。它标志着现代社会生产已由工业化时代进入到信息化时代，世界经济也开始从工业化经济逐步向信息经济转变，知识和技术密集型产业将成为创造社会物质财富的主要形式。”

钱学森认为，第五次产业革命的最后结果将“大大推进了最终消灭人类历史上形成的体力劳动和脑力劳动的本质差别的历史进程”。

第六次产业革命：即“……重组 DNA 技术，动植物细胞大规模培养技术、细胞和原生质体融合技术，固定化酶（或细胞）技术等现代生物技术，开创了工农业生产发展的新途径，为人类解决当今所面临的食物、健康、能源、资源和环境等一系列重大问题提供了强有力的技术手段”，“……生物工程产业的产业化将创造出高效益的生物物质，从而引发一次新的产业革命”，“它主要不是发生在大城市，而是发生在农村、山村、渔村和边远荒漠地带。随着这一产业革命的发展，这些地方也都将改造成小城镇”。

“这次产业革命的实质是以太阳光为能源，利用生物、水和大气，通过农、林、草、畜、禽、菌、药、渔，加上工、贸等，形成新的知识密集型产业，即开创了大农业产业，它包括农产业、林产业、草产业、海产业、沙产业……这样发展起来的第一产业（农业）和第二产业（工业）除生产产品不同外，在生产方式上已无实质性差别。”

钱学森认为，第六次产业革命将产生两大直接后果，即

“工业和农业之间的差别消灭了”，以及“消灭几千年来人类历史上形成的城市和乡村的差别”①。

第七次产业革命：即“人体科学（包括医学、生命科学）在 21 世纪将有巨大发展。人体功能的提高，将使生产力三要素中最重要、最活跃的劳动力素质大大提高，其影响将渗透到各行各业，这无疑又将引发一次新的产业革命，这就是涉及人民体质建设的第七次产业革命”。

第七次产业革命将导致脑体差别、工农差别、城乡差别进一步消失，人的思想觉悟、科技文化知识、身体状况和人体功能得到很大提高，为“人的自由而全面地发展”创造条件。

钱学森认为，到 21 世纪中期，“在三次新的产业革命的推动下，脑力劳动和体力劳动差别、城乡差别、工农差别逐步消失。人的思想觉悟、科技文化知识、身体状况和人体功能都会有很大提高，各种创造发明将层出不穷，使中国进入创造生产力的新阶段。这不仅极大地促进了社会主义物质文明建设、精神文明建设、政治文明建设，而且使三个文明建设之间以及地理建设进入协调发展时期，这必将使中国由社会主义初级阶段进入发达阶段”②。

在钱学森看来，三次产业革命，再加上系统科学、系统工程引发的组织管理革命，将把中国推向第三次社会革命，“大大推进消灭人类历史上形成的三大差别”。这将为社会主义走向发达阶段，向共产主义过渡准备好必要条件。为此他预言：“由于三次社会革命成功的推动，中国已经强大起来，人们从中国的发展和繁荣中看到了社会主义的优越性，社会主义将战

①② 《人民日报》，2009 年。

胜资本主义，人类最终将走向世界大同的共产主义！”①

钱学森的共产主义理想和信念还基于他对“第二次文艺复兴”的预见。1990 年 1 月钱学森在致孙凯飞的通信中指出：“从 Copernicus、Kepier、Descartes、Galileo、Bacon 到 Newton 才奠定以还原论为‘科学方法’的近代科学，这是文艺复兴，创造了资本主义文明。我们要以从定性到定量相结合的综合集成法为契机，以马克思列宁主义毛泽东思想为指导，开创又一次新的文艺复兴，创造社会主义共产主义文明。”② 他认为，“将在社会主义中国出现第二次文艺复兴”③。

钱学森认为，资本主义自身无法解决其内在矛盾，人类要继续生存发展就只能以新的文明形态取代资本主义文明。而实现新的文明转型，建立新的文明形态，就需要新的文化基础，需要新的文艺复兴。他认为，第二次文艺复兴是被历史地规定了的。

钱学森于 1986 年提出，第一次文艺复兴是在 500 年前发生的，历史前进到今天，“它的那一套已经不行了，应该再来一套新的，就是第二次文艺复兴”④。他指出了第一次文艺复兴的历史局限性：“Copernicus、Kepier、Descartes、Galileo、Bacon 和 Newton 他们创立了从实验观察出发，以推理为手段的所谓科学方法。为了在复杂现象中能定量测定，不得不分解事物，而且越分越细……另外，推理就有综合，如何综合？人的主观不能不起作用；这一点 A. Einstein 早就指出过。总之建立在还原

---

① 《人民日报》，2009 年。

②③ 引自上海交通大学“钱学森图书馆”

④ 中国航天系统科学与工程研究院编：《高山仰止　风范永存》，中共党史出版社、科学出版社 2015 年版。

论基础上的所谓科学方法是有很大局限性的。”

因此，“我们社会主义中国应该纠正这一缺点，以马克思主义哲学为指导，取出我国传统文化中的精华，结合现代科学技术，辩证统一扬弃为新的文化。这就是我说的将在社会主义中国出现的第二次文艺复兴”①。

钱学森考察中国现代化进程和研究三次社会革命后进一步指出：“第二次文艺复兴是指第五次产业革命、第六次产业革命和第七次产业革命后，体力劳动将大大减轻，人民将基本上转入脑力劳动、创造性劳动，从而人类文化发展将空前加速。”②“现代科学技术体系必将大大丰富和发展，使我们对世界的认识越来越全面，越来越深刻，改造世界的能力也越来越强。科学、教育、文化、艺术日益紧密结合起来，互相促进、互相渗透，向更高层次和水平发展。科学技术的发展为文学艺术提供了新手段，产生出新的文艺形式。同时，我国五千年辉煌的文学艺术传统也将结合最新科技成果，发扬光大。”③

钱学森认为，第二次文艺复兴的历史使命就是以社会主义、共产主义文明取代资本主义文明。如恩格斯所指出的：“它的历史使命，是为在世界范围内结束资产阶级统治打下基础。”最关键的是，钱学森认为，这次文艺复兴需要社会主义中国积极、主动地去发起和推动。

---

① 引自上海交通大学“钱学森图书馆”。

② 中国航天系统科学与工程研究院编：《高山仰止　风范永存》，中共党史出版社、科学出版社2015年版。

③ 叶永烈著：《钱学森》，上海交通大学出版社2010年版。

第八章　总体设计　统筹全局

钱学森强调总体设计部应由德高望重、学识渊博、勇于开拓创新并具有丰富实际经验的科学技术（包括组织管理）专家组成，总体设计部运用“大成智慧工程”、人－机结合、以人为主的方式，群策群力、集思广益、团结协作，“把人的思维、思维的成果、人的知识、智慧以及各种情报、资料、信息统统集成起来”，使决策更加科学化、民主化。这样可以做到：“在定方针时居高远望，统揽全局，抓住关键；在制定行动计划时又注意到一切因素，重视细节”，减少失误，有所创新，实现伟大复兴的强国梦！直到晚年，他还不顾自己年老体弱，行动不便，亲自多次向党和国家领导人阐述建立“总体设计部”的重大意义。

从 20 世纪 70 年代中后期以来，钱学森不遗余力地建议和推广总体设计部（Department of Integerative System Design）概念和思想，这是从我国研制“两弹一星”的总体设计部演化过来的，当时对“两弹一星”的研制成功发挥了非常重要的作用。

它的实践也证明了这种现代化的系统管理和决策支持体制、机制与方法的科学性、可行性和有效性。它不仅适应于工程系统，同时也适应于复杂巨系统，特别是社会系统。当然，在用于社会系统时，总体设计部的理论方法和技术以及体制和机制都有了很大的实质性发展，不是简单的重复和推广，但它们的功能是相似的。正是从这个角度出发，钱学森先后于1979年提出建立国民经济总体设计部建议；1990年从党和政府宏观决策科学化的角度，又提出了社会主义建设总体设计部体系的建议。建立社会主义建设总体设计部及其体系的思想，是关系到决策科学化、民主化、程序化和管理现代化的大问题，是对系统的决策支持体制与机制的一种创新和改革，具有很强的实践性和现实性，同时又有深刻的理论背景以及现代研究方法的科学性，因而受到中央领导的高度评价和充分肯定。

中央十分重视钱学森关于社会主义建设总体设计部的建议，要求对总体设计部的应用功能、组织形式、工作方式进一步明确，并对组织实施条件方面进行可行性研究，提出一个总体设计部的设计方案。

20世纪70年代后期，钱学森虽然已经离开航天部门，调到国防科工委工作，但他十分关心推广在航天工程系统实践成功的经验，除了组织国防科研工业系统进行交流外，还要求航天系统的科技人员走出去，多参加一些国民经济重大工程建设项目的讨论与交流。而他自己更是身体力行，亲自指导、参与710所的研究工作，取得了良好效果。1979年钱学森提出建立国民经济总体设计部建议。

1983年11月16日钱学森应邀在国家经济体制改革委员会所作的报告的最后讲道：“为了把系统工程用于国民经济的管理，我国需要建立国民经济和社会发展的总体设计部。现在各方面提出的发展战略很多，有这个战略、那个战略，各说各的，但没有一个综合性的总体发展战略。因此，需要成立总体设计部，作为国务院的实体，而不是专家座谈会。这个实体要吸收多方面的专家参加，把自然科学家、工程师和社会科学家结合起来，收集资料，调查研究，进行测算，反复论证，使各种单项的发展战略协调起来，提出总体设计方案，供领导决策。有人认为，社会科学的研究成果，就是写出文章。这是不对的。作为国民经济和社会发展的总体设计，应当像工程设计那样，要有设计蓝图，并由总设计师在上面签字，以示负责，就像我们航天工程那样，如果根据设计制造、发射的卫星，出了故障，不但批准这项工程的领导人要负责，总设计师也要负责。总之，国民经济和社会发展的总体设计部是党中央、国务院决策的参谋机构，在实施我国计划体制改革中，千万不要少了这一着棋。”①

1987年，钱学森在中国人民大学“吴玉章学术讲座”上全面系统地阐述他提出的建立国民经济总体设计部的思想。

1990年，钱学森从党和政府宏观决策科学化的角度又提出了社会主义建设总体设计部体系的建议。钱学森曾多次向中央建议，他认为中国社会主义建设，包括物质文明建设、精神文明建设和政治文明建设以及作为环境基础的地理文明建设，都是社会主义建设的组成部分。使四个方面协调发展，即为社会主义文明建设的系统工程，党和政府是这一社会主义文明建设的系统工程的总指挥部，作为总指挥部的决策支持系统的参谋部是总体设计部。钱学森的这一思想为中共中央所重视，1991

---

① 钱学森著：《论系统工程》，上海交通大学出版社2007年版。

年 3 月 8 日，在中央政治局会议上作了介绍，中央作了决定，予以应用。

总体设计部把系统作为它所从属的更大系统的组成部分进行研制，对它的所有技术要求都从实现这个更大系统的最终目标和技术协调的观点来考虑。总体设计部把系统作为若干个分系统有机结合成的整体来设计，对每个分系统的技术要求都首先从实现整个系统技术协调目标的观点来考虑；总体设计部对研制过程中分系统与分系统之间的矛盾，都要从总体协调的需要来选择解决方案，然后要求各分系统研制单位或分总体设计部各自去研究实施。

总体设计部这种工作原理、方针和方法的实施，适用于一切系统，包括社会经济系统。不过在社会经济系统中，更要靠整个系统成员对系统思想的深切了解来保证。

总体设计部的任务是根据党和国家所制定的当前历史时期的任务（即党的代表大会和全国人民代表大会所决定的任务），为完成任务和达到目标而决定具体政策、组织原则和工作法规。在这个基础上，研究如何组织管理社会主义建设，设计出全国长期发展规划，在批准实行后，根据实行情况的信息反馈，在不断出现的不平衡中，组织新的相对平衡。

总体设计部工作的重要依据是数据。数据信息是总体设计部出产品的原料。没有准确及时的数据和信息，包括社会生产、经济活动、人民生活和科技发展等各方面的信息和数据，总体设计部就不能设计出正确的方案来。总体设计部第一步要做到的是使现行统计、会计、业务核算标准统一和完备。建立适合我国国情并能与国际比较的国民经济核算体系，建立投入产出表、资金流量表、资产负债表和国际收支平衡表，建立和健全统计系统的工作。

如何建设好社会主义建设总体设计部？怎样才能做好总体设计部工作？根据钱学森的意见归纳如下：

（1）要站得高一些，学会总揽全局的整体观，这就要认识到马克思主义哲学是人类认识客观世界的最高概括，是人类智慧的结晶，它扎根于科学技术之中，又对科学技术研究有着指导作用。掌握唯物辩证的思维方式，实事求是，发扬学术民主，反对主观专断的唯心论；灵活、辩证，反对僵化、教条的机械论。

（2）认真考察，跟踪世界形势。关注第五次产业革命的浪潮对世界社会的冲击与影响。世界社会把世界各国联系在一起，世界经济一体化，其间又矛盾重重，纷繁复杂，随着中国改革开放的深化发展，处处要与世界社会、经济、文化接轨，因而，必须下功夫研究当代世界社会，把握其矛盾的来源、背景及发展变化的规律，认真思考时代的特征。这样才能迎接世界的挑战。

（3）学习军事科学知识，也包括学习现代组织管理方面的知识才能。要研究现代战争和新的军事变革的本质等，以便更加深入地了解世界社会发展的形态。当今是一个激烈竞争的时代，竞争实际上就是打仗。军事部署与指挥、战略与战术等军事哲学思想也适用于组织管理的总体设计部。

（4）学习科学技术知识。社会主义建设总体设计部需要运用各种现代科学技术知识，从现代科学技术中汲取力量。社会是一个开放的特殊复杂巨系统，没有全面的科学技术知识，不可能使之科学而协调地发挥整体优势，顺利发展。

总之，建设社会主义建设总体设计部就是从整体上，运用系统科学的思想和方法去解决复杂的社会发展问题。它是科学、民主决策的咨询部。回望中华民族的历史既有令人兴奋的辉煌成功，也有挥之不去的沉痛记忆。但是，任何失误莫过于总体设计，战略部署上的失误，给民族带来的灾难最深重。这一点我们不能忘记。今天，我们有了总体设计部的思想和科学理论，并在许多方面取得了成功的实践经验。在此基础上，如果我们能够成功地建立起社会主义建设总体设计部，那么，我国的政治和社会就会更加稳定，我国的社会主义建设事业就会更加顺利地发展[①]。

① 王文华著：《钱学森学术思想》，四川科学技术出版社2007年版。

附录

附 1：

楹联歌颂 人民功臣

燃料灌输，火箭九天频揽月；
慧花绽放，钱公百载永流芳。　　福建/ 翁景星

春雨无声，爱国精神添后劲；
东风有力，航天事业着先鞭。　　北京/ 项光来

志溯前贤，导弹穿云追远梦；
功贻后代，航天载誉振中华。　　广东/ 黄少珍

静思宇宙玄机，航天揽月；
笑纳河山赤子，归国扬帆。　　广东/ 卢旭逢

风中雨里如松立；
馆外亭前为国开。　　广东/ 卢旭逢

一苇归来，谁谓沧浪之广；
九天飞越，共怀赤子其诚。　　江苏/ 王广华

矢志航天，清辉万里终无憾；

躬身报国，绮梦六旬别有情。　　河南/ 林玉新

静以博观，风云收在眼；
思而远致，天地纳于胸。　　四川/ 马弘

爱国情深，千山万水萦怀起；
攻关志壮，两弹一星带梦飞。　　广西/ 周继勇

学越五湖四海，自太平洋东岸来归，
携万里风涛，遥想高深气象；
森罗两弹一星，从大基地西疆发射，
壮九霄景色，仰看宽广心胸。　　湖南/ 冯国喜

问鼎苍穹，两弹一星堪励志；
泛舟学海，千寒百暑奋攻书。　　重庆/ 吴洪美

功莫大焉，载人载道航天路；
德尤盛也，爱国爱民治学风。　　天津/ 王家祥

学贯中西，报国雄心昭日月；
志存高远，惊天伟绩壮河山。　　江西/ 李家孟

万里清辉，矢志航天情未了；
六旬盛景，躬身报国梦初圆。　　河南/ 林玉新

揽月摘星，火箭升空频载梦；
惊天动地，神州擂鼓尽腾龙。　　湖北/ 江喜生

运载无忧，定海神针谁可窃；
移防有备，破空利剑鞘能鸣。　　江西/ 张绍斌

学者殊勋惊海内；
森然正气驻人间。　　湖北/ 殷德胜

大节献忠心，利器高扬雄国气；
奇思驱火箭，神州崛起壮民魂。　　湖北/ 王飞

尝胆卧薪，九州生气更争气；
图强报国，一弹飞天笑问天。　　江苏/ 缪旭东

借力东风，高天搏翼；
献身中国，大梦托怀。　　甘肃/ 赵骏

谁借东风，万里蓝天长剑舞；
我圆国梦，九州大地巨龙飞。　　山西/ 杨新立

学贯中西，能向蓝天发导弹；
森通今古，敢教赤县舞东风。　　湖北/ 郑泽宇

万卷图书凝剑气；

一生事业入琴心。 山西/薛启发

赤胆忠心，归途五载千辛历；
雄才伟略，筑梦十年两弹成。 深圳/张霖

矢志不渝，风雨五年归国路；
龙威丕展，峥嵘十载建功人。 山东/王世侠

导弹横空，东风二号神威显；
卫星绕月，北漠千军壮志酬。 广东/张国培

两弹一星，将兴大业钱公问；
五洲四海，已立丰碑赤子歌。 江苏/王继荣

学若森林书万卷；
名留史册誉千秋。 江苏/王继荣

报国赤心，铸就冲霄两弹；
摩天巨手，推高惊世一星。 陕西/解维汉

两弹绽开青史；
一星腾起红旗。 甘肃/毛得江

两弹强中国；
一星耀太空。 湖南/曹庆华

学富五车，浩瀚长空入眼；
名香四海，苍茫大地关心。 山西/ 马志成

航技兴邦，树千秋典范；
丹心报国，开百代先风。 广东/ 冯兆烈

磁石归心，万里关山游子意；
航天有梦，一腔热血太空情。 湖北/ 岳晓东

载承导弹追天去；
崛起中华圆梦来。 江苏/ 卜用可

探月问天开伟业；
强军报国铸丰碑。 河北/ 任玉荣

天鉴高风，我作一星追梦者；
业酬壮志，谁承两弹奠基人？ 山西/ 白晋锋

浩瀚长空，构筑东方梦；
苍茫大海，腾飞中国龙。 山东/ 张贵祥

九域扬眉，冲霄两弹腾云去；
万国刮目，惊世一星伴月来。 山东/ 张贵祥

一星两弹征宏宇；

四海千秋立巨人。　　黑龙江/李玉太

岁月峥嵘，漫漫回家路；
江河澎湃，拳拳报国心。　　安徽/汪星群

岗上真功惊夜月；
亭前大爱护旌旗。　　福建/翁景星

加料助燃，创业情融东海日；
富民强国，飞天心映北辰辉。　　安徽/吴进文

学贯中西誉望隆，一心报国；
森严壁垒声威壮，两弹惊天。　　广东/张国培

春花灿灿涵情去；
秋实累累报国归。　　江苏/王继荣

大智圆明书院月；
真诚铸就太空魂。　　广东/林锦城

追梦长空开路者；
航天大业奠基人。　　广东/林锦城

虽系模型，气夺甲兵销烈焰；
乃为心血，神凝华夏壮东风。　　江苏/朱培学

赤心报故乡，骨气撑寰宇；
壮志宏殊域，雄风破昊天。 山东/ 王建

跨海述怀，隔洋难阻回家路；
飞天逐梦，励志方酬报国心。 山西/ 杨怀胜

海外归来，矢志冲天凭底气；
空间探索，丹心报国藉东风。 福建/ 庄木林

大任担肩，科学进程开画卷；
丰功昭世，文明事业起鹏程。 山西/ 薛启发

燃料一车，助东风起舞；
碧空万里，看长剑飞翔。 山西/ 杨新立

航天报国君如剑；
站岗执勤我是松。 辽宁/ 王瑞华

馆藏仪采，凛凛风标惊微末；
史写巨人，殷殷情质启后昆。 江苏/ 陈斯高

景仰先贤擎赤帜；
翱翔玉宇化长虹。 山西/ 李轩才

静思当发深思，飞天凭实力；

怀念更需感念，报国勿空谈。　　河北/ 田鑫

责任在肩，忠诚担起风兼雨；
岗亭立命，肝胆悬着国与民。　　江苏/ 缪旭东

助推满腹飞天动力；
加注一腔爱国情怀。　　江西/ 卢象贤

导弹乘东风，洲际随心发射；
校旗迎旭日，太空着意遨游。　　福建/ 林启贤

梦泊云天，星辰辉玉宇；
亭开襟抱，世代仰高风。　　安徽/ 吴进文

两弹一星诚伟业；
九州万众敬先生。　　山东/ 高怀柱

此中回响心之曲；
其上环萦梦所思。　　江苏/ 朱培学

乡路归来，岂往桃花仙境；
国人站起，还凭火箭神威。　　江苏/ 王广华

尽德尽才，誓圆中国梦；
载歌载舞，喜展上河图。　　江苏/ 王继荣

嫁与东风，威生原子弹；
掠过北斗，箭置卫星家。　　广东/ 王九大

代华夏宣言，声如雷震；
为民族争气，势若龙腾。　　北京/ 赵久生

功彪北斗，九天揽月奠基者；
德耀中华，千里回国追梦人。　　湖北/ 李孝荣

助我东风，一箭穿云天地小；
指航北斗，百年圆梦岱衡高。　　山西/ 杨怀胜

辟古开今，航天追梦奠基者；
以身许国，射弹飞星创史人。　　四川/ 马弘

长征开道，北斗卫星追北斗；
巨浪掀天，东风导弹借东风。　　广东/ 余仁杨

月影横窗，睡中翔宇追星跑；
风声潜夜，梦里腾云乘箭飞。　　河北/ 田鑫

人无大智难成事；
品若清奇自放光。　　辽宁/ 王瑞华

西土难留，归国钱公捐大智；

东风劲起，冲天导弹震环球。　　福建/ 翁景星

似流动弹仓，曾涉茫茫戈壁；
储燃烧意志，却存默默胸怀。　　江西/ 张绍斌

情注东风辉两弹；
爱融燃料托一星。　　安徽/ 任家潮

平淡人生添雅趣；
崇高事业铸丰碑。　　四川/ 乔仁发

一馆誉百年，千帆竞发兴钱学；
九天升双弹，四海妍森念伟人。　　山西/ 韩崇文

岁月燃情，九天逐梦；
山川焕彩，一路飞歌。　　安徽/ 吴进文

祖国刻心中，春秋运幄；
天空牵梦里，星弹导航。　　湖南/ 戴高峰

临亭品味航天志；
驻步静观学者风。　　安徽/ 王赛清

冥想百年中国梦；
枕思万里大江潮。　　安徽/ 汪星群

对风对雨古今静；
于国于民昼夜思。　　江苏/ 王继荣

重国以轻家，永铸航天精神；
疏名而淡利，长襟盛世风云。　　山西/ 白晋锋

守望航天，浩丽一星驰绮梦；
攀登力学，雄威两弹寄豪情。　　江苏/ 胡启山

五载归一邦，葵心向日；
十年磨两弹，天宇飞星。　　西安/ 解维汉

学识当雄兵百万；
风流领后进三千。　　山西/ 马志成

临终卧室留三问；
何日校园答一题。　　北京/ 胡周崇

两弹一星之父；
千秋万代之功。　　山东/ 王世侠

静以修人生境界；
思而探宇宙神奇。　　河南/ 翟红本

学究天人，梦想东风揽月；

森标典范，心思华夏腾龙。　　福建/ 林志景

书留三论惊天下；
房住一人立世间。　　北京/ 胡周崇

热血一腔圆国梦；
凝心十亿乘东风。　　黑龙江/ 李玉太

理想加油，航天载梦；
科学给力，创业登峰。　　辽宁/ 田庆友

科技先锋，一世丰功惊世界；
人民榜样，满腔大爱献中华。　　四川/ 乔仁发

心血星空凝两弹；
风流泰岳仰千秋。　　浙江/ 王龙强

曾经望日发天问；
已是凌云探月明。　　辽宁/ 王瑞华

报国精忠，魂牵华夏巡天梦；
卧薪尝胆，气贯长虹震宇庭。　　河北/ 林静

音高八度暗香送；
像美千秋明月羞。　　江苏/ 王继荣

天天注目东风顾；
夜夜潜心北斗巡。　　湖北/ 江喜生

攻城略地，凭耿耿丹心，镕陶大业；
探幽索隐，把盈盈热血，泼向疆隅。　　江苏/ 陈斯高

无华朴实眼前呈，品行伟也；
有志高新天上探，业绩宏哉。　　安徽/ 汪从周

梦想托东风，爱国丹心耀日；
大洋归赤子，宏才矢志航天。　　福建/ 林志景

风雨共同舟，何分藏汉手牵手；
弟兄齐励志，不论民族心系心。　　河北/ 田鑫

两弹祥光惊虎豹；
一星瑞气绕婵娟。　　河北/ 林静

大智先贤，刻苦读书书万卷；
真情后辈，虔诚继业业三江。　　江苏/ 王继荣

车载长天一柄剑；
心牵大地四时春。　　山西/ 杨新立

十年两弹航天父；

一院三钱动力家。　　湖南/ 黄建中

千辛万苦回家路；
两弹一星问鼎人。　　安徽/ 汪星群

一心报国谋真是；
百计创新为准求。　　安徽/ 汪星群

暮陪骄子到晨曦，何言孤独；
朝仰东风腾利剑，永守忠贞。　　河北/ 田鑫

满载中华志气；
奔驰大国威风。　　江西/ 卢象贤

社稷栋梁，当之无愧；
中流砥柱，后继有人。　　山西/ 侯关海

双肩胜却五师力；
半世巡航一国天。　　辽宁/ 陈应山

驭东风上天邀月；
放导弹为国守门。　　河南/ 翟红本

壮邦威，立民魂，功推中国梦；
研导弹，强武治，德领海归潮。　　广东/ 吴成伟

科学强军开拓者；
航天探月奠基人。　　张楠/澳大利亚

学问无它，辛勤铸就航天梦；
精神是胆，艰苦成全创业人。　　河北/田鑫

加注豪情增国力；
放飞梦想振龙威。　　江苏/缪旭东

大厦求安凭巨栋；
嫦娥归省谢元勋。　　湖南/苗其华

怀爱国心，我趁东风追好梦；
立拿云志，君如北斗指前程。　　赵勇/湖北

附 2：

钱学森学术思想书籍名录

书名	作（编）者	出版社	出版日期
人类征服自然新纪元（青年共产主义者丛刊第七集）	钱学森等	中国青年出版社	1958 年 6 月
现代科学技术新成就	钱学森等	科学普及出版社	1959 年 8 月
工程控制论·修订版	钱学森 宋健	科学出版社	1980 年 10 月
科学家谈系统工程	中央人民广播电台科技组等	科学普及出版社	1981 年 5 月
经济理论与经济史论文集	钱学森 邓力群等	北京大学出版社	1982 年 1 月
系统理论中的科学方法与哲学问题	钱学森等	清华大学出版社	1984 年 1 月
迎接新的技术革命	钱学森等	湖南科学技术出版社	1984 年 9 月
现代领导科学与艺术	钱学森等	军事译文出版社	1985 年 8 月
国防经济学论文集	钱学森等	解放军出版社	1986 年 3 月
文艺学美学与现代科学	钱学森 刘再复等	中国社会科学出版社	1986 年 4 月
论法制系统工程	钱学森等	群众出版社	1986 年 6 月
九十年代科技发展与中国现代化	钱学森等	湖南科学技术出版社	1991 年 12 月
中国科协学（科协干部岗位培训基础教材之一）	高　潮	中国科学技术出版社	1992 年 9 月

书名	作（编）者	出版社	出版日期
纪念钱学森建立沙产业理论十周年文集（沙产业系列论文集之一）	刘 恕	中国科学技术出版社	1995 年 7 月
系统研究——祝贺钱学森同志 85 寿诞论文集	许国志等	浙江教育出版社	1996 年 11 月
开放的复杂巨系统	王寿云等	浙江科学技术出版社	1996 年 12 月
军事系统工程的理论与实践	王寿云	国防工业出版社	1998 年 11 月
人体科学导论（上下册）	吴邦惠	四川大学出版社	1998 年 11 月
思维科学研究	赵光武 王 霁 卢明森	中国人民大学出版社	1999 年 8 月
系统科学与工程研究（第二版）	许国志 顾基发 车宏安	上海科技教育出版社	2000 年 10 月
钱学森技术科学思想与力学	庄逢甘 郑哲敏	国防工业出版社	2001 年 11 月
钱学森科学贡献暨中国学术思想研讨会论文集	宋 健	科学技术出版社	2001 年 12 月
钱学森与现代科学技术	北京大学现代科学与哲学研究中心	人民出版社	2001 年 12 月
简单巨系统演化理论	姜 璐 李克强	北京师范大学出版社	2002 年 7 月
综合与集成——当代科学技术方法概论	程光旭	西安交通大学出版社	2004 年 10 月
航天与系统工程	刘兆世	中国宇航出版社	2006 年 7 月
钱学森学术思想研究	王 英	上海交通大学出版社	2006 年 9 月

书名	作（编）者	出版社	出版日期
社会实践（沙产业草产业林产业理论实践丛书）	夏　日	内蒙古人民出版社	2006 年 11 月
理论研究（沙产业草产业林产业理论实践丛书）	夏　日	内蒙古人民出版社	2006 年 11 月
新闻扫描（沙产业草产业林产业理论实践丛书）	夏　日	内蒙古人民出版社	2006 年 11 月
社会智能科学	戴汝为	上海交通大学出版社	2007 年 1 月
论信息空间的大成智慧	钱学森 戴汝为	上海交通大学出版社	2007 年 1 月
综合集成方法体系与系统学研究	顾基发	科学出版社	2007 年 1 月
钱学森系统科学思想研究（钱学森系统科学思想文库之四）	中国系统工程学会等	上海交通大学出版社	2007 年 1 月
钱学森学术思想	王文华	四川科学技术出版社	2007 年 5 月
系统学与中医药创新发展	戴汝为	科学出版社	2008 年 4 月
钱学森科学思想研究	钱学敏	西安交通大学出版社	2008 年 6 月
解读沙产业（沙产业系列论文集之六）	刘　恕	科学普及出版社	2009 年 6 月
系统论——系统科学哲学（中华文库·科技文化类）	魏宏森 曾国屏	世界图书出版公司	2009 年 9 月
系统科学精要（第三版）	苗东升	中国人民大学出版社	2010 年 3 月
现代科学技术体系总体框架的探索（钱学森科学技术思想研究丛书之一）	赵少奎	科学出版社	2011 年 1 月
马克思主义哲学与现代科学技术体系（钱学森科学技术思想研究丛书之二）	黄顺基	科学出版社	2011 年 1 月

书名	作（编）者	出版社	出版日期
钱学森学术思想研究论文集	总装备部政治部	国防工业出版	2011 年 1 月
工程控制论·修订版（再版）	钱学森宋健	科学出版社	2011 年 2 月
社会系统论	孙凯飞	北京时代弄潮文化发展公司	2011 年 8 月
地理科学与现代科学技术体系（钱学森科学技术思想研究丛书之五）	马蔼乃	科学出版社	2011 年 9 月
钱学森总体设计部思想初探	王成斌 刘兆世	中国宇航出版社	2011 年 11 月
学习钱学森第六次产业革命思想论文集（钱学森第六次产业革命思想探微丛书之二）	夏 日	西安交通大学出版社	2011 年 12 月
学习钱学森第六次产业革命专题摘编（钱学森第六次产业革命思想探微丛书之三）	夏 日	西安交通大学出版社	2011 年 12 月
人体复杂系统科学探索（钱学森科学技术思想研究丛书之七）	佘振苏 倪志勇	科学出版社	2012 年 1 月
钱学森第六次产业革命理论学习读本（钱学森第六次产业革命思想探微丛书之五）	夏 日	西安交通大学出版社	2012 年 1 月
钱学森哲学思想研究（钱学森科学技术思想研究丛书之八）	苗东升	科学出版社	2012 年 3 月
科学家专家论述沙草产业（学习探索钱学森沙草产业理论丛书之二）	魏万进 钱能志	西安交通大学出版社	2012 年 4 月
草产业与草原畜牧业（沙产业草产业林产业理论实践丛书）	夏 日	内蒙古沙产业草产业协会	2012 年 8 月

书名	作（编）者	出版社	出版日期
钱学森与沙产业草产业图记（钱学森第六次产业革命思想探微丛书之四）	夏 日	西安交通大学出版社	2012 年 8 月
钱学森系统科学思想研究（钱学森科学技术思想研究丛书之十）	苗东升	科学出版社	2012 年 10 月
地理建设与社会系统工程（钱学森科学技术思想研究丛书之十一）	马蔼乃	科学出版社	2012 年 11 月
地理综合集成研讨厅的方法与实践（钱学森科学技术思想研究丛书之十二）	龚建华 李文航 马蔼乃	科学出版社	2012 年 11 月
从工程管理到社会管理（钱学森科学技术思想研究丛书之十三）	黄顺基 涂序彦	科学出版社	2012 年 11 月
复杂系统学新框架——融合量子与道的知识体系（钱学森科学技术思想研究丛书之十五）	佘振苏	科学出版社	2012 年 11 月
系统工程原理与实践	陶家渠	中国宇航出版社	2013 年 6 月
各级领导论述沙草产业（学习探索钱学森沙草产业理论丛书之三）	董志宝 魏万进 钱能志	西安交通大学出版社	2013 年 9 月
沙产业与草产业（沙产业草产业林产业理论实践丛书）	夏 日	内蒙古文化出版社	2013 年 12 月
系统学——社会系统科学发展的基础理论	唐恢一	上海交通大学出版社	2013 年 12 月
系统工程讲堂录（第一辑）	航天系统院研究生管理部	中国宇航出版社	2013 年 12 月
系统思想之光	航天系统院科学技术委员会	中国宇航出版社	2013 年 12 月

书名	作（编）者	出版社	出版日期
钱学森创新教育思想解读	马望星 马近远	高等教育出版社	2014 年 1 月
钱学森科学和教育思想研究文集	李　佩 郑哲敏	上海交通大学出版社	2014 年 4 月
专家挖掘与综合集成方法	顾基发 刘怡君	科学出版社	2014 年 6 月
21 世纪的产业革命——纪念钱学森第六次产业革命思想 30 周年文集	第六次产业革命文集编委会	清华大学出版社	2015 年 1 月
系统工程讲堂录（第二辑）	航天系统院研究生管理部中国航天社会系统工程实验室	科学出版社	2015 年 1 月
钱学森与技术科学	姜玉平	上海人民出版社	2015 年 3 月
知识密集型大农业理论研究	上海交通大学钱学森研究中心	上海交通大学出版	2015 年 4 月

附 3：

钱学森不同时期所涉足的学科领域

开始时间（年）	学科领域
1932	铁道机械工程
1934	航空工程
1936	流体力学、空气动力学
1939	弹性薄壳理论
1942	火箭技术
1946	核动力理论
1949	航天工程
1950	工程控制论
1953	物理力学
1956	运筹学、系统工程
1978	系统科学
1980	科学技术体系、马克思主义哲学
1982	思维科学、人体科学、行为科学、地理科学
1988	社会形态、社会科学
1990	建筑科学
1991	文艺理论、教育学、沙草产业、城市学

附 4：

钱学森年表

1911 年 12 月 11 日（阴历辛亥年十月廿一日）生于上海，祖籍浙江杭州。

父亲钱均夫（1882 ~ 1969 年），母亲章兰娟（1888 ~ 1935 年）。

1914 年父亲钱均夫到北京民国政府教育部任职。未满 3 周岁的钱学森随父母迁居北京。

1917 年 9 月，入国立北京女子高等师范学校附属小学校（现北京第二实验小学）学习。

1920 年 9 月，转校至国立北京高等师范学校附属国民学校高等小学校（现北京第一实验小学）学习。

1923 年 9 月，入国立北京师范大学校附属中学校（现北京师范大学附属中学）学习。

1929 年 9 月，入国立交通大学（现上海交通大学、西安交通大学）机械工程学院，攻读铁道机械工程专业。

1930 年暑假在杭州染伤寒，休学 1 年。

1931 年 9 月，休学期满返校，继续就读。

1932 年加入国立交通大学口琴会。

1933 年加入国立交通大学雅歌诗社。

1934年1月，在北平（现北京）南口机车车辆厂作毕业实习。

7月，以国立交通大学机械工程学院第一名的成绩毕业。

8月，赴南京中央大学参加“庚款留美”公费生选拔考试。

10月，考取“庚款留美”航空机架专业公费生。在国立清华大学导师、空气动力学教授王士倬指导下，先后到杭州笕桥的中央飞机制造厂、南昌第二航空修理厂、南京第一航空修理厂、上海海军制造飞机处进行为期1年的实地考察和进修。

1935年8月，从上海乘坐“杰克逊总统号”邮轮横渡太平洋，前往美国留学。

9月，入美国麻省理工学院航空系学习。

1936年6月，获麻省理工学院航空工程硕士学位。

10月，入美国加州理工学院航空系，成为世界著名空气动力学家冯·卡门教授的博士研究生。

1937年秋，参加研制火箭的技术小组“火箭俱乐部”，担当理论设计师的角色。

1939年6月，完成《高速气体动力学问题的研究》等4篇博士论文，获美国加州理工学院航空、数学博士学位。

1940年经国立清华大学王助教授推荐，成为成都航空研究所的通信研究员。受冯·卡门委托，为加州理工学院古根海姆空气动力学实验室设计建造超音速风洞。

1941年在钱学森火箭理论和计算方法的指导下，“火箭俱乐部”研制的火箭试飞取得了成功。

1942年美国航空喷气公司成立，任该公司顾问。由冯·卡门推荐，经过美国宪兵总司令部人事安全主管巴陀上校的安全审核，获得安全许可证。

受聘为加州理工学院喷气技术训练班教员，为美军培养火箭军官。

1943 年任加州理工学院喷气推进实验室喷气研究组组长。

6 月，任加州理工学院航空系助理教授。

1944 年 12 月 1 日，美国国防部科学咨询团正式成立，冯·卡门任团长。

受冯·卡门推荐，辞去在加州理工学院担任的各项职务，到华盛顿参加国防部科学咨询团。

1945 年 4 月，美国国防部派遣以冯·卡门为首、团员包括钱学森的科学咨询团，飞往德国，审讯纳粹德国火箭科学家，考察 V－2 火箭。钱学森参与审讯纳粹德国火箭科学家沃纳·冯·布劳恩、鲁道夫·赫尔曼；考察德军绝密的戈林空气动力学研究所，撰写多份报告；还先后访问了法国和英国。

冬，任加州理工学院副教授。

1946 年冯·卡门教授因与加州理工学院当局产生分歧而辞职，转往麻省理工学院任教。作为冯·卡门的学生，也于暑期离开加州理工学院，跟随冯·卡门回到麻省理工学院，任麻省理工学院航空系副教授。

1947 年 2 月，经冯·卡门推荐，成为麻省理工学院的正教授，而且成为该校最年轻的正教授。

7 月，趁学校放暑假，向麻省理工学院请假，回国探亲。在回国期间，国民政府教育部派人与钱学森洽谈由他出任国立交通大学校长事宜，未果。

9 月 17 日，和蒋英在上海沙逊大厦（现和平饭店）举行婚礼。

9 月 26 日，乘飞机离开上海，返回麻省理工学院。一个多月后，蒋英也来到美国波士顿。与他人合作，为麻省理工学院设计建造了中间规模的高超音速风洞。

1948 年 2 月，被推选为全美中国工程师学会会长。

10 月 13 日，儿子钱永刚出生于波士顿。

1949 年为回国做准备，退出美国国防部科学咨询团，并辞去兼任的美国海军军械研究所顾问职务。

9 月，和冯·卡门一起返回加州理工学院，出任该学院古根海姆喷气推进中心主任，同时担任航空系教授，继续兼任航空喷气公司的顾问。

1950 年 6 月 6 日，遭到美国联邦调查局两名探员的审查。他们宣称有足够的证据表明，钱学森是美国共产党党员。从此开始了长达 5 年的磨难和抗争。

初夏，向加州理工学院院长杜布里奇提交辞呈，并告知自己即将离开美国回国的决定。

6 月 26 日，女儿钱永真出生于洛杉矶。

8 月，向美国海军部副部长丹尼尔·金贝尔辞行，告知自己即将离开美国回国的决定，被拒绝。

9 月 7 日，美国司法部移民归化局稽查人员包围了位于洛杉矶帕萨迪纳的钱学森住宅。被拘留。

9 月，中国科学院院长郭沫若、中华全国自然科学专门学会联合会主席李四光等许多中国科学家发表声明，抗议美国当局非法拘禁钱学森。

9 月 23 日，在加州理工学院院长杜布里奇和从欧洲赶回的冯·卡门努力之下获释，结束了特米诺岛拘留所 15 天的拘禁之灾；但是，仍处于软禁之中。

1951 年 4 月 26 日，美国洛杉矶帕萨迪纳移民归化局通知钱学森，他的案件经过审理，认定他为“曾经是美国共产党员的外国人”。依据美国国家安全条例的规定，凡是企图颠覆美国政府的外国人，必须驱逐出境。因此，帕萨迪纳移民归化局决定驱逐钱学森。可是，该移民归化局马上受到来自华盛顿的干涉，要求暂缓执行对钱学森“驱逐出境”的决定。于是，对钱学森“驱逐出境”的裁定，就一直被拖延着，处于无限期的软禁之中。

4 月底。加州理工学院院长杜布里奇恢复了钱学森在加州理工学院的职务。

1954 年“Engineering Cybernetics”（即《工程控制论》），由美国 McGrawHill 图书公司出版。该书俄文版、德文版、中文版分别于 1956 年、1957 年、1958 年出版。[1980 年，《工程控制论（修订版）》出版。]

1955 年 6 月 15 日，写信给中国全国人大常委会副委员长、全国政协副主席陈叔通，此信夹在蒋英寄给在比利时的妹妹蒋华的信中，经比利时转往中国，陈叔通立即把信交给周恩来总理。

8 月 2 日，第二次中美大使级会谈在瑞士日内瓦继续举行，根据周恩来总理的指示，中方代表王炳南在会谈时出示钱学森致陈叔通的信，要求美方准许钱学森离境回国。

8 月 5 日，美国司法部移民归化局通知钱学森，允许他离开美国。

9月17日，钱学森一家乘“克利夫兰总统号”邮轮从洛杉矶离开美国。

10月8日上午，“克利夫兰总统号”邮轮抵达香港。中午，钱学森一家回到深圳；晚上，到达广州。

10月12日，钱学森一家抵达上海，与父亲钱均夫团聚。10月28日，钱学森一家乘火车抵达北京，受到中国科学院副院长吴有训和著名科学家华罗庚、周培源、钱伟长、赵忠尧等人的热烈欢迎，钱学森一家下榻于北京饭店。

11月5日，国务院常务副总理陈毅接见钱学森，代表祖国欢迎钱学森归来。

11月21日，正式到中国科学院报到，郭沫若转达周恩来总理请钱学森去东北地区参观、讲学的安排。

11月25日，访问位于黑龙江省哈尔滨市的中国人民解放军军事工程学院。院长陈赓大将专程从北京飞抵哈尔滨，与钱学森商谈研制导弹事宜。

12月26日，国防部部长彭德怀元帅在陈赓陪同下，会见钱学森，商谈研制导弹事宜。

1956年1月10日，被增补为全国政协委员。

1月16日，陈毅副总理亲笔签署批复了中国科学院《关于成立力学研究所的报告》。随后，中国科学院正式发文，任命钱学森为力学研究所所长，钱伟长为副所长。

1月，在陈赓大将的安排下，给在京的军事干部作题为《导弹武器知识的概述》的报告，连讲三场。

2月1日，毛泽东举行盛大宴会，宴请全国政协委员，毛泽东请钱学森坐在他的身边，亲切交谈。

2 月 17 日，按照周恩来总理的意见，向国务院递交《建立我国国防航空工业的意见书》。当时为保密起见，用“国防航空工业”这个词来代表火箭、导弹。《意见书》就发展我国的导弹事业分别从领导、科研、设计、生产等方面提出了建议。

3 月，参加制定国家 12 年科学技术发展远景规划和全国力学研究总体规划，并担任综合组组长。

4 月 13 日，任国防部航空工业委员会委员。

6 月至 7 月，应苏联科学院邀请访问苏联。

7 月，任国防部导弹管理局第一副局长兼总工程师。

10 月 8 日，国防部第五研究院成立，并担任院长。

1957 年 1 月 24 日，《工程控制论》获中国科学院 1956 年度科学奖金一等奖。

2 月 18 日，国务院总理周恩来签署钱学森任国防部第五研究院院长的任命书。

2 月，当选为中国力学学会第一届理事会理事长。

5 月，在中国科学院第二次学部委员（院士）大会上，被增聘为中国科学院学部委员（院士）。

6 月，由钱学森牵头的中国自动化学会筹备委员会在北京成立，任主任委员。

9 月 7 日起，作为中国政府工业代表团成员访问苏联，协助签订中苏“国防新技术协定”，并与苏联的导弹专家进行交流，为期一个月。在法国巴黎召开的国际自动控制联合会成立大会上，当选为该会第一届历史会常务理事。

12 月，兼任国防部第五研究院一分院（现中国运载火箭技术研究院）院长。

1958 年初，郑重地向党组织提出入党申请。

6 月，参与创建中国科学技术大学，任力学和力学工程系主任。1961 年，该系改名为近代力学系。

10 月 16 日，任国防部国防科学技术委员会委员。

1959 年 1 月 5 日力学研究所党总支通知钱学森，他“已被接收为中国共产党预备党员，预备期一年，自一九五八年十月十六日至一九五九年十月十六日止”。

3 月，当选为第二届全国人民代表大会代表，后来相继当选为第三、四、五届全国人民代表大会代表。

11 月 12 日，中国科学院力学研究所办公室党支部召开大会，一致通过钱学森转为中国共产党正式党员。

1960 年 2 月 19 日，由钱学森指导设计、上海机电设计院研制的我国第一枚液体探空火箭发射成功。

3 月 18 日，改任国防部第五研究院副院长，而且不再兼任该院第一分院院长。

11 月 5 日，我国第一枚近程地地导弹“东风一号”发射成功。

1961 年 7 月，任国防部第五研究院科学技术委员会筹备委员会主任委员。

当选为中国自动化学会第一届理事会理事长。

1962 年 2 月 2 日，国防部第五研究院科学技术委员会成立，任主任。

《物理力学讲义》出版。

1963 年《星际航行概论》出版。

1964 年 6 月 29 日，我国自行设计的第一枚中近程地地导弹“东风二号”发射成功。

1965 年 1 月 4 日，任第七机械工业部副部长。当选为中国自动化学会第二届理事会理事长。

1966 年 10 月 27 日 9 时，“东风二号甲”核导弹点火升空。9 分 14 秒后，核弹头在距发射场 984 公里之外的罗布泊弹着区标靶上空 569 米高度爆炸。我国首次导弹与原子弹“两弹”结合试验圆满成功。

《气体动力学诸方程》出版。

1968 年 2 月 20 日，解放军第五研究院（现中国空间技术研究院）正式成立，兼任首任院长，全面负责人造地球卫星的研制以及空间科学研究工作。

1969 年当选为中国共产党第九次全国代表大会代表和第九届中央委员会候补委员。此后，相继当选为中国共产党第十、十一、十二、十三、十四、十五次全国代表大会代表，第十、十一、十二届中央委员会候补委员，第十六、十七次全国代表大会特邀代表。

8 月 23 日，父亲钱均夫病逝于北京，享年 87 岁。

1970 年 4 月 24 日，我国第一颗人造地球卫星“东方红一号”发射成功。

6 月 12 日，中央军委任命钱学森为中国人民解放军国防科学技术委员会副主任。

8 月 25 日，组织领导的“反击一号”模型弹飞行试验取得成功。

1971 年 3 月，组织完成“实践一号”卫星发射试验，首次获得了我国空间环境测数据，为我国研制应用卫星、通信卫星积累了经验。

1974年8月1日，中央军委发布命令，将我国自行设计制造的第一艘核动力潜艇命名为“长征一号”，编入海军战斗序列。同日，中央军委为这艘核潜艇举行了庄严的军旗授予仪式。海军司令员萧劲光、国防科学技术委员会副主任钱学森等人参加了核潜艇的交接命名大会。从此，人民海军进入了拥有核潜艇的新阶段。这艘核潜艇是1970年12月26日建成下水的。

1975年11月26日，我国用“长征二号”火箭首次成功地发射了返回式卫星。卫星准确进入预定轨道，3天后成功返回。我国成为世界上第三个掌握从轨道上回收卫星技术的国家。

1976年9月9日，毛泽东主席逝世。为治丧委员会委员之一。

1978年3月，出席全国科学大会。

1979年1月16日，被聘为中国未来研究所第一届理事会顾问，并连续担任第二、三届理事会顾问。

当选为中国宇航学会第一届理事会名誉理事长。

获美国加州理工学院“杰出校友奖”。

1980年5月，参与组织领导我国第一枚洲际导弹全程飞行试验。当选为中国科学技术协会第二届全国委员会副主席。1986年，当选为中国科学技术协会第三届全国委员会主席；1991年，在中国科学技术协会第四届全国委员会第一次全体会议上，被授予中国科学技术协会名誉主席荣誉称号。

当选为中国自动化学会理事会名誉理事长。

当选为中国空气动力学研究会（1989年更名为中国空气动

力学会）理事会名誉理事长。

当选为中国系统工程学会理事会名誉理事长。

1982 年 10 月，参与组织领导我国首次潜艇水下发射导弹飞行试验。在中国力学学会第二届理事会上，被授予该学会理事会名誉理事长最高荣誉称号。

任国防科学技术工业委员会科学技术委员会副主任。

《论系统工程》出版（与他人合作）。

1984 年 4 月，参与组织领导我国第一颗地球静止轨道试验通信卫星发射任务。

在中国科学院第五次学部委员（院士）大会上，被增选为中国科学院主席团执行主席。

1985 年当选为中国宇航学会第二届理事会名誉理事长。

1986 年 4 月，在全国政协六届四次会议上，被增选为政协第六届全国委员会副主席，并相继当选政协第七、八届全国委员会副主席。1988 年，兼任政协第七届全国委员会科学技术委员会主任。

7 月，作为第一获奖人，和屠守锷、姚桐斌、郝复俭、梁思礼、庄逢甘、李绪鄂等人获 1985 年度国家科技进步奖特等奖。

《关于思维科学》出版（与他人合作）。

1987 年 3 月 14 日至 4 月 3 日，应英国皇家协会邀请，率中国科协代表团赴英国进行友好访问。随后，代表团顺道访问了德意志联邦共和国。

《社会主义现代化建设的科学和系统工程》出版。

1988 年被聘为国防科学技术工业委员会科学技术委员会高

级顾问。

《论系统工程（增订版）》出版（与他人合作）。

《论人体科学》由人民军医出版社出版；次年，四川教育出版社也出版该书。

1989年6月29日，获国际技术与技术交流大会和国际理工研究所授予的“小罗克韦尔奖章”，以及“世界级科技与工程名人”“国际理工研究所名誉成员”称号。

10月1日，出席国庆联欢晚会的邓小平，在北京天安门城楼亲切接见钱学森。

《创建人体科学》出版（与他人合作）。

1991年10月16日，获国务院、中央军委授予的“国家杰出贡献科学家”荣誉称号和中央军委授予的一级英雄模范奖章。

《钱学森文集（1938～1956）（英文版）》出版。

1992年4月25日，在中国科学院第六次学部委员（院士）大会上，被推举为中国科学院学部主席团名誉主席。

1993年9月27日，积极倡导成立了中国科学技术发展基金会促进沙产业发展基金，用于支持沙产业理论研究、扶持沙产业实体、培养沙产业专业人才等方面的工作。

1994年6月，在中国工程院第一次院士大会上，被选聘为中国工程院院士。

《城市学与山水城市》出版（与他人合作）；1996年，《城市学与山水城市（第二版）》出版；1999年，上述两书的续集《山水城市与建筑科学》出版（与他人合作）。

《论地理科学》出版。

《科学的艺术与艺术的科学》出版。

1995年获何梁何利基金颁发的首届“何梁何利基金优秀奖”（后改称“何梁何利基金科学与技术成就奖”）。

1996年由江泽民总书记题写馆名、第一次以我国大陆健在科学家的名字命名的图书馆——钱学森图书馆，在西安交通大学隆重举行命名仪式。该图书馆坐落在西安交通大学的四大发明广场。

《人体科学与现代科技发展纵横观》出版。

1998年在中国科学院第九次院士大会和中国工程院第四次院士大会上，被授予“中国科学院资深院士”“中国工程院资深院士”称号。

《论人体科学与现代科技》出版。

1999年9月18日，获中共中央、国务院、中央军委颁发的“两弹一星功勋奖章”。

2000年《钱学森手稿（1938～1955）》出版。

2001年4月12日，首次以钱学森名字设立的奖学金——“钱学森沙产业奖学金”在西北地区相关农业院校设立，以资助甘肃、内蒙古、宁夏等地农业院校攻读沙产业专业的学生。

《论宏观建筑与微观建筑》出版。

《第六次产业革命通信集》出版。

《钱学森手稿（1938～1955）》获第五届国家图书奖荣誉奖。

《创建系统学》出版。

12月7日，获霍英东奖金委员会颁发的第二届“霍英东杰出奖”。

12月9日，受美国加州理工学院院长D. 巴尔的摩委托，钱学森的老朋友弗兰克·E. 马勃教授专程从美国赶来，为钱学森颁发该校在1979年授予他的“杰出校友奖”。

12月11日，江泽民总书记到家中亲切看望钱学森。

12月21日，中国科学技术协会、中国科学院、中国工程院联合举行“钱学森星”命名仪式。经国际小行星中心和国际小行星命名委员会审议批准，将中国科学院紫金山天文台发现的国际编号为3763号的小行星，正式命名为“钱学森星”。

本年，江泽民总书记号召“向人民科学家钱学森同志学习”。

2002年被聘为解放军总装备部科学技术委员会高级顾问。

12月，内蒙古沙产业草产业协会成立，破例欣然接受该协会“名誉顾问”的头衔。这是钱学森晚年接受的仅有的两个社会职务之一。

2003年10月15日至16日，“神舟五号”载人飞船把杨利伟成功送上太空并安全返回，我国首次载人航天飞行取得了圆满成功。钱学森欣然提笔祝贺：“热烈祝贺神舟五号发射成功，向新一代航天人致敬！”

2005年7月29日，向前来看望的温家宝总理提出著名的“钱学森之问”。

《智慧的钥匙——钱学森论系统科学》出版。

2006年《“导弹概论”手稿》出版。

2007年《钱学森系统科学思想文库（四卷本）》出版（与他人合作）。

《“水动力学讲义”手稿》出版。

《集大成，得智慧——钱学森谈教育》出版。

《钱学森书信》（十卷本）出版。

《物理力学讲义》（新世纪版）出版。

西安交通大学创办“钱学森实验班”。

2008 年 1 月 6 日，被美国《航空与空间技术》周刊评为 2007 年度人物。

1 月 19 日，胡锦涛总书记到家中亲切看望钱学森。

2 月 17 日，被中央电视台评选为“感动中国 2007 年度人物”。

《钱学森书信（十卷本）》获首届中国出版政府奖图书奖。该奖是中国出版界最高奖项。

《“火箭技术概论”手稿及讲义（两卷本）》出版。

《钱学森书信选（两卷本）》出版。

《星际航行概论（简体字版）》出版。

2009 年《钱学森讲谈录——哲学科学艺术》出版。

3 月 28 日，在北京大学百年纪念讲堂举行的第三届“世界因你而美丽——影响世界华人盛典”上，获“终身成就最高荣誉大奖”。

《钱学森建筑科学思想探微》出版。

清华大学创办“钱学森力学班”。

9 月 10 日，被中共中央宣传部等部门评选为“新中国成立以来感动中国人物”。

10 月 31 日 8 时 6 分，因病在北京去世，享年 98 岁。

11 月 6 日，在北京八宝山革命公墓礼堂举行隆重的钱学森遗体告别仪式。胡锦涛、江泽民等党和国家领导人及社会各界万余人前往送别。

后　记

《旗帜》一书将历史史实和亲历者的讲述相结合，为全世界人民树立了伟大的光辉旗帜。人民科学家钱学森是忠诚的共产主义战士，堪称当代爱国知识分子的杰出典范。他始终站在世界科技前沿，是一位勇于开拓、善于创新的杰出科学家。他高度关注人才队伍建设，造就了一大批堪当历史重任的一流科学家和工程技术专家，他不仅以自己严谨的科学精神为人类进步做出了卓越的贡献，更以率直的人生态度诠释了一个科学家的高尚品质。

钱学森所思、所想、所言、所行充分地体现了他追求一等学问、砥砺一等品格的人生境界，留给后人的思想财富和精神财富永远值得我们不断地学习和研究。钱学森的一生，是骄傲的一生，伟大的一生，光荣的一生，无私奉献的一生。他是科技界的一面旗帜，也是知识分子的一面旗帜；是中国共产党人的一面旗帜，也是中华民族的一面旗帜。毛泽东是中国人民的伟大旗帜，钱学森是文化、科学、航天界的一面旗帜。在全国上下正在认真学习习近平总书记“十九大”讲话精神，实现总书记所提出的“中国梦”，进而实现“两个一百年”目标的今天，我们对伟人钱老的怀念之情涌上心头。作为航天人，我们有责任、有义务去挖掘和探索他的思想精髓，继承和发扬他的爱国、奉献、求真、务实、创新的精神。

本书由中国航天系统科学与工程研究院薛惠锋院长负责总体策划并亲自参与指导，中国航天系统科学与工程研究院决策顾问委员会主任和科技委顾问、上海钱学森图书馆馆长钱永刚教授为本书编写提供了指导意见，中国航天系统科学与工程研究院的余顺生、郭克良、李琳斐以及博硕团队参与指导、编写、修改。中国财政经济出版社对书稿提出了修改建议。撰稿过程当中还受到来自航天系统内外各领域专家、学者的指导和鼓励。在此谨向所有参与和支持编写和出版的各单位、部门和个人致以最诚挚的谢意！

虽然我们努力学习钱老的科学思想，尽力理解他的科学精神，但毕竟思想和学识水平有限，本书不当之处敬请读者斧正。

编著者

2017 年 12 月